AF551799

Die Morgenröte der Jugend

M.

Verlag Heliakon

Verlag Heliakon

Übersetzung aus dem Englischen
Originaltitel: The Dayspring of Youth
Übersetzer: Osmar Henry Syring

Umschlaggestaltung und Illustrationen: Verlag Heliakon

Druck und Vertrieb: BoD - Books on Demand, Norderstedt

2012 Verlag Heliakon
www.verlag-heliakon.de
info@verlag-heliakon.de

ISBN: 978-3-943208-07-8

Die Deutsche Nationalbibliothek verzeichnet diese Publikation in der Deutschen Nationalbibliografie; detaillierte bibliografische Daten sind im Internet über dnb.de abrufbar.

Inhaltsverzeichnis

Wir widmen dieses Buch denjenigen, die gedient und es erreicht haben, als Ausdruck brüderlicher Liebe.

Vorwort

Dieses Buch wurde geschrieben, um die Sehnsucht jener zu erfüllen, die Kenntnisse über die feineren Kräfte in der Natur und im Menschen suchen.

Der große Eingeweihte, unter dessen Aufsicht sich Amerika und die westlichen Gebiete Europas entwickeln, hat mir erlaubt, diese Lehren zu verbreiten.

Dieses Werk ist nichts weiter als eine kurze Einleitung in eine grenzenlose Wissenschaft; und ich hoffe, dass es hilft und die Erwartungen jener erfühlt, die ernsthaft die Befreiung von den Illusionen dieser Welt suchen.

Es wurde veröffentlicht unter Aufsicht der Brüder. Da sich in der Vergangenheit gewisse Personen als Autoren einiger meiner Schriften dargestellt haben, werden in Zukunft alle Veröffentlichungen der Brüder unter deren Siegel erscheinen.

Ich möchte auch meine große Anerkennung gegenüber W. L. R. und meinen Dank an M. J. ausdrücken, dafür, dass sie mir geholfen haben, dieses Manuskript zu veröffentlichen.

M.

Glossar

Astralkörper: Eine strahlende und fluidische Hülle, die die physische Form umgibt und die das dritte Auge wahrnehmen kann. Sie erfasst unsere Leidenschaften und Begierden und ist ein Überbleibsel der Vergangenheit.

Atom Nous: Das winzige Bild des perfekten Menschen, das sich in der linken Herzkammer befindet.

Atmosphärische Hülle: Ein seidenartiger Stoff, der den Mentalkörper mit dem physischen Körper synchronisiert hält und mit einer Vielzahl von Knotenpunkten bedeckt ist, durch die das menschliche Gehirn mentale Schwingungen empfängt und versendet.

Atome: Winzige Intelligenzkörper, die die doppelten Eigenschaften der Natur und des Menschen besitzen.

Atome der Umwandlung: (Siehe Silberschild).

Atome des Todes: Wenn die solaren und lunaren Kräfte aufhören im Körper zu wirken und das Atom Nous den arteriellen Blutstrom verlassen hat, wachen diese Atome des Todes über die Auflösung der niederen Vehikel des Menschen und bringen die eingesperrten Atome zurück zu ihren natürlichen Elementen.

Aufstrebende Atome: Höhere Formen der Energie und Intelligenz, die der Schüler durch die Ausübung des Yoga zu seinem physischen und mentalen Körper heranzieht.

Die bestimmende Energie: Eine Energie, die den Ausdruck der Natur bestimmt und die der Schüler zu erreichen und zu befolgen versucht.

Die Brüder: Eine Bruderschaft, die existiert hat, bevor der Mensch in die Materie hinabgestiegen ist und die gearbeitet hat und noch immer in der Welt, auf dem Pfad der Aktivität arbeitet. Sie erscheinen nur als aktive Bruderschaft, wenn die kosmische Energie der Morgenröte der Jugend sie dazu bringt, sich zu manifestieren, um zu schützen und ihre Schwingungen und ihre Intelligenz in den Verstand derjenigen zu bringen, die ihren Innersten suchen. Wenn diese kosmische Energie sich zurückzieht, verschwinden sie anscheinend von dieser Welt. Der wahre Name des Ordens wird dem Schüler nur bei der Einweihung offenbart. Einer der Grundsätze dieses Ordens ist die mentale Levitation oder das Reisen außerhalb des Körpers.

Das dritte Auge oder die Zirbeldrüse: Durch die Ausübung des Yoga schwingt dieses anscheinend verkümmerte Organ, das sich im Kopf befindet, und passt sich an die Nervenenergie des Menschen an und wird zu dem Organ der Seher, die die feineren Zustände des Bewusstseins in der Natur und im Menschen visualisieren.

Einweihungsatome: Die Atome des höheren Gegenstücks des Samensystems, die den Schüler mit Zeiträumen, die ihrer Zeit voraus sind, verbinden und die Eigenschaften der Atmosphäre eines großen Eingeweihten besitzen.

Der elementale Vermittler: Ähnlich wie der Vermittler, aber in unserer elementalen Vergangenheit erschaffen. Er besitzt dieselben Eigenschaften und arbeitet eng mit dem anderen Vermittler zusammen. Diese beiden sind in der Sprache der Astrologie bekannt als Castor und Pollux.

Der geheime Feind: Das Hauptatom des Bösen im Menschen, das die zerstörerischen Atome leitet.

Die Hülle des Kausalkörpers: Sie ist eine niedere atomare Substanz, in der das Bewusstsein und die Veranlagungen bezüglich der Rassen gespeichert werden und die die Eigenschaften unseres individuellen ursprünglichen Stammes besitzt.

Informationsatome: Atome, die für den geheimen Feind gearbeitet haben, aber durch die aufstrebenden Atome von ihren Fesseln befreit wurden. Sie sind eine Verbindung zwischen den aufstrebenden Atomen und den Atomen des geheimen Feindes und informieren uns über die Art der Pläne, die uns vom geheimen Feind drohen und über andere äußerliche Einflüsse.

Der Innerste: Der Teil der Wirklichkeit (Gott) im Menschen, mit dem der Yogi sich zu harmonisieren versucht, bevor er das kosmische Bewusstsein erreicht.

Knotenpunkte: Kleine kegelförmige Vorsprünge.

Mantrams: Klanganrufungen, die der Schüler benutzt, um seinen Körper und seine Zentren mit den feineren Kräften der Natur und des Menschen zu harmonisieren.

Meisteratom: Eine atomare Energie innerhalb des Samensystems, die den Grad der individuellen Intelligenz des Schülers darstellt, die er während seiner vergangenen Erfahrungen erlangt hat. Wenn der Silberschild entwickelt ist, steigt das Meisteratom vom Samensystem in den Silberschild auf und wird zur Intelligenz, die den Schüler über seine mentale Welt und sein mentales Erbe belehrt.

Die Morgenröte der Jugend: Eine kosmische hierarchische Energie, die bei Beginn eines neues Zeitalters in der Entwicklung des Menschen erscheint. Sie dringt nun in diese Welt ein und durch die Yogaübungen versucht der Schüler sich mit diesem leitenden Bewusstsein und dieser Intelligenz zu syntonisieren, die dem Menschen das Verständnis der Naturgesetze zurückbringen sollen.

Das Samensystem: Die Organe, die Leben erschaffen, wie es der normale Mensch versteht und die der Schüler als Speicher für die mächtigen Kräfte, die er erreicht hat, betrachtet und die ihm in den elementalen und objektiven Zuständen seiner Vergangenheit gezeigt wurden. Das bewirkt die Geburt der solaren Kraft.

Scholastische Atome: Das sind die Atome des atomaren Zentrums, die mit dem objektiven Verstand des Schülers verbunden sind und die ihn in den tieferen Zuständen des Yoga über seine inneren und objektiven Errungenschaften informieren, die er während unzähliger Leben erreicht hat.

Sekundäres System: Die Zentren und Nervenknoten des sympathischen Nervensystems, das sich zu beiden Seiten der Wirbelsäule erstreckt und mit denen der Schüler Kontakt aufnimmt, wenn er in seiner Yogaübung anstrebt, seine inneren Ebenen des Bewusstseins zu betreten und sich mit den feineren Kräften der Natur zu verbinden. Sie erlauben dem Schüler seine vergangenen Leben zu rekapitulieren und wiederzuerleben und gleichzeitig die Zeiten der inneren Entwicklung, die er in seinem objektiven Leben vor sich hat, zu erkennen.

Das selbstentwickelte Universum: Das Universum, das der Mensch unter der Führung des Innersten in der Ewigkeit entwickelt hat.

Der Silberschild: Durch die Yogaübungen zieht der Schüler Atome einer höheren Spannung an, genannt Atome der Umwandlung, die einen Schild bilden, der ihn vor den Gegenkräften der Natur und des Menschen schützt. Er ist der Tempel, in dem das Meisteratom des Verstandes wohnen wird und er ist der Verdichter und Übermittler der kraftvollen Spannung des Innersten.

Die solare Kraft: Sie ist von der gleichen Natur wie die statische Elektrizität; sie bleibt latent im Menschen, bis dieser sie durch die Yogaübungen erweckt und benutzt. Diese Kraft kann vom Menschen beherrscht werden und sie ist das Werkzeug, das der Innerste benutzt, um seinen solaren oder spirituellen Körper zu erschaffen.

Der ursprüngliche Stamm: Der individuelle Ausdruck der Wirklichkeit, aus der der Innerste entstammt und die leitende Kraft und der individuelle Ausdruck des Schülers und seiner Rasse.

Der Vermittler: Eine mächtige kollektive atomare Wesenheit, auch bekannt als höheres Ich, erschaffen vom höchsten Streben des Menschen, während seines Abstiegs und seiner Evolution in der Materie. Er ist die Verbindung zwischen dem Menschen und seinem Innersten und setzt sich für die Vergebung unserer vergangenen schlechten Taten ein, nachdem wir sie durch die Yogaübungen untersucht haben.

Der weiße Magier: Derjenige, der sich bemüht, der Menschheit auf unpersönliche Weise zu dienen und die Anweisungen seines Innersten befolgt, gemäß dem Grad seiner okkulten Entwicklung.

Das Zentralsystem: Es stellt das Gehirn und die Wirbelsäule mit ihren sieben hauptsächlichen Nervenknoten oder atomaren Zentren dar. Es ist das Werkzeug, das dem Menschen hilft, durch die Yogaübung seinen Innersten aus seinem Gefängnis des Körpers zu befreien. (Siehe solare Kraft)

Zerstörerische Atome: Die Gegenkräfte der Natur im Menschen, die versuchen, seine Entwicklung hin zur Realität zu verzögern.

Bevor die falsche Dämmerung über diese Erde kam, priesen diejenigen, die den Orkan und den Sturm überlebten, den Innersten und die Herolde der Morgenröte erschienen ihnen.

Aus „Das Testament der Weisheit“

Einleitung

Diese Arbeit ist eine Aufzeichnung von Anleitungen, die man während verschiedener Zustände der Yoga Übungen bekommt; das versiegelte Buch, das der Schüler während seiner Entwicklung in seinem eigenen inneren Zustand des Seins öffnet. Es wurde uns erlaubt, diese Anleitung offenzulegen, damit andere durch ähnliche Übungen ihre inneren Kräfte entwickeln und entfalten können; denn der Körper ist ein Archiv von Erfahrungen der Vergangenheit, der Gegenwart und (so seltsam es erscheint) der Zukunft.

Am Anfang und Ende jedes Zeitalters entsteht ein Zufluss von kosmischen hierarchischen Strömungen von Energien. Wenn sie periodisch in die Erdatmosphäre eindringen und sich verbinden, finden wir in dieser Strahlung die Lehre, die am besten für diese Zeit geeignet ist. So wird ein neues Zeitalter von Entdeckungen für die Welt geboren.

Diese neue Kraft, von den Eingeweihten „Die Morgenröte der Jugend“ genannt, ist seit einiger Zeit aktiv. Diejenigen, die darauf ansprechen und dieses westliche Yoga praktizieren, können in die neue Ära eintreten und sich in ihr Werkzeug verwandeln.

Diese Kraft, die gegenwärtig in Westeuropa und Amerika wirkt, besitzt neue Vitalität und Energien, die eine Trennung von der Vergangenheit und vererbten Umständen bringen. Der Verstand derjenigen, die darauf ansprechen, wird gereinigt. Kein Widerstand in der Atmosphäre des Mentalkörpers kann sie länger in ihrer rebellischen Aura einsperren; denn diese Yogaübung zieht atomare Energien von feinerer Art an und wandelt das Bewusstsein um.

Die großen Eingeweihten nennen das „Die Butter Schlagen“; das heißt, die Trennung der feineren Elemente von den Gröberen im Menschen. Wenn der Schüler auf diese feineren Kräfte anspricht, wird er sich der Manifestation derselben in seinem physischen Körper und in seiner mentalen Atmosphäre bewusst.

Über fünfzig Jahre lang wurden die Schüler abgelenkt, in Bezug auf die wahren Methoden des Yoga. Fast in jedem Buch, das dieses Thema behandelt, wird empfohlen, sich auf sein Inneres zu konzentrieren. Das ist falsch, weil diese Konzentration Atome der Persönlichkeit und des Wunsches anziehen. Ebenso wenig sollte man das Wort „Ich“ benutzen, weil das auch das persönliche Element ins Spiel bringt. Es ist unmöglich, durch direkte Konzentration nach innen zu gelangen, es sei denn, sie ist begleitet von einem Streben nach Höherem. Nur durch persönlichen Kontakt mit einem Meister kann ein Schüler die wahre Methode lernen.

Der Mensch ist in der Atmosphäre dieser Welt gefangen, aber sein höheres Selbst wartet darauf, wann er sich von seinen Fesseln befreit und zu ihm zurückkehrt. Diese Verbindung kann man in einem Leben erreichen, wenn der Schüler es anstrebt und die eingeschlafenen Eigenschaften der Materie in sich aktiviert, deren er sich nicht bewusst ist.

Das Streben nach Höherem bedeutet der Wunsch nach der Anwesenheit der Realität in unserem eigenen Universum. Das wahre Streben nach Höherem sollte unpersönlich sein, denn die Persönlichkeit zieht atomare Intelligenz persönlicher Natur an und außerdem parasitäre und desinkarnierte Wesenheiten.

In und um uns existieren hoch entwickelte Atome und in unseren Atemübungen ziehen wir sie in unseren Körper. Sie können ihre Energien in unser Nervensystem einfügen. Da der Mensch das Resultat seiner eigenen Art von Atomen und eigenen Art von Atmosphäre ist, wird er durch die Qualität der Atome, die er anzieht, beurteilt, so wie er auch beurteilt wird durch die Art von Menschen, mit denen er verkehrt.

Der Mensch ist ein Sonnensystem in Miniatur, regiert von seinem Innersten, der in seinem Heiligtum lebt und sich selten außerhalb seines Tempels offenbart. Wenn wir wollen, dass er unsere Anstrengungen, seine Gegenwart zu erreichen, anerkennt, müssen wir anstreben diesen inneren Regierungssitz einzunehmen.

Der gegenständliche Körper ist nicht in Verbindung mit seinem Innersten, bis er ein Mittel der Kommunikation findet. Indem wir Atome anziehen, die der Natur des Innersten entsprechen, bauen wir eine Brücke zwischen unseren inneren und äußeren Welten. Auf diese Weise erlangen wir unser verlorenes Besitztum in der Natur zurück, d. h. unser wahres Geburtsrecht.

Die Morgenröte der Jugend

Atome

Der Zweck der Wissenschaft der Verbindung oder des Yoga, wie man sie im Osten nennt, ist es, den Menschen mit seinem Innersten bekannt zu machen, und dieses Buch ist nur eine Einleitung. Das tiefere Wissen wird dem Schüler nur dann gegeben, wenn er bereit dafür ist. Diejenigen, die den Unvorbereiteten Yoga lehren, erleiden harte Strafen.

Die bruchstückhaften Lehren, die uns die großen Eingeweihten hinterlassen haben, wurden angeeignet und verändert von verschiedenen religiösen Organisationen, die sie als heilig hätten bewahren sollen, seit der Zeit, in der sie gegeben wurden. Diese Organisationen haben die Lehren verändert, um ihre eigenen persönlichen Überzeugen zu stärken und diese falschen Schriften haben die Welt in Finsternis gestürzt.

Der Okkultismus lehrt uns, dass das sichtbare Universum nichts anderes ist, als das niedere Gegenstück eines Höheren, das uns, wenn wir es wahrnehmen würden, Jugend und Glück geben würde.

Alles, was wir um uns herum sehen, ist illusorisch und nur ein Fragment von etwas Größerem; denn unser Verstand ist gefangen und unterliegt unserer eigenen Welt der Illusion. Wenn wir diese durchdringen können, werden wir in der Tiefe der Natur einen Verstand wahrnehmen, der alle Dinge lenkt und führt.

Viele okkultistische Schulen, hauptsächlich die Amerikanischen, lehren uns, wie wir unsere inneren Kräfte durch die ungeeignete Anwendung dessen, was man als bewusste Willenskraft kennt, entwickeln. Jene Schulen sagen, dass das objektive *Ich* Dinge fordern und erhalten kann, indem man das unterbewusste *Ich* durch Willenskraft beeinflusst. Im tieferen Zustand des Yoga lenkt der Schüler die Dinge, aber er will sie nicht in dem Sinne, wie die Welt den Begriff versteht, sondern er benutzt das Bewusstsein der Realität in ihm. Deshalb wird das Wort „Wille" in den höheren Schulen selten benutzt.

Wir wollen niemanden von seinem Glauben abbringen, aber wir schlagen vor, dass der Mensch lernt, innerlich zu denken und sein eigenes Himmelsreich sucht, dann wird er darin die ursprünglichen Bücher der großen Lehrer der Welt lesen können, die nicht verändert wurden; denn unsere eigenen Bücher der Weisheit wurden nicht durch die Welt der Illusion entstellt. Wie der Prophet Mohammed sagte: „Zu ihrem eigenen Buch soll jede Nation gerufen werden"; das bedeutet, dass in der Zukunft der Mensch lernen wird, das Wahre vom Falschen zu unterscheiden, wenn er die Verbindung mit seinem Innersten erreicht.

Dieses Buch befasst sich auch mit der Gesundheit des Körpers und der Selbstanalyse und der Schüler kann mit diesen Übungen beginnen, egal wie alt er ist.

Der Körper ist eine zusammengesetzte Form, gebildet aus vielen Quellen und Zeiten von vergangenen und gegenwärtigen Erfahrungen. In unseren Übungen werden diese Erfahrungen rekapituliert. Die niederen Zentren stellen die niederen Zeiten und unsere tierische Natur dar und sie befinden sich im unteren Teil der Wirbelsäule. Die Zentren oberhalb des Nabels stellen die weiter entwickelten Zustände der Evolution und des Bewusstseins dar. Die niederen Zentren müssen unsere Diener werden, nicht durch Zwang, sondern durch Kontrolle. Wenn wir darin scheitern, werden sie uns stören und versuchen, uns zu beherrschen, das verwandelt uns nicht in gottähnliche Menschen, sondern in Bestien.

Wir werden das Leben nicht vollkommen verstehen, bis wir nicht die lebendigen Kräfte in uns kennenlernen und Atome einer höheren Natur in unseren Körper transplantieren. Das wird mit der Zeit der Menschheit helfen, die Personifizierung der Gerechtigkeit zu werden.

Unsere atomaren Zentren sind den Sternenhäufen im Himmel ähnlich und jedes Atom ist eine winzige Intelligenz, die sich in ihrer eigenen Sphäre dreht.

In unserem Streben verbinden wir uns mit Atomen, die uns in der Evolution vorausgegangen sind, denn sie evolutionieren so wie wir. Dieser Körper ist ihre Universität und sie bereiten den Weg vor, dem wir folgen sollen.

Verschiedene Abteilungen des Bewusstseins oder des Seins unterteilen die Struktur des Menschen. Wenn der Schüler seine inneren Ebenen betritt, wird er erkennen, dass diese Welt nur eine Illusion ist und dass Raum und Zeit verschieden sind, wenn man sie aus diesen Abteilungen betrachtet. Diese Ebenen schicken ihre Energie in den Verstand und der Schüler entdeckt, dass er ein Teil eines großen universalen Planes ist.

Diejenigen, die ihre Zeit nicht verschwenden, sondern arbeiten, um ihre niedere Natur aufzulösen, werden mit der Zeit ihre eigenen Bereiche betreten und dort den Frieden Gottes, „der alles Verstehen transzendiert“, finden. Sie werden jenseits von Leid und Schmerz sein und in vollkommener Harmonie mit ihrem inneren Bewusstsein.

Von diesen inneren Gebieten aus werden sie beobachten, dass die Atmosphäre der Natur vor Intelligenzen wimmelt und sie werden eingelassen in Welten voller inspirierender und strahlender Schönheit. Von Schöpfungen, die sie erheben werden, weil dort die verborgenen Herrlichkeiten des Planeten offenbart sind. Dort warten die Herrscher der Elementargeister, um ihnen Eintritt in ihr Land zu gewähren.

In dieser Yogaübung entspricht die Erweiterung unserer Wellenlänge diesen Elementarstoffen und hilft unserer Entwicklung. Und so erhalten wir unsere eigene Schlüsselnote. Denn diese Wesen ernähren sich von den feinsten Kräften und der Weisheit ihrer Welt und sie dienen und heißen gerne diejenigen willkommen, die ihr Reich des Verständnisses und der Herrlichkeit betreten.

Die Probleme, die uns auf der Erde verwirren, klären und vereinfachen sich, wenn man sie aus der Sicht der inneren Welten betrachtet. Denn dort werden wir zu Attributen der Wahrheit selbst und in jenen Ebenen werden alle Fragen sofort beantwortet, gemäß der Erfahrung, die wir in vergangenen Inkarnationen erworben haben.

Die Atmosphäre des Mentalkörpers wird gesteuert durch die Atmosphäre dieser Welt, aber indem man durch die Atmung die Energie absorbiert, die sich in diesem neuen Zeitalter manifestiert, können wir uns durch das Praktizieren von Yoga von dieser Steuerung befreien. Durch Entschlusskraft beim Vorgang des Atmens ziehen wir die Atome dieser neuen Energie an und nach und nach passen wir uns ihrer Wellenlänge an. Diese Atome erzeugen in uns ein Gefühl der Freude, ähnlich wie an einem Frühlingsmorgen. Je mehr sich der Schüler vertieft, umso mehr nimmt er diese Energie und Klarheit auf, ohne Entsprechung in seinem normalen Zustand. Er wird eine vollkommene Änderung erleben und wie niemals zuvor die Möglichkeiten seines zukünftigen Wohlbefindens erkennen und gleichzeitig wird er bemerken, wie träge er bisher war.

Wenn wir korrekt mit den Atomen des Universums verbunden sind, können wir ihre Kräfte beherrschen. Wenn der Schüler allerdings keine Liebe in seinem Herzen hat, wird er unfähig sein, diese Atome, die ihm helfen werden sein verlorenes Erbe zurückzugewinnen, anzuziehen. Nur die mentale Anstrengung alleine wird ihn niemals mit dem zentralen Universum vereinigen.

In uns befinden sich viele Atome, die ihre Weisheit in unsere Atmosphäre weitergeben, um ihre eigene Entwicklung zu beschleunigen. So wie der Apotheker wissen muss, was er in seine Medikamente tut, so muss der Schüler die Macht erwerben, jede Atmosphäre zu analysieren. Das wird ihn lehren, inwieweit die Atome reagieren und auch ihre Art von Intelligenz und die äußerliche Erscheinung.

Jeder große Meister dieser Wissenschaft hat seine fortgeschrittenen Schüler im Geheimen gelehrt, wie sie mit ihren eigenen atomaren Intelligenzen, die sich weiter als die Schüler selbst entwickelt haben, kommunizieren können.

Der Mensch ist das Ergebnis seiner eigenen Gedanken und seiner mentalen Umgebung. In der Vergangenheit erlebte er Zeiten voller Glanz und Pracht, jenseits jeder Illusion, und er kann sich wieder mit den Atomen verbinden, die jene Zeiten verkörpern. In diesem neuen Zeitalter kann er einmal mehr die Eigenschaften seines verlorenen Erbes zurückgewinnen, sein göttliches Geburtsrecht.

Wenn der Schüler erst einmal die Macht zurückgewinnt, seine vergangenen Leben zu erinnern, kann er beginnen, seine Fehler zu beheben und die Mächte zu suchen, die er verloren hat durch Egoismus und Missbrauch.

Wenn diese zurückgewonnen sind, kann er in Anderen eine ähnliche atomare Errungenschaft hervorrufen.

Wir hören oft über die Rückkehr eines Retters der Welt, dennoch wissen wir nicht, dass jeder Mensch potenziell sein eigener Retter ist und Atome besitzt, die in seiner mentale Atmosphäre die Eigenschaften der höchsten Erleuchtung sprießen lassen. Dieses Einweihungsatom haust in jedem lebenden Ding, genauso wie im Menschen, aber es erscheint nur, wenn wir in die tieferen Ebenen unserer inneren Welten eingetreten sind.

Diese Intelligenz nennt sich weder Christus noch Buddha, sondern wird gerufen durch einen geheimen Klang, der die Prinzipien der Gerechtigkeit besitzt. Jedes Zentrum des Körpers hat seine eigene Note, auf die es antwortet, wenn man sie erklingen lässt. Wer die entsprechenden Vokale (die sieben Vokale der Natur) erklingen lässt, harmonisiert diese Zentren, damit sie auf den Klang des vereinten Vokals reagieren: der wahre Name des Innersten.

Wenn der Schüler in seiner eigenen Universität meditiert, lernt er Vokale, die anscheinend aus einer entfernten Vergangenheit kommen; einstmals kannte und verstand er die wahren Namen der Dinge, und die Natur, die seinem Rufen antwortete, brachte ihn in Einklang mit ihrem Bewusstsein.

Heutzutage haben wir unser antikes Erbe verloren, aber im lebendigen Tempel des Innersten können wir den Besitz dieser göttlichen Wissenschaft wiedererlangen.

Im neuen Zeitalter wird eine Zeit kommen, in der der ernsthafte Schüler, der diese innere Lehre erlangt hat, alles, was über seinen erleuchteten Mentalkörper geschrieben wurde, erreichen wird.

Die Morgenröte der Jugend hat die Welt in anderen Zeitaltern berührt. Woher bekam Griechenland, dessen Glanz niemals verblasst ist, seine wundervollen Informationen? Von welcher Schule erhielten seine Architekten ihr weises Wissen über die Architektur und die Gesetze von Gleichgewicht, Rhythmus und Proportion? Wer lehrte Phidias, Praxiteles und Apelles ihr Wissen über Form, Farbe und Geist, die ihr Werk durchdrang? Sogar heutzutage fühlt der erleuchtete Verstand die Schwingung, die der Torso des Praxiteles aussendet und wenige lebende Bildhauer verstehen es, Marmor mit einer solch bedeutungsvollen Vitalität zu befruchten. In jedem Meisterwerk wurden Atome eingefügt, die uns noch immer mit Ehrfurcht und Andacht erfüllen. Weil die Künstler in ihrem Werk ihre eigenen Atome einfügten und obwohl Jahrhunderte vergangen sind, kann der empfindsame Verstand noch die Freude des Künstlers in seiner Schöpfung fühlen. Dennoch entstand ein großer Teil dieser reichen und vielfältigen Schöpfung in Griechenland in einem Zeitraum von 250 Jahren.

Im Atlantean Testament of Learning (das Testament des atlantischen Wissens), einem Buch, das von den Brüdern bewahrt wurde, lesen wir Folgendes in Bezug auf den Ursprung der Zivilisation von Attika: „Als der große Eingeweihte und seine Anhänger von der Sonne zum Mittelmeer kamen, hielten sie an dem Ort, an dem Athen später erbaut wurde, eine Zeitlang an. Die Atlanter pflanzten Atome in den Untergrund, die viel später den Verstand derjenigen, die sich dort niederließen, stimulierten. Er und seine Anhänger reisten dann zum fruchtbaren Tal des Nils, um die Zivilisation aufzubauen, die wir heute Ägypten nennen“.

Der entwickelte Schüler wird diese Aufzeichnungen äußerst interessant finden. Im Kapitelhaus der Brüder kann man die Seiten der Vergangenheit umblättern, die von den Historikern des Ordens geschrieben wurden.

Wenige analysieren die Atmosphäre dieser Welt, sie erkennen auch nicht ihren Platz und ihre Rolle im Wirken derselben. Diejenigen, die es tun, sind im Allgemeinen die Propheten einer Nation und sie entnehmen und drücken die Weisheit aus, die in ihr angesammelt ist. Diese Weisheit verbindet eine Nation mit ihrem Erbe. Das westliche Yoga wird uns durch viele schwierige Prozesse helfen und uns die Weisheit geben, die uns befähigt, unsere Aufgabe in dieser Welt zu erfüllen, ebenso wird es uns helfen, zu unserem individuellen und inneren Universum zu gelangen.

Das Geheimnis dieser Art von Yoga liegt im Einatmen von entwickelten Atomen, denn ihr höherer Vibrationsrhythmus entwickelt unsere atomaren Strukturen. Das erreicht man, indem man durch die Nasenlöcher eine bestimmte Art von Atomen, genannt aufstrebende Atome, einatmet.

In bestimmten Zeiten der Vergangenheit dieser Welt waren wir in der Lage, uns mit unseren inneren Zentren verbinden. Heutzutage hoffen wir, mittels beständigem Streben und Reinheit der Gedanken den Gipfel dieser Kenntnis zu erreichen und auch das Wissen, das die entwickelten Atome besitzen, zu erfassen und es mit denjenigen zu verbinden, die unser höchstes Streben widerspiegeln. Nur durch Streben nach Reinheit kann man Schönheit erreichen. Das bringt uns auch Klarheit des Verstandes und ein augenblickliches Gefühl der Ruhe, egal wie müde wir uns fühlen.

Durch Yoga wird der Schüler außer Erleuchtung auch ein Wachstum seiner spirituellen Natur und ein inneres Verständnis der wissenschaftlichen Welt von heute erreichen.

Obwohl der Innerste sich selten für äußerliche Dinge interessiert, sollten wir uns immer dafür interessieren und uns bemühen im Einklang mit den Gesetzen dieser Welt zu leben.

Das altertümliche Umfeld untergräbt die Atmosphäre des jungen Lebens. Solche Bedingungen findet man oft in alten Ländern und auch in alten Kathedralen und Universitätsstädten, denn wir können nicht diejenigen erwecken und lehren, die sich nicht von ihrem alten Verlangen und ihren Leidenschaften für eine vergangene Kultur trennen wollen.

Wenn der Schüler beginnt, diese atomare Energie des neuen Zeitalters aufzunehmen, wird er eine Idee bekommen von seiner zukünftigen Entwicklung; denn die altertümliche Atmosphäre dieser Welt enthält all den Staub und Schmutz von vielen Zeitaltern und wirft uns deshalb zurück in die Vergangenheit. Deshalb wird eine Nation untergehen, wenn sie nicht auf ihre eigene Manifestation der Morgenröte der Jugend reagiert.

In der Vergangenheit sind wir von der geringeren Dichte der Materie bis zu der Höheren aufgestiegen, aber als wir das taten, verloren wir den Kontakt und ließen uns durch unsere niedere Natur verleiten. Deshalb dürfen wir uns nicht den noch niederen Zuständen ergeben; wenn wir das tun, werden sie uns versklaven.

Die Menschen sind verschieden in ihrer Art; einige besitzen dichte Körper und auch einen dichten Verstand und reagieren nicht auf den Einfluss irgendeiner Energie, sondern lassen sich durch den Zufall treiben. Diese Leute sind Sklaven des Verstandes Anderer und vermitteln diese Eigenschaften an jene, die unter ihnen sind.

Mit dieser Yogaübung werden wir weder länger das Opfer des Verstandes Anderer sein, noch zurückkehren zur alten Denkweise, denn wir analysieren die Eigenschaften der Gedanken, die von den inneren Ebenen stammen.

Da Energie nur durch Energie angezogen werden kann, denken wir an die neue Energie der Atmosphäre, wenn wir etwas ersehnen, denn diese Dinge können nur durch Stärke erreicht werden. Wenn ihr bestimmtes Wissen begehrt, bemüht euch und ruft den Innersten, damit er euch mit dem Zentrum oder entsprechenden Teil der Informationsquelle verbindet.

Wenn wir diese Übung vertiefen, suchen wir die Essenz unserer vergangenen Erfahrungen, nachdem wir auf unsere vergangenen Inkarnationen zurückgeblickt haben, seien sie gut oder schlecht.

Wenn wir die Summe all unserer Erfahrungen in weise Intelligenz umgewandelt haben, werden wir (wenn wir Beobachter sind, während wir praktizieren) die Eigenschaften von Mut und Antrieb fühlen. Das bedeutet, dass wir beim Einatmen die Atome, die ein Bewusstsein besitzen, das zur Welt des Innersten gehört, inhaliert haben.

Wir erkennen unsere eigenen atomaren Arbeiter (die unaufhörlich am Wachstum unseres Nervensystems arbeiten) nur, wenn wir in unsere inneren Ebenen eintreten. Wenn wir das verstehen, sollten wir ihnen Liebe und Unterstützung geben.

Wenn wir über uns selbst bestimmen wollen und unsere Umstände analysieren wollen, müssen wir die Hindernisse überwinden, die uns von unserer eigenen Souveränität und dieser illusorischen Welt trennen; denn wir können nicht erwarten, dass der Innerste das Wachstum unseres Verstandes fördert, bevor wir die Vereinigung mit ihm suchen.

Jeder Bereich des Körpers hat seine eigene atomare individuelle Schwingung und diese müssen wir in unserer Übung analysieren, wenn sie sich im Nasenloch sammeln. Dann rufen wir die Atome, die uns unterweisen und diese helfen uns, indem sie uns Gleichgewicht geben.

Wenn wir einatmen, scheint es, als ob sich langsam eine Türe in uns öffnet und wir fühlen uns in eine andere Sphäre gezogen.

Mit der Zeit wird diese Atmung durch den Innersten kontrolliert. Wenn das geschieht, werden wir zum ersten Mal die Bedeutung der rhythmischen Atmung erkennen und fühlen, dass ein anderes Wesen in uns die Führung übernimmt und uns Aufmerksamkeit und Wahrnehmungsvermögen gibt, was wir nie zuvor gefühlt haben. Das ist die Grenze unseres eigenen individuellen Universums.

In unserem Nervensystem befindet sich ein zweiter Satz von Nerven, der auf eine größere Wellenlänge reagiert. Wenn wir atmen, begeben wir uns vom Ersten zum Zweiten und dort sammeln wir Atome einer verschiedenen Art. Wir erwecken außerdem Ströme von dynamischer Kraft, die uns den Weg zu geschlossenen Zentren öffnen und uns vorbereiten für die Aufnahme in unsere wirkliche Welt des Seins, wo atomare Stoffe uns Energie und Intelligenz geben.

In diesem Studium müssen wir jeden Schritt mit einem Gefühl von Sicherheit und Mut machen. Die Erleuchtung, die wir erhalten, erreichen wir durch Beobachtung und Studium unserer inneren Besitztümer. Wir sind nicht blind wie der Mystiker, der, obwohl er viel Liebe ausstrahlt, wenig vorzuweisen hat; denn der Mystiker und der Yogi dieser Wissenschaft sind weit voneinander entfernt.

Der Mystiker schwächt seinen Körper durch Fasten und Beten, er versucht ihn dem höheren Selbst zu unterwerfen, das er nicht kennt und nur dessen Duft und Frieden bleibt in seinem Herzen, aber der Yogi entwickelt und lernt von seiner atomaren Intelligenz seine eigene große Wahrheit.

In dieser Wissenschaft des westlichen Yoga gibt es vorbereitende, stille, aktive und schulische Zeiten. Diese vier Zeiten lehren uns, wie unsere inneren und äußeren Körper funktionieren. Die Anwesenheit unseres Innersten muss in unserer objektiven Welt sichtbar gemacht werden. Hier fügen wir eine wichtige Anmerkung über unseren Innersten bei. Woanders sagten wir, dass er gefangen ist; aber das bedeutet nicht, dass er nicht Bewegungsfreiheit hat, im Gegenteil, er zeigt sich durch unser zentrales und sekundäres Nervensystem und durch unseren materiellen Körper, aber er kann sich nicht jenseits dessen zeigen, bevor er nicht letztendlich durch die Yogaübung befreit ist.

Wir reagieren nicht bewusst auf die Eindrücke unseres Innersten, — obwohl religiöse Lehrer sagen, dass wir in ständiger Verbindung mit der Realität oder Gott sind —, bis der Innerste, das Instrument der Realität, sich mit uns vereint.

In unserem gegenwärtigen Zustand und unserer gegenwärtigen Atmosphäre findet keine direkte Kommunikation mit unserem Innersten statt, bis wir in unser System seine Einteilung von atomaren Strukturen eingefügt haben. Die Yogaübung lehrt uns, dass wir nur durch die Entwicklung jener Vehikel eine Antwort erhalten können. Wir erkennen nicht, dass wenn wir diese aufstrebenden Atome abweisen, wir ebenso unsere eigene Stärke und Gelassenheit abweisen, oder dass wir in unserer Übung beginnen, in unserem Körper eine andere Art von Atomen zu befruchten, die unsere verborgenen Kräfte wecken. Ebenso wie ein Gärtner reichhaltige Erde benutzt, um seine Pflanzen zu nähren.

Eine fromme Person denkt häufig, dass sie Antworten auf ihre Gebete von ihrem tieferen Bewusstsein erhält, denn ihr Herz ist plötzlich entflammt und das überzeugt sie, dass sie Gott gefunden hat. Doch das ist nicht mehr als die Antwort des atomaren Zentrums in ihrem Herzen, das ihre Anrufung und Sehnsucht wahrgenommen hat.

Sie glaubt, dass das eine Erleuchtung von Gott ist, wohingegen es nur die Öffnung eines Zentrums ist, das aufstrebende Atome angezogen hat, welche in ihr System strömen, ihr Bewusstsein erleuchten und ihren Segen demjenigen verkünden, der ihre Atmosphäre gesucht hat.

Für viele bedeutet das göttliche Offenbarung. Wenn Zentren in unserem sekundären System sich öffnen, geben sie uns auch ähnliche Erleuchtungen und Zeiten von Gelassenheit und Frieden; nicht den Frieden des Verstandes, wie wir denken, sondern eine bestimmte Energie, verkörpert durch unsere eigene Individualität; das ist der gesamte Körper, der seinen Innersten anruft.

Obwohl wir immer von der Realität und ihrem Instrument, dem Innersten, beobachtet werden, sind wir vertrieben aus unserem wahren Königreich, bis wir durch unsere Sehnsucht diese Atome, die auf den Innersten und die Realität reagieren, in unsere physische Hülle einfügen. Wie können wir die Schwingungen einer höheren Ebene kennenlernen und erreichen, ohne ein Instrument, auf dem die Schwingungen spielen und ihr Bewusstsein hineinbringen können?

Der Mensch erreicht es nicht, sich selbst mit seinen eigenen höheren Intelligenzen auszustatten und erkennt nicht ihre Verehrung für den Innersten. Somit kann der Leser nun verstehen, dass dieses System des westlichen Yogas unsere feineren Zustände des Seins, worin die Gegenwart des Innersten sich befindet, harmonisieren will.

Eine Rose hat viele Blätter, aber wenige atmen das Parfüm ihres Herzens.

Deshalb sucht den Innersten, sodass sein Duft den Verstand versüßen und heilen möge.

Das Atom Nous

In der linken Herzkammer befindet sich das Hauptatom; das Miniaturmodell, an das sich der physische Körper in seiner Entwicklung mit der Zeit anpassen muss. Es ist ein drehender Körper, der in seiner eigenen Atmosphäre lebt; man nennt ihn den Baumeister, weil er verantwortlich ist für alle Bauprinzipien unseres physischen Körpers. Wie ein Oberbefehlshaber hat er Armeen von atomaren Bauarbeitern und Ingenieuren, die seine Anweisungen ausführen. Das sind die aufstrebenden Atome, die den Innersten suchen, wie wir. Dieser Baumeister hat seine Aufseher, die oft ihre eigene Entwicklung opfern, zugunsten derjenigen, die weniger entwickelt sind als sie.

Unsere erste Übung besteht darin, die Aufmerksamkeit dieses Baumeisters oder Atom Nous auf uns zu lenken, indem wir diese aufstrebenden Atome nutzen, die uns an ihre eigene Intelligenz anpassen.

Der physische Organismus ist wie ein fremdes Land für diese bereitwilligen Atome, deren Aufgabe es ist, ihn mit ihren höchsten spirituellen Möglichkeiten in Einklang zu bringen.

Der Baumeister befindet sich im reinsten Blut des Herzens, mit absoluter Autorität über die Atome, die ihm gehorchen. Dieser Blutstrom kann Druck auf diese Arbeiter ausüben und sie so zu höherer Leistung anspornen. Der erhöhte Druck verlangt mehr Ausdauer von ihnen, denn der Körper muss ohne Rücksicht auf die Wünsche der Arbeiter regeneriert werden.

Diese unzähligen Arbeiter, die wir weder beachten noch ihnen helfen, sind oft entmutigt und scheinbar hilflos, wegen unserer Maßlosigkeit bei der Arbeit und der Benutzung von Aufputschmitteln. Der Schüler kann sie jeden Morgen durch diese Übung ermutigen: Sich gerade hinstellen, tief einatmen, leicht auf die Spitze der Leber klopfen, und währenddessen Liebe und Aufmunterung aussenden. Das Nervenzentrum an dieser Stelle wird durch unsere Gedanken und Liebe belebt; denn dort befindet sich der Sitz der Vorstellungskraft und eine gesunde Vorstellungskraft bewirkt einen gesunden Körper.

Diese Atome respektieren einen aufrichtigen Verstand; denn Unaufrichtigkeit in unserer Handlungsweise verursacht Unordnung in ihrer Atmosphäre und sie meiden uns, wenn möglich. Deshalb kann nur reine Sehnsucht uns mit ihrem Bewusstsein verbinden. Sie bringen auch den

Einfluss des Innersten zu unserem getäuschten Verstand, der in den Trugbildern dieser Welt gefangen ist.

Zwischen Mensch und Natur gibt es eine große Leere, die wenige überwunden haben. Viele chinesische Künstler haben uns diese großen Konzepte gezeigt, die sich mit den grundlegenden Realitäten befassen, die den Verstand mit dem Bewusstsein der Natur verbinden.

Es war das Atom Nous oder der Baumeister, der auf den Ruf der Wirklichkeit antwortete, als man ihn bat zu dienen und in die niederen Schichten der Welt zu inkarnieren, vor der Ankunft der Sonne im Verstand.

Der physische Körper ist nur scheinbar fest. Von innen gesehen sieht er aus wie eine gasförmige Hülle und ist ein Schutzschild für den Innersten, der das Eindringen von fremden Stoffen, wie z. B. Viren verhindert. Das Eindringen unserer eigenen Gedanken kann großes Leid über diese treuen atomaren Arbeiter in uns bringen, wenn diese Gedanken voll von starkem Hass, Neid oder starker Bosheit sind, denn diese Gefühle sind sehr viel zerstörender, als wir glauben.

Unsere Erziehung lehrt uns, nach außen zu denken. Das hindert unseren Verstand daran, nach innen zu denken. Die Gedanken, von denen wir glauben, dass sie unsere sind, stammen nicht von unserem Innersten und sind deshalb nicht unsere eigene individuelle Wahrheit.

Das Atom Nous wird niemals etwas von uns verlangen, das schlecht ist. Im Gegenteil, es wird nur Dinge vorschlagen, die hilfreich für unsere innere Entwicklung sind. Seine Arbeit ist es, uns von den Fesseln dieser illusorischen Welt zu befreien. Da wir die Architekten unseres eigenen Schicksals sind, liegt die Entscheidung bei uns.

Während der Schüler sich entwickelt, verbindet er sich mit den Zeiten, als der Mensch von einer Atmosphäre voller göttlicher Weisheit umgeben war und er erinnert sich wieder an den Plan, dem er zu folgen beschlossen hatte, als er in diese Welt inkarnierte; ein Plan, den er vergaß, als er in die dichte Materie dieser Welt hinabstieg.

In jenen antiken Zeiten wussten wir, dass wir aus Atomen gebildet wurden, die verschiedene Eigenschaften besaßen, und wir sind immer noch umgeben von einem kraftvollen Schutzschild, in dessen Bewusstsein wir wieder eintreten müssen.

Wenn wir während unserer Übung die Erleuchtung erreichen, helfen wir unseren Atomen, indem wir ihnen dieselbe Sehnsucht und Hilfe geben, die wir empfangen.

Nur wenn wir in unsere eigenen inneren Ebenen versunken sind, erkennen wir den Schmerz und das Elend, das wir den Arbeitern des Atom Nous bereiten, denn wir erfahren ihr Leiden in uns und beschließen, dass wir in Zukunft einen gesunden und normalen Verstand in einem sauberen und gesunden Körper bewahren werden.

Wenn der Baumeister oder das Atom Nous den Körper verlässt, löst sich dieser auf. Das Atom Nous wünscht Gesetze einzuführen, die bewirken, dass die Nationen der Welt eine Einheit werden.

Der Mensch heutzutage ist nur zu vier Siebteln entwickelt, aber wenn das Atom Nous und seine Arbeiter auf unsere Übungen reagieren, wird man uns lehren, verschiedene Teile des Körpers anzuregen, die anscheinend durch Nichtgebrauch verkümmert sind.

Der Körper ist zusammengesetzt aus zwei Arten von Atomen, guten und schlechten. Durch sie erleben wir das Gute und Schlechte aus unseren vergangenen Leben wieder.

Die Atome gleichen ihren Eigentümern, diejenigen, deren Atome stabil und beständig sind, haben starke Körper; diejenigen, mit schwachen Atomen haben schwache Körper.

Wenn wir in unseren Zwischenzustand eintreten, entwickeln wir unsere verborgenen Sinne der Wahrnehmung und erkennen desinkarnierte Intelligenzen; deshalb müssen wir vorsichtig sein und unsere Intuition nicht mit der Kommunikation jener Intelligenzen verwechseln. Um den Unterschied zwischen der wahren und der falschen Stimme zu erkennen, müssen wir eine Schwingung fühlen, die uns eine Wahrnehmung von Sieg und Stille gibt; so etwas wie das Ende einer wichtigen Entscheidung.

Unsere Neigung aufmerksam und gesund zu sein, führt uns zu einer ständigen Verehrung der aufstrebenden Atome; deshalb sollten wir keine unreine Nahrung essen und mäßig im Gebrauch von Aufputschmitteln sein.

Erhöhter Blutdruck verursacht anormale Gelüste und Wünsche und regt unsere niedere Natur zu größerer Aktivität an und verhindert gleichzeitig unseren Eintritt in die inneren Welten. Dieser Druck zerstört die Nerven, die das Öffnen und Schließen der Gehirnzellen verursachen. Wenn wir atmen, öffnen diese Nerven die Zellen, damit die Energie durch den Körper fließt und wenn sie geschlossen sind durch abnormalen Druck, wegen einer plötzlichen Anstrengung, bringt das die niederen Zentren zu größerer Aufmerksamkeit und Aktivität und verschließt die innere Welt für den Schüler und hindert ihn daran, ihre Anweisungen zu erhalten.

Deshalb müssen wir eine Methode benutzen, durch die wir die Einflüsse unserer niederen Natur aussperren können. Im Herzen existiert eine kleine Klappe, die den Eingang für Unterbrechungen, die aus den niederen Zentren des Bewusstseins stammen, öffnet und schließt. Später erkennen wir langsam, dass der Innerste ein System von Bewässerungskanälen benutzt, durch das die wunderbare Substanz fließt, die das Wachstum und Verständnis unseres eigenen Besitzes befruchtet.

Wir atmen nicht nur mit unseren Lungen, sondern jede Gehirnzelle ist ausgestattet mit dem, was wir als Lungenkanäle betrachten können, welche Atome sammeln, um uns ihre Intelligenz einzuprägen.

Die aufstrebenden Atome sind oft in Substanzen eingetaucht, die ihre Kommunikation mit dem Atom Nous zerstören und es sind die trägen Atome, die das verursachen.

Unser Verstand ist Sammler von verwesten Atmosphären der Vergangenheit, gefüllt mit Fäulnis, die den Geschmack von Krieg und anderen großen Lastern erzeugt. In unserer Übung werden diese dekadenten Zustände Platz machen für eine solare Kraft, die sie verbrennen wird. Dieses Feuer wird die Parasiten zerstören, die uns ihre Bürde auferlegt haben und uns reinigen, damit unser wahrer Verstand sich offenbart.

In allen Epochen der Geschichte ist ein Retter der Welt erschienen, am Anfang oder Ende eines Zeitalters. Wenn wir fähig sind, unsere inneren Bücher der Erinnerung zu lesen, werden wir wissen, welche Erleuchtung jeder Lehrer uns und der Welt gebracht hat. Sie konnten Wunder bewirken durch die magische Manipulation der klingenden Vokale und ihr Werk bestand daraus, die Menschen mit den höheren Schwingungen, die durch diese Atome befreit wurden, in Einklang zu bringen.

Wir haben in jedem Leben das gleiche Atom Nous gehabt und in einigen Leben sind wir ihren Anweisungen gefolgt.

Die Welt glaubt, dass ein Mensch, wenn er ein Yogi wird und sich zurückzieht, sein Leben verschwendet. Es ist wahr, dass ihn möglicherweise nur wenige kennen, aber der echte Yogi hat seinen Platz in der Entwicklung der Menschheit. Seine Macht wächst, wenn er sich von der Atmosphäre der Welt zurückzieht, die die Menschheit gefangen hält. Der wahre Yogi besitzt große Macht und beeinflusst die Gedankenwellen der Menschheit, so wie der Musiker seine Tastatur.

Wenn der Schüler durch die Astral- und Mentalebenen reist, bei seiner Reise nach innen, hören viele der anormalen Wesen, die diese Regionen bevölkern (einige erdgebunden) seine Gedanken und versuchen seinen Verstand zu stören und abzulenken.

Die aufstrebenden Atome helfen uns, die schlummernde Energie in uns zu wecken; d.h. die schlafende Kraft in der Nähe unseres Nabelzentrums, die uns aus unseren Fesseln befreit. Diese Kraft, ähnlich der statischen Elektrizität, wird geweckt und durch den Rückenmarkskanal nach oben gelenkt und öffnet große Zentren oder okkulte Schulen; denn im zentralen Nervensystem ist die solare Intelligenz unseres Universums im Kleinen, in dem der Mensch die Einheit mit der Realität erreichen kann.

Wir stehen dann unter der Führung eines stärkeren Flusses von Intelligenz, der uns hilft, unseren Körper zu verlassen und Informationen zu erlangen, ohne auf normale Methoden zurückzugreifen. Wenn wir Beobachter sind, können wir den Blickpunkt jeder Bemühung untersuchen und uns daran gewöhnen, innerlich zu leben ohne Rücksicht auf das Wissen der Welt und an der innerlichen Nahrung teilnehmen, die wir äußerlich ablehnen.

In unserem zentralen System finden wir bestimmte Atome, die das Bewusstsein der großen Führer der Menschheit repräsentieren. Diese Atome bilden eine atomare Struktur, von der aus einer von diesen hin und wieder in die dichte Atmosphäre unserer Körper herabsteigt und uns mit diesen atomaren Intelligenzen verbindet, die ihren Lehren gefolgt sind.

Sie werden auch den Film unserer vergangenen Erfahrungen projizieren. Und der Schüler wird wieder erfahren, was er früher gelitten hat; das Gefühl zu erobern und das Gefühl erobert zu werden. Der Schüler wird, nachdem er seine guten und schlechten Taten miterlebt hat, versuchen, so zu leben, dass in ihm nicht länger diese Atome, die sich gegen ihren Herrn auflehnten, existieren.

Kein großer Verwalter hat jemals die Normen seines Zeitalters benutzt, sondern er hat Ideale erschaffen und seine Vorstellungskraft benutzt, um fortschrittliche Änderungen in der Zivilisation zu bewirken.

Die Nationen haben Zeiten der Erleuchtung erlebt, in denen der moralische Wert des Individuums als nationales Gut betrachtet wurde. Die Griechen verstanden dieses Ideal.

Die Fortpflanzungsorgane sind in dieser Lehre von großer Wichtigkeit; denn ihre schöpferische Kraft existiert nicht nur für die persönliche Befriedigung, sondern auch für die Schöpfung von idealen Normen durch den Gebrauch der Vorstellungskraft. Die mächtige Energie, die in uns eindringt, hat viele Zweige und jeder vibriert im Einklang mit einem bestimmten Teil unseres Nervensystems.

Wenn man sie innerlich beobachtet, strahlen diese Zentren verschiedene Lichtwellen aus, wie glühende Kohlen in einer dunklen Nacht. Die Energie unseres zentralen Systems hält uns wach, aber wenn wir schlafen, ruht sie auch und eine andere Art von Energie nimmt ihren Platz ein.

Das gleicht der Arbeit eines Ingenieurs, der die Maschinerie überholt, nachdem der Arbeiter gegangen ist; denn diese Energie repariert zerstörtes Gewebe und zerstört alles, was schädlicher Natur ist. Wenn wir erwachen, hört diese Energie auf zu funktionieren und die vorherigen atomaren Kräfte übernehmen ihre Aufgabe wieder.

Die leitende Intelligenz jeder atomaren Kolonie widersteht mit all ihrer Kraft jedem äußeren Einfluss, der versucht, ihre Haltung zueinander zu ändern. Es ist notwendig, immer wachsam zu sein für jede Botschaft, die vom Atom Nous kommt. Es gibt ein altes hermetisches Sprichwort: „Sei aufmerksam für die Stimme deines Meisters, so wie Er aufmerksam ist für die deine".

Wenn wir fähig sind, dem Innersten zu antworten, können wir vergangenes Übel heilen, tiefsinnigere und edlere Leben leben und in die kleineren Mysterien eingeweiht werden.

Zerstörerische Atome

Wie wir im vorherigen Kapitel sagten, gibt es zwei Kräfte im Menschen, gute und schlechte. Das Atom Nous wird manchmal von den Okkultisten das weiße oder gute Prinzip des Herzens genannt. Wir werden nun von seinem Gegensatz sprechen, dem dunklen Atom oder geheimen Feind. In vielerlei Hinsicht sind seine Handlungen ähnlich denen des Atom Nous, denn es hat Legionen von atomaren Wesenheiten unter seinem Befehl, aber sie sind zerstörerisch und nicht konstruktiv. Dieser geheime Feind hat seinen Sitz im unteren Abschnitt der Wirbelsäule und seine Atome widersetzen sich den Versuchen des Schülers, sich mit seinem Innersten zu vereinen. Der geheime Feind hat soviel Kraft in der Atmosphäre dieser Welt, dass er unsere Gedanken einschränken und unseren Verstand einsperren kann. Wenn wir uns bemühen, den Verstand auf eine Sache zu konzentrieren, wird er sofort versuchen, das zu zerstören. Wie ein Lehrer einst sagte: „Wenn ihr einen reinen Gedanken für nur drei Sekunden halten könntet, würdet ihr Herrscher der Welt werden."

Diese Atome erwecken alles, was schlecht in uns ist, und in der Geschichte der Welt gab es ihre Zeiten der Macht, als sie äußerst destruktiv waren. Der letzte Krieg* war eine solche Zeit.

Weil die Macht dieser Atome in dieser Welt vorherrscht, ist es für uns leichter, uns in unserer Yogaübung mit ihren Schulen zu verbinden, denn von Kindheit an haben wir gelernt äußerlich zu denken und nicht innerlich und es ist im äußerlichen Körper, wo diese Atome sich leichter ausdrücken. Es ist einfach, in diese Königreiche der Hölle einzutreten, denn die Königreiche des Himmels können nur gewaltsam betreten werden.

Wir denken, hier wäre eine Anmerkung über den Glauben interessant. Die Eingeweihten sagen, dass seine Bedeutung missverstanden wurde. Der Begriff Glaube, so wie er in der Welt benutzt wird, beinhaltet keine Spiritualität, obwohl er in der Oberschule Kraft und Energie, angewandt in einer Handlung, bedeutet.

Jeder Erfolg im Yoga kommt von dieser Anwendung, denn der wahre Wert des Glaubens ist eine solare Kraft, die den Verstand erleuchtet und ihn mit Atomen von Kraft und Energie versorgt. Viel mehr menschliches Unglück als wir uns vorstellen können ist die Folge des falschen Verständnisses dieses Wertes.

*(Anm. des Übers.: Gemeint ist der erste Weltkrieg)

Als Jesus das Wort Glaube im folgenden Satz benutzte: „Wenn ihr soviel Glaube hättet wie ein Senfkorn....“, meinte er, dass man Wunder bewirken könnte, wenn man die atomare Energie besitzen würde, die in einem Senfkorn enthalten ist. Aber in dieser Welt der Illusion hat sich die Bedeutung umgekehrt und der schwache Mensch sitzt ruhig da und glaubt, dass alles zu ihm kommen wird, wenn er Glaube hat. Das ist keine Kraft, die nur auf religiöse Überzeugungen angewendet werden sollte. Es ist die Kraft des Innersten, die durch die Dichte unserer Körper handelt und je mehr wir auf sie reagieren, desto größer werden unsere Kräfte sein.

Übrigens sollte der Schüler wissen, dass, wenn er das Sekundärsystem betritt, eine Umkehrung der Dinge entsteht.

Zum Beispiel sagen wir hier „Der Mensch rennt“; aber im inneren Bereich des Satzes würde man lesen „Rennt der Mensch“.

Dem geheimen Feind wurde nie erlaubt, die höheren Sphären unseres Seins zu betreten. Am Anfang, als die Welt in einem feurigen Zustand war, haben seine Atome sich dem Ruf des Absoluten widersetzt und sich gegen ihren Herrn aufgelehnt. Später folgten sie den Strömungen von weißen Atomen und inkarnierten. Ihre nächste Gelegenheit, dem Ruf zu antworten, wird bei der Schöpfung eines neuen Universums kommen. Wenn der Schüler diese vergangenen Leben wiedererlebt, in denen er vom Bösen beherrscht war, erlebt er auch die folgenden Leben wieder, in denen er dieses Böse durch viel Leid bezahlte. Es kann eine Hilfe für diejenigen sein, die heutzutage viel Armut und Schmerz erleiden, zu wissen, dass sie die Strafe vergangener Handlungen bezahlen, denn der Innerste in ihnen ist ihr Richter. Wenn der Schüler die zwei Arten von Atomen, die Weißen und die Schwarzen im Gleichgewicht halten kann, bringt er ihre Kräfte unter seine Kontrolle und er kann in die höheren Schulen eintreten. In der östlichen Terminologie bedeutet das: „Derjenige, der die Mitte seines Pfades erreicht hat.“

Er ist untersteht nun weder dem Guten noch dem Bösen. Wenn wir die dunkleren Sphären unserer Natur betreten, treffen wir erdgebundene Intelligenzen, die sich an uns hängen, wenn wir es ihnen erlauben. Später müssen wir dem zusammengesetzten Körper unserer negativen Vergangenheit gegenübertreten (eine Gedankenform unserer eigenen Schöpfung), dem wir Elemente unserer Seele gegeben haben, da wir alle unwissentlich Schöpfer sind.

Dieser, sogenannte „Hüter der Schwelle“ wird uns gegenübertreten und er ist eine lebende dynamische Kraft. Weil er ein Elementargeist ist, kann er jede Form des Grauens annehmen, mit der er uns beeindrucken will und normalerweise wählt er eine weibliche Form. Wenn wir diesem Übel erlauben, uns auch nur für einen Augenblick zu kontrollieren (denn es ist hypnotisch), wird es dem Nervensystem, vor allem derjenigen, die nicht in seine wahre Natur eingeweiht sind, einen gefährlichen Schock versetzen.

Aber wenn wir in einem solchen Augenblick die Realität anrufen, damit sie uns beschützt und uns Verständnis gibt, wird es sich auflösen wie die Asche einer Zigarette. Wenn dieser Elementargeist zerstört ist, verschwinden die unterbewussten Eindrücke von Angst, unter denen Kinder wie auch Erwachsene in ihren Träumen leiden.

In einigen griechischen Mysterien wird dieser Hüter heraufbeschworen und der Neophyt ist befreit von ihm. Es gibt auch das Gegenteil dieses Hüters, das wir in den höheren Ebenen treffen: der Körper, zusammengesetzt aus unseren Idealen und dem Guten der Vergangenheit. Das ist eine göttliche Intelligenz, Ehrfurcht gebietend in ihrer Erscheinung von Glanz und Pracht. Man nennt sie der Vermittler. Wir werden später in nachfolgenden Kapiteln darüber sprechen.

In den niederen Schulen erleben wir die tierischen Zustände unserer Evolution wieder und wir entdecken, wie diese Zustände den Menschen immer noch stark beeinflussen und kontrollieren. Da diese Welt eng verbunden ist mit dem geheimen Feind, ist es für den Schüler sehr viel leichter, Wissen über die böse Seite der Natur zu erlangen, als über die Gute; da die wirksame Magie leichter mit der Dichte der Materie arbeitet, als mit den feinen Kräften der Natur. Die Weisheit des geheimen Feindes ist anscheinend sehr viel größer als die Weisheit des Atom Nous. Wie ein großer Prophet einst sagte: „Die Kinder dieser Welt sind in ihrer Generation weiser als die Kinder des Lichtes."

Unsere Atmosphäre ist feucht, und wenn wir einen schlechten Gedanken in diese lenken, umgibt uns dieser schlechte Gedanke mit Atomen von ähnlicher Natur, die um uns kreisen wie ein Bienenschwarm.

In der äußeren Hülle des Mentalkörpers befinden sich Bewusstseinszentren, die bestimmte Arten von guten und schlechten Gedanken anziehen. Diese Atome sind verschieden in ihrem Grad der Intelligenz und manche können uns falsche Konzepte über Dinge und auch Personen vermitteln.

Die Schüler müssen sich an ihre Umgebung anpassen und lernen, ihre Gedanken zu beherrschen. Indem sie das tun, können sie ihre Energie vermehren und größere Sicherheit und mehr Kraft von der Atmosphäre des

Atom Nous fühlen. Man sollte sich erinnern, dass Umgebungen sich unterscheiden und dass die Orte des Bösen mit zerstörerischen Atomen geladen sind. Der Innerste beurteilt uns durch die Atmosphäre, die wir anziehen. Die Sonne sendet eine starke reinigende Kraft in die Atmosphäre. Man kann das im Frühling beobachten, wenn neues Leben und Vitalität überall zu spüren sind. Denn die Atome der Sonne beleben das zentrale Nervensystem.

Es ist interessant festzustellen, dass Menschen, die mit Atomen des geheimen Feindes durchtränkt sind, das Sonnenlicht am Morgen, wenn die Sonne am belebendsten ist, nicht aushalten können. Diese Menschen, die beherrscht sind von ihren Vorfahren und in Wohnungen leben, die von deren Gedanken magnetisiert sind, bevorzugen normalerweise die Abgeschiedenheit. Aber in der Zukunft werden die Menschen nicht länger in den schmutzigen und verstopften Abschnitten der Städte leben, wo Atome der Vorfahren in zerfallendem Zustand umherschweben; denn die Schwingungen der Morgenröte der Jugend wird die Jugend von diesen erblichen Zuständen trennen.

Menschen, die mit altem Material bauen, sollten wissen, dass neuer Wein nicht in alte Flaschen gefüllt werden sollte. Unsere Körper müssen mit der neuen Energie aufgebaut und gesund gemacht werden, und die Zustände müssen geklärt werden.

Jede Person hat eine individuelle Atmosphäre und eine individuelle Intelligenz. Wenn wir auf die neue Energie reagieren und uns mit unserer eigenen Individualität kleiden, werden wir keine Übereinstimmung mit anderen mentalen Atmosphären haben. Diese Trennung bewirkt, dass die Schüler am Anfang Schwierigkeiten haben, andere Menschen zu verstehen, aber einmal auf dem Weg, werden wir unterschiedlich sein, sowohl im Denken als auch in den Ideen. Wir sind wieder wie Kinder, die eine andere Welt betreten, umgeben von diesen reinen Atomen, die in den ersten Jahren nach unserer Geburt mit uns gekommen und geblieben sind, und wie Kinder widersetzen wir uns weder noch ziehen wir die Atome des geheimen Feindes an. Auf diese Weise sind wir gegen das Böse geschützt. Übrigens sollte man wissen, dass der Widerstand gegen das Gute der wahre Grund für die Unzufriedenheit ist. Die schlimmste Art von Atomen, die uns heutzutage begegnet stammt aus dem fernen lemurischen Zeitalter.

In jener weit entfernten Epoche, bevor dieser Planet eine höhere Stufe der Evolution erreicht hat, waren unsere Körper von tierischer Natur, getrennt von ihrem göttlichen Verstand und eingetaucht in eine Atmosphäre, die nicht sehr verschieden von der heutigen war. Wir waren ständig mit Krieg beschäftigt, opferten die Besiegten unseren Göttern der Zerstörung und aßen ihr Fleisch. Unsere Erholung bestand darin, Tiere aufeinander zu hetzen und sie danach zu essen.

Das Blut wandelt sich in der Hitze der Schlacht sofort um und nimmt die schlechten Eigenschaften der Kämpfer an, das half dem geheimen Feind, die Körper reichlich mit seinen zerstörerischen Atomen zu bestücken und so große Macht über den physischen Körper zu gewinnen.

Es war im lemurischen Zeitalter, als wir zum ersten Mal Brot geteilt haben. Die höher entwickelten Wesen ernteten ein Korn, ähnlich der Hirse, und das zerstörte die tierischen Atome in ihnen und erschuf den Wunsch, sich denjenigen entgegen zu stellen, die Krieg führten und die Opfer aßen, und auch den Wunsch sich in einer Siedlung und Brüderschaft zu vereinen, mit der Absicht, sich gegenseitig zu schützen. Diejenigen, die der Folter und dem Tod entkamen, schlossen sich ihnen an.

In jener Zeit waren wir höher entwickelt als die Tiere, denn wir konnten uns erinnern und wiedergeben, was wir von den Älteren diese Siedlung hörten, die leicht ihren Körper verlassen konnten und entdeckt hatten, wie man Anweisungen aus einer anderen Sphäre erhalten konnte, einer höheren Ebene. Manchmal kamen auch Wesen einer halbgöttlichen Natur, deren Schwingungen unsere Körper durchdrangen und anregten.

Diese solaren Wesen lehrten sie ein Alphabet, ähnlich dem des frühen China. Und auch eine vergessene Kunst, die nur den Eingeweihten bekannt war und mit den vokalen Klängen der Natur in Verbindung war. Wenn diese Klänge richtig ertönten, riefen sie eine vernehmbare Antwort hervor und durch den Klang konnte man den wahren Namen der Dinge erkennen.

Unsere alten lemurischen Atome sind unsere zerstörerischsten Feinde, weil sie noch immer das Erbe ihrer antiken Weisheit besitzen und die schwarzen Magier Anweisungen von ihnen erhalten.

Im Ritual der Brüder lesen wir: „Beherrsche die schwarzen Magier, indem du die Meister ihrer Magie beherrschst.“ (*Der weiße Bruder* von Michael Juste)

Künstler unterliegen oft dem geheimen Feind und füllen ihr Werk mit einer bösartigen Schönheit, die den Beobachter mit einer zerstörerischen Atmosphäre umhüllt. Das, was der Gedanke erschafft, ist von einer atomaren Atmosphäre durchdrungen und die Schönheit ist oft befleckt durch die Gedanken, die auf sie projiziert werden. In den niederen Ebenen kann man Dinge von großer Schönheit sehen, so lieblich, dass wir fast fasziniert werden. Dennoch würden sie unsere bösartige Natur hervorrufen, wenn wir ihnen erlauben würden, unseren Verstand einzusperren.

In dieser Welt verwandelt der geheime Feind das, was mit großer Reinheit des Verstandes erschaffen wurde, in das Gegenteil, durch die Kritik dunkler Gedanken, die vom geheimen Feind beherrscht werden. Die Kritik an Keats Gedichten ist so ein Beispiel. Ein jugendliches Genie ist leicht zu verletzten und manchmal zu zerstören, wenn die dunklen Mächte mit der Feder eines Kritikers schreiben.

Die Vergangenheit jedes Menschen schläft in der Atmosphäre seiner erschaffenden und zerstörenden Atome, und je nachdem wie seine Gedanken sind, kann er sie erwecken und an andere weiter geben. Er erkennt nicht, dass er durch den Einfluss seiner kranken Atome die gesunde Ausstrahlung von Anderen zerstören kann; denn er ist nicht immer glücklich oder normal, wenn er seine vergangenen Zustände hervorruft. Manchmal ziehen gesunde und positive Körper beschützende Arten von Atomen an, um sie, wenn sie in Gegenwart von ungesunden Kräften sind, zu schützen.

Menschen, die durch die Macht des geheimen Feindes kontrolliert werden, schütten diese unreinen Eigenschaften in die Atmosphäre und empfindsame Menschen sind nicht immun dagegen, wenn sie nicht positive Gedanken haben und nicht mit gesunden Körpern ausgestattet sind.

Depression und Zorn sind zwei Türen, durch die der Einfluss des geheimen Feindes eintritt und wenn das geschieht, dringen kranke Keime in den Körper ein. Ängste und schlechte Ernährung zerstören auch unsere aufstrebenden Atome. Deshalb hängt unsere Rettung davon ab, ob wir im Besitz einer glücklichen und mental ausgeglichenen Atmosphäre sind; denn unser Glück ist ihr Glück und unser Elend ist ihres.

Der Instinkt, die Macht, die wir einst besessen haben, als wir uns durch verschiedene und tierische Elemente entwickelt haben und die den Tieren eine Richtung weist in Momenten der Gefahr, existiert noch immer in uns und dieser Instinkt wird in der Mitte des neuen Zeitalters wieder erwachen. Diese Macht beschützt und warnt uns vor schlechten Gedanken und diejenigen, die sie benutzen, haben vom geheimen Feind nichts zu befürchten. Da der Instinkt vom Innersten kommt, kann die Gegenseite nicht gegen ihn arbeiten.

Wenn wir uns intensiv auf den geheimen Feind konzentrieren, helfen wir ihm und entwickeln seine Macht innerhalb unserer Atmosphäre.

In den niederen Ebenen unserer Natur hat der geheime Feind seine Schule und in unseren Übungen begegnen wir oft einem seiner Diener, der uns verspricht, jeden materiellen Wunsch zu erfüllen, wenn wir gewillt sind, uns mit den Kräften und Mächten seines Meisters zu verbinden; aber wenn wir das tun, müssen wir bereit sein, unsere Seele in seinen Besitz zu geben. Das ist eine große Probe für den Schüler, denn die weißen Atome versprechen uns nichts von irdischer Natur, außer dem Reichtum an Weisheit und ein Gefühl von innerer Sicherheit.

Vor dem großen Krieg*, verbarg der Verstand, der auf den schlechten Einfluss reagierte, sein Ideal, dass Kraft Recht ist, und säte diese Samen der Zerstörung, die den geheimen Feind im Menschen befreite. Die Arbeiter des Atom Nous lehnen sich gegen jede Aussicht auf Krieg oder Zerstörung auf, sei es physisch oder mental, und beschützen jene, die sich in seine Atmosphäre begeben.

Atome einer dämonischen Natur erscheinen in den höheren Ebenen der Gesellschaft und keine Nation kann Frieden und Gelassenheit garantieren, wenn seine Führer unter einer solchen Herrschaft stehen.

Jeder Mensch hat ein Kennzeichen auf die Stirn geschrieben und der Eingeweihte kann den Charakter jedes Einzelnen auf diese Weise erkennen.

Der Mensch hat verschiedene Beobachtungsstellen in seinem Körper und von diesen aus kann er in die Gebiete der Welt blicken, in denen die dunklen Kräfte arbeiten.

Die Herrschaft einer Nation verliert sich, wenn die Sensen in den Feldern den Zwecken Weniger dienen, und die Ernte zum Nutzen eines kleinen Teiles der Bevölkerung verteilt wird. Die Ernte ist reichlich und kann die ganze Welt ernähren, aber die zerstörerischen Atome bestimmen den Markt und viele sterben an Hunger.

Die Menschheit ist wie eine Feder im Wind; sie lässt sich treiben, ohne wirkliches Ziel im Leben, abgesehen davon, dass sie die unangenehmen Dinge vermeidet, die ihr Vergnügen stören.

Wenn der Schüler sich in seine Übung vertieft und die Gegenwart von einer zukünftigen Epoche aus betrachtet, wird er sehen, wie viel Agonie der Mensch hätte vermeiden können und wie viele unfruchtbare Felder es auf der Erde gibt.

Heutzutage muss der Mensch lernen zu denken und sein eigener Retter zu werden und sich nicht leiten lassen vom Verstand einiger weniger

*(Anm. des Übers.: der erste Weltkrieg)

Menschen, die vom geheimen Feind gewählt wurden, den wir in die Ämter des Staates erheben, in der Hoffnung, dass sie uns mit Vergnügen belohnen, ohne Gedanken an zukünftige Konsequenzen. Der geheime Feind arbeitet in jede Richtung, um uns jede Intelligenz, die unseren Verstand erleuchten könnten, zu verweigern und er wird den Menschen in eine Maschine verwandeln, zu Gleichartigkeit verflucht, und in einen Verstand, dem es an jeglicher schöpferischen Kraft fehlt.

Die Denkweise des Maschinenmenschen ist nur dafür geformt, als Maschine zu dienen, und der zukünftige Fortschritt einer Rasse ist eingeschränkt; denn das, was nicht erfüllt ist mit der Aktivität der Gedanken, gehört einer Welt von toten Atomen an. Die Maschine vermag den Menschen nützlich für Andere zu machen und ihm eine saubere Art zu leben geben, aber verarmt ihn in Bezug auf seine eigene Wichtigkeit als Einheit der großen Realität.

Ein großer Diktator sagte: „Es gibt fast in jedem Land Europas einen leeren Thron.“ Das ist wahr, wenn die Menschen nicht denken, sondern durch den Verstand Anderer geführt werden, die die Macht der Diktatur übernehmen.

Der Schüler sollte wissen, dass seine niederen Gedanken in der astralen Hülle, die den physischen Körper umgibt (die grobe Hülle von Leidenschaft und Wunsch), Intelligenzen einer bösartigen Natur in seine flüssige und durchscheinende Substanz ziehen und dort den Mentalkörper stören, indem diese ihm ihre Gedanken aufdrängen und so den Charakter das Angegriffenen schwächen. Diese Geister können viele interessante Dinge voraussagen und uns geheime Informationen geben, mit dem Ziel, uns an sie zu binden, obwohl darin wenig an wahrem Wert liegt. Ihre astralen Fluiden strömen einen sehr unangenehmen Geruch aus, denn sie ernähren sich von krankhaften Arten von Materie, die wir abgeben und sie sondern diese auch ab.

In noch niedrigen Ebenen finden wir ähnliche Formen, wie die niederen Astralen, aber ohne deren Intelligenz. Diese schweben über dem Totenbett der Menschen und leben von zerfallender Materie. Sie gehören der Art der Vampire an; die schwarzen Magier benutzen die verfaulte Substanz, um sie in die Atmosphäre ihrer Feinde zu leiten.

Wenn wir die Elementargeister der Natur behandeln, werden wir erklären, wie ihr niederer Gegenpart mit diesen zerstörerischen Atomen durchsetzt ist. Atome, die Grausamkeit und Hass in den Tieren erzeugen.

In der Zukunft wird die Energie dieses neuen Zeitalters in uns eine Reihe von psychischen Störungen erzeugen; denn der Verstand, der nicht auf die Weisheit und Kraft dieser Energie reagiert, wird von ihr abgestoßen. Der geheime Feind wird keine Methode haben, um diese Kraft abzulenken und diejenigen, die diese neue Energie angezogen haben, werden Zeiten von Illusion und Depression durchleiden; aber der aufstrebende Schüler wird nicht betroffen sein, er wird in Harmonie mit der Schwingung sein und ihr Ehre und Respekt entgegenbringen.

Wir befinden uns noch immer unter dem Zauber, mit dem die Magier der Vergangenheit uns umhüllt haben. Die Kinder des geheimen Feindes sprechen über ihr bösartiges Werk, als ob es eine große Tugend wäre.

Der Mensch degeneriert leicht, wenn er sich unter der Macht des geheimen Feindes befindet; dieser verschlingt ihn im glühenden Ofen seiner Leidenschaften. Wenn der Mensch schwach wird, ist er verloren und kann manchmal den Kontakt mit seinem Innersten für zwei oder drei Leben, in denen er das Karma seiner bösartigen Wünsche abarbeitet, nicht wiedererlangen.

Unsere schöpferischen Kräfte sind dafür da, um bewahrt und nicht verschwendet zu werden; denn gespeicherte Energie ist ein Reichtum, der unseren Charakter veredeln kann. Eine Person, die ihre Wünsche mit ungesunder Leidenschaft und Verlangen beschmutzt, muss sich in Acht nehmen, denn sie bringt nicht nur ihre eigene Gesundheit, sondern auch die Gesundheit derjenigen, die sie umgeben, in Gefahr.

Der geheime Feind gibt oft denjenigen, die ein ausschweifendes Leben führen, große Möglichkeiten, ihr Übel zu verbreiten; diese lassen sich dann leicht antreiben, schlechte Taten zu begehen, dem würde der normale und ausgeglichene Verstand niemals unterliegen.

Die dunkle Macht verzehrt, wenn möglich, seine Opfer durch Krankheiten. Wenn sie dich nicht kontrollieren kann, wenn du arm bist, aber sie erkennt, dass du Eigenschaften besitzt, die auf ihre Anweisungen reagieren könnten, wird sie dich reich machen. Denn so kannst du mehr Samen der Zerstörung verbreiten, ein Übel, das Generationen überdauern werden. Viele, die große Macht, Ruhm und Ansehen erreicht haben, wurden auf diese Weise oft angespornt und arbeiten unter der Autorität des geheimen Feindes.

Mit dem Ziel, ihre Instrumente zu rekrutieren, erklären die Schulen der schwarzen Magier den Sexualkult zu einem ihrer hauptsächlichen Lehren.

Der Vermittler, der vorher erwähnt wurde, ist ein Atom von großer Intelligenz, das sich immer in Gegenwart der Realität befindet. Wenn wir ernsthaft und treu sind in unserer Sehnsucht, uns mit unserem Innersten zu vereinen, nachdem wir in das sekundäre System eingetreten sind und unsere Vergangenheit wieder erlebt haben, setzt sich der Vermittler für uns ein, damit unsere vergangenen Vergehen verziehen werden. Wenn das geschieht, wird der Mensch wiedergeboren.

Dieser Vermittler ist ein großer Schutzschild für den ernsthaften Schüler, aber wenn wir es wünschen, erlaubt er uns, für den geheimen Feind zu arbeiten. Wenn wir das tun, können wir in diesem Leben nicht unter dem Schutz des Vermittlers bleiben. Wir allein müssen unseren Weg wählen, den Rechten oder den Linken, das Gute oder das Böse.

Die astrale Hülle

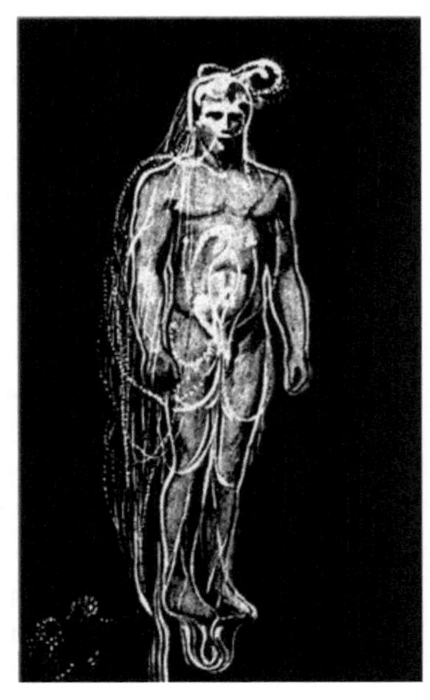

Der Mensch hat die astrale Hülle aus einer fernen Vergangenheit mitgebracht, und wie ein Fötus in seinem frühen Zustand, verkörpert sie die vergangene verschüttete Welt des Bewusstseins. Wenn der Schüler sich in seine atomaren Strukturen des Bewusstseins vertieft, wird er seine niederen Leidenschaften und Wünsche wiedererleben. Nur durch die Übung des Yogas befreien wir uns von dieser Herrschaft.

Die verschiedenen Fäden dieser Hülle sind verflochten und bilden eine Schnur, die in der Nähe des Nabels befestigt ist. Die Schwerkraft beeinflusst sie und ihre größte Dichte ist in einer beutelartigen Form gesammelt, die sich unter den Füßen ausdehnt, wie man in der Zeichnung sieht. Die atomare Intelligenz dieses Beutels besitzt ein Wissen über Gut und Böse, das den Menschen verboten ist, und stellt die niedere tierische und elementale Vergangenheit desselben dar.

Das wird in der Genesis symbolisch dargestellt als Baum der Erkenntnis, der die verbotene Frucht von Gut und Böse gibt, mit der sich die schwarzen Magier verbinden. Dieser Austausch verzögert den Eintritt des Schülers in die Atmosphäre seines Innersten für viele Inkarnationen. Die ägyptischen Magier nutzten dieses Wissen, um ihre größten Wunder zu wirken.

Einer der Lehren der Brüder besagt, dass der Schüler diesen Beutel entfernen muss, und das gibt dem Adepten die Macht der Levitation und verhindert, dass er sich an die Erde bindet oder zu vergangenen Zeiten zurückkehrt. In der Zeichnung werden nur die hauptsächlichen Fäden dargestellt, aus denen sich eine Vielzahl von Weiteren verzweigt. Der Astralkörper ist eine Schablone oder Matrix, nach der das physische Gerüst des Menschen aufgebaut ist. Er ist dem physischen Körper sehr ähnlich und registriert die Gefühle und Wünsche.

Er hat verschiedene Knoten oder Zentren, die sich mit der Mentalebene überschneiden, und das verursacht Störungen in den astralen Verhältnissen. Denn die entwickelten mentalen Atome stehen in Kontakt mit den niederen astralen Atomen und daher empfängt der Verstand Botschaften von astralen Intelligenzen. Jeder Hauptnervenknoten des gröberen Nervensystems hat eine atomare Verbindung zu den Fäden der astralen Hülle, und wenn der Schüler das astrale Gerüst von irgendeinem Teil des Körpers abtrennt, wird dieser Teil keinen Schmerz empfinden.

Das kann man leicht im Zustand der Hypnose zeigen, und ein Eingeweihter kann diese Methode benutzen, wenn er gefoltert wird. Die Zeichnung zeigt nur das Skelett des Astralkörpers und nicht die komplizierte netzartige Erscheinung, wie sie der Hellsichtige sieht.

Die Astralebene

So wie es Leute gibt, die mit Autorität über das Leben sprechen, obwohl sie wenig darüber wissen, so gibt es auch Leute, die über Yoga sprechen und es nie praktiziert haben. Wenn wir unsere vergangenen Leben überprüfen, entdecken wir, dass wir nur ein Bruchstück einer sehr viel größeren Erfahrung erlebt haben. Was die Welt Leben nennt, ist nichts weiter als eine objektive Erfahrung. Unsere Anstrengungen, um die Ursache der Dinge zu finden, sind die ersten Schritte, die wir machen, um den Grund unserer Leiden kennenzulernen. Wenn man einen großen Yogi fragen würde: „Was ist Leben?“, würde er antworten: „Ich kenne nur einen Bruchteil“, oder, wie ich einen sagen hörte: „Ich befinde mich am Ufer einer riesigen und großen Realität."

Unsere Körper unterscheiden sich in ihrer Strahlung, denn sie nehmen die Klang- und Farbwellen in ihrem Bereich auf und strahlen sie aus und deshalb kann man sehen, was in einer Person nicht richtig ist. Wenn wir feststellen, dass diese Strahlungen wirr sind, dann ist die Vitalität der Person sehr niedrig. In gesunden Personen erscheinen die astralen, mentalen und anderen Ströme klar.

Der Astralkörper auf der Zeichnung zeigt eine schwache graue Außenlinie mit mehreren verwobenen Fasern in der Nähe der Achse der Wirbelsäule, die durch den Körper fließen bis zum Nabel, wo sie sich in einer geschlossenen Hülle vereinen. Daraus wird die Samenflüssigkeit entnommen, wenn das Medium astrale Einheiten materialisieren will. Die astrale Hülle ist unentwickelt und dient als Klangkörper, der den Sensitiven kontrolliert, wenn er von einer desinkarnierten Wesenheit beherrscht wird. Es dauert einige Sekunden, bis der Samen sich in dem beutelartigen Behältnis sammelt. Mit dieser schöpferischen Kraft können wir den Astralkörper eine kurze Entfernung vom physischen Körper weg projizieren, aber er kann nichts aufnehmen, was über seine Intelligenz geht; denn seine Strahlung ist nicht stark und sie ist für unser sekundäres und zentrales System fremdartig.

Jede Person ist verschieden in ihrem Ausmaß an Leidenschaft und Verlangen und das Samensystem reagiert darauf. Wenn unsere Leidenschaft tierisch ist, sammeln wir solche Atome. Deshalb sollten wir Reinheit anstreben und die höchste Intelligenz in unserem zentralen System suchen.

In dem Maße, indem der Schüler sich in dieser Übung entwickelt, wird er verschiedene Veränderungen in seinem Astralkörper beobachten.

Dieser beginnt eine neue Entwicklung und erscheint strahlender. Das wird verursacht durch Atome des Samensystems, die sich in den Astralkörper übertragen. Der Prozess wird umso ausgeprägter, in dem Maße, indem wir die Macht entwickeln, in unser sekundäres und zentrales System einzutreten.

Der Astralkörper nimmt alles, was für unseren Innersten fremd ist, auf und gehört zu den verborgenen Zuständen unserer Existenz; zu den Welten einer uralten Epoche, in der wir aus tierischer Substanz waren und in einem vorsintflutlichen Zeitalter lebten. So wie wir nicht in die niederen Schichten der Gesellschaft gehen, um große Denker zu treffen, so betreten wir auch nicht die Astralebene, um Weisheit zu suchen; denn dort gibt es wenig von wahrem Wert.

Der Astralkörper besteht aus einer Vielzahl von Fäden, die durch einen Körper zusammengehalten werden, der aus einer Materie besteht, die ähnlich ist wie die durchsichtige Membran eines Fischauges. Während unseres Wachzustandes hat diese Membran die Macht, ihren Handlungsbereich mehrere Zoll über die Oberfläche des physischen Körpers hinaus auszudehnen.

Die unterbewusste Welt der tierischen Sexualität ist in manchen Leuten sehr stark, obwohl sie diese Behauptung zurückweisen würden, sie kehren unbewusst zu ihren tierischen Vorfahren zurück. Die Psychoanalytiker werden das entdecken, denn sie analysieren oft astrale Verhältnisse und ordnen sie in die unterbewussten Regionen des Verstandes ihrer Patienten ein, wo die astralen Verhältnisse offen und gestört sind. Aus diesem Grund wäre es besser, wenn die Psychoanalytiker Yoga studieren würden, denn dann könnten sie bewusst diese verborgenen Ebenen der tierischen Welten des Menschen betreten, die aus Krankheit und Zerstörung bestehen.

Der größte Nutzen, den wir in den höchst entwickelten Atomen der astralen Hülle finden, ist, dass sie großen Einfluss auf die Gedanken besitzen, die eng mit ihrer Atmosphäre verbunden sind. Obwohl diese astrale Intelligenz von tierischer Natur ist, wird sie, wenn sie durch die Reinheit und Sehnsucht des silbernen Schildes (mit dem wir uns in einem späteren Kapitel beschäftigen werden) geläutert ist, strahlen und ein Klangkörper für die Gedanken von Tieren werden, die auch unsere Gedanken empfangen. Auf diese Weise können wir mit der Zeit mit Tieren sprechen, wie es Appolonius von Tyana tat.

Es gibt einige Verwirrung in Bezug auf diese astrale Hülle. In der okkulten Literatur lesen wir über Astralreisen. Das ist ein falscher Begriff, denn wir können uns nicht mehr als ungefähr 20 Fuß (ungefähr 6 Meter) von unserem physischen Körper entfernen, mit dem wir durch die Silberschnur verbunden sind.

Wenn wir in die Astralebene eintreten, steigen wir in unserem Mentalkörper in eine große Höhe auf und projizieren uns von dort in die genannten Ebenen; dennoch wird der Schüler nicht viel Zeit in diesen Welten verschwenden.

Es gibt drei Bänder der Illusion um diese Welt herum, und wenn der Schüler sie durchquert, zieht er Scharen von Wesenheiten an; und wenn er anhält und auf ihre Bitten um Hilfe und Anleitung hört, kann er von ihrer Unwissenheit verblendet werden. Wenn er das sekundäre System betritt, lässt er eine Lichtspur zurück und wie eine Kerze in der Dunkelheit zieht er eine Menge von rebellischen Atomen an.

Die Geister sind selten interessant, obwohl wir sie oft testen, und dann erkennen, dass sie nur wenig Intelligenz außerhalb dieser Welt besitzen. Obwohl sie den Anschein erwecken, große Geheimnisse zu bewahren, können sie nicht in das sekundäre System eintreten. Deshalb sollte der Schüler diejenigen meiden, die vorgeben, große Wesen zu sein. Wenn wir sie mit unserer Macht vertreiben, sehen wir, dass sie nur wenig von dem Licht ausstrahlen, das sie zu besitzen vorgeben. Eine zu enge Verbindung mit ihnen wird mit dem Abbau und der Schwächung unserer Vitalität enden. Wir sollten uns von diesen niederen Schichten fernhalten, deren Moral und Sichtweise über das Leben der Natur des Tierreiches angehören; denn mit Gangstern und Schurken zu verkehren ist nicht das Ziel einer kultivierten Seele.

Entwickelte Seelen verbleiben nicht in den niederen Ebenen, die von diesen Geistern verseucht sind. Die Hölle ist voll von denen, die noch immer ihren Platz und ihre Position in der Gesellschaft, die sich letztendlich von ihnen getrennt hat, begehren. Diese Unglücklichen sind selten bereit, in niederen Ebenen zu arbeiten, um denjenigen zu helfen, die unter ihnen stehen. Jedoch das Opfer des Ich kann sie auf eine höhere Ebene bringen und sie mit der Zeit dazu bringen, sich weiter zu entwickeln, um in höhere Sphären einzutreten. Die bösartigen Naturen bringen denjenigen Sorgen, die sich nur um ihre eigenen Interessen kümmern. Auf diese Weise werden die Guten oft vom geheimen Feind verfolgt.

In unseren Übungen steigen wir oft hinunter in eine niedere Ebene, um jemanden zu befreien, der dort gefangen ist. Die Atome des Innersten beobachten jene, die aufrichtig ihre schlechten Taten bereuen und sie haben

Beobachter, die sie über jene informieren, die von ihren Zeiten der Illusion erlöst werden sollen. Ebenso wird der Schüler beobachtet und es wird ihm ein Anstoß gegeben, der ihm erlaubt, eine höhere Note zu erreichen.

Es gibt ein Bewusstsein, genannt Beobachterplanet, das unsere Entwicklung bremst, damit wir genügend Kraft sammeln können, um Hindernisse auf unserem Weg zu überwinden. Dieser Planet ist ein Geheimnis der Einweihung und wirft ein rosa Licht über die Eingeweihten und gibt ihnen ein neues kämpferisches Bewusstsein. Das ist das Zeichen derjenigen, die Atome des geheimen Feindes in ihrer astralen und niederen mentalen Hülle besiegt haben. Mars, der das Werkzeug dieses Beobachterplaneten ist, verleiht denjenigen eine kriegerische Natur, die zeitweise von ihren Merkmalen der Gerechtigkeit beherrscht werden.

In der astralen Hülle gibt es wandernde Atome, die unsere Leidenschaften und Begehren besitzen. Wir bemerken nicht, dass wir unzählige von diesen Atomen in diese Hülle ziehen. Wenn wir diese Atmosphäre visualisieren, sehen wir eine lebendige und bewegliche Masse von kleinen Kernen, die sich um ihr eigenes Zentrum drehen. Diese Atome absorbieren das Leben und die Nahrung, die wir ausstrahlen.

Solche Atome mögen vor allem die erkrankten Zentren, die durch unsere unnatürlichen Leidenschaften und Begehren verursacht wurden und durch die Zustände, die unserer vergangenen und verborgenen Natur angehören. Wir haben oft Bilder einer abnormalen Art erschaffen und diese werden von unserem geheimen Feind wahrgenommen und in uns eingeprägt. Das bewirkt, dass unsere astrale Hülle von Scharen niederer Atome überflutet wird.

Wir sprechen von Wesenheiten, die in einem bestimmten Bereich des astralen Fluidums leben und nicht von jenen Wesenheiten, die die Atmosphäre des niederen Mentalkörpers befallen; denn diese gehören einer intelligenteren Art an.

Die astralen Zentren der Kommunikation sind verhältnismäßig wenige, während der Mentalkörper viele besitzt; wir bemerken oft eine astrale Wesenheit, die Informationen über die nächsthöhere Ebene sucht, die sie nicht betreten kann. Diese Wesenheiten sind wie Bestien, die weder arbeiten noch die Welt bereichern, sondern Parasiten sind, die von der Vitalkraft der Anderen leben. Diejenigen, die Kontakt mit ihnen aufnehmen, werden ihnen ähnlich, schwächend und träge, ohne Antrieb zu arbeiten.

Um sich von diesen Zuständen zu befreien und sie zu überwinden, sollte man ein Gefühl von Erfolg und Aktivität fördern. Das erreichen diejenigen, die die aufstrebenden Atome angesammelt haben. Die Vitalität stößt jene ab, so wie die Faulheit sie anzieht und auch das Sonnenlicht vertreibt jene Zustände. Wenn ein Schüler von diesen niederen Zuständen befallen wird, genügt es, Schwefel in die Strümpfe zu streuen, um sie auszumerzen.

Auch verschiedene Arten der Besessenheit können durch diese Prozedur geheilt werden, denn diese Zustände meiden das astrale Fluidum, wenn der Geruch von Schwefel ihre Hülle durchdringt.

Menschen, die durch einen Unfall gestorben sind und deren Haut verletzt wurde, machen es leicht für diese Wesenheiten, sie zu verkörpern, sie sammeln die astrale und mentale Feuchtigkeit, die aus solchen Wunden entweicht und erschaffen Erscheinungen bei spiritistischen Sitzungen.

Die Anhaftung solcher Wesenheiten an einen Sensitiven kann durch das Auftragen von Essig am After gelöst werden. Das erhöht das Potenzial der Samenflüssigkeit und erzeugt mehr Widerstandskraft gegen fremde Wesenheiten. In der Atmosphäre, die uns von unserem sekundären System trennt, existieren unzählige Orte, an denen sich bestimmte atomare Arten anhängen, wie die Nester von Webervögeln. Diese Kolonien entstellen unseren Verstand. Stellen wir uns Unzählige von diesen vor, die widerstandslos im Raum schweben.

Sie schweben unsichtbar um unsere Atmosphäre und werden bei feuchtem Wetter leichter auf der Oberfläche unserer mentalen Hülle aufgenommen. Sie bleiben dort und befallen diese, wie Ameisen einen Erdhügel. Menschen, die von ihnen befallen sind, werden ängstlich und nervös, hauptsächlich während eines Unwetters, denn diese Kolonien ziehen sich im Regen zusammen, werden dichter und verstärken die Depressionen der Menschen, die sie aufgenommen haben.

Der einzige Weg, sie aufzuhalten, ist, indem man die Gesundheit fördert, mittels physischer Übungen und irgendwelcher anderer gesunder Aktivität. Der Schüler sollte nicht tief einatmen, wenn die Luft schwer und bedrückend ist. Solche Bedingungen schaden seiner mentalen Hülle, da das Einatmen ihn zu einem Magneten für andere Atome verwandelt.

Diese Atome sind die Parasiten und Drohnen der atomaren Gattung, sie sind faul, nutzlos und schwächend. Die sensitiven Menschen, die solche Zustände anziehen, benötigen bessere Ernährung.

Sie sollten sich geordnete und normale Gewohnheiten aneignen, um Verschwendungen ihres Systems zu vermeiden. Wir sind ständig umgeben von den abgelegten Hüllen derjenigen, die wir geliebt haben und die ihre eigene wahre Sphäre der Verwirklichung erreicht haben. Für den fortgeschrittenen Schüler ist es leicht sie zu besuchen, er kann sie erreichen, indem er sich nach innen wendet und nicht auf die Widerstand bietende Atmosphäre reagiert, die voll von diesen Hüllen ist. Manchmal kann uns eine Person erscheinen, die in einer höheren Sphäre lebt.

Das geschieht selten und ereignet sich, wenn eines der großen Wesen eine Person durch die Ebenen des Purgatoriums der Illusionen in unsere objektive Atmosphäre führt oder lenkt, aber das geschieht nur, wenn es für das geliebte Wesen auf der Erde notwendig erscheint.

Nach dem Tod zu überleben, lernt man leicht während der ersten Schritte des Yoga. Später wird der Schüler überhaupt nicht mehr an das Überleben denken, wie man es üblicherweise versteht, denn er lernt alles über Raum-Zeit und es kümmert ihn nicht mehr.

Wir wenden nicht die richtigen Methoden bei der Beerdigung an. Direkt nach dem Tod sollte man den Körper in einen dunklen Raum ohne Zugluft bringen, dann sollte man eine Flasche mit warmem Wasser bei den Füßen aufstellen und diese in eine leicht senkrechte Position bringen.

Das verbessert den Kreislauf der Hüllen, sodass sie sich leicht lockern und vom Körper lösen können. Denn wir beerdigen oft Menschen, wenn ihre astralen Hüllen noch immer in der Atmosphäre des Körpers sind und das verursacht großes Unbehagen bei den Atomen, aus denen die Hülle gebildet ist und später reagieren diese Atome über den höheren Verstand der Person, die die Hülle verlassen hat. Der Prozess der Auflösung dauert eine erhebliche Zeit und der Leichnam sollte nicht vor drei Tagen begraben werden, außer bei sehr warmem Klima.

Das Beste jedoch ist es, den Körper zu verbrennen, denn das bringt der Person mentalen Frieden und ihre Leiden werden verringert. Wenn die astrale Hülle immer noch am Leichnam hängt, dann erscheint ihr Geist Personen mit empfindsamem Verstand. Gedankenlosen Menschen kümmern sich wenig über die Behandlung der Toten, sie glauben, dass diese keine weitere Fürsorge benötigen.

Aber wenn eine Person plötzlich gestorben ist und ihr Körper abkühlt, erlebt sie große Agonie, und wenn sie eine niedere Natur ist, wird sie sich an demjenigen rächen, der für ihre Leiden verantwortlich ist. Übrigens, wenn man Menschen hilft, die ertrinken, während sie außerhalb des Körpers sind, kann man diese Agonie nicht beobachten; denn es gibt eine Ähnlichkeit zwischen der astralen Hülle und dem Wasser, beide sind von veränderlicher Natur. Der Tod ist für den Okkultisten nicht so schmerzhaft wie für einen normalen Menschen, denn wann immer er seine inneren Systeme betritt, geht er durch eine Art Tod; aber die Religionen haben ihre Anhänger so mit der Idee des Schreckens nach dem Tod beeinflusst, dass viele gläubige Christen gegen das kämpfen, was manchmal willkommen sein sollte.

Es ist immer ratsam, die Oberschenkelarterie zu durchtrennen, nachdem der Arzt definitiv den Tod festgestellt hat, denn es hat schon Fälle von Koma- oder Trancezuständen gegeben.

Da die Erde ein- und ausatmet, so wie wir, sind Friedhöfe eine Bedrohung für die Zivilisation. Mit der Zeit wird die Verbrennung sie ersetzen und die Menschen werden in ihrem Haus einen Altar haben, für die Asche derjenigen, die sie im Leben mit Liebe überschüttet haben, aber nicht für die Asche derjenigen, die keine Liebe gegeben haben. Die zukünftige Jugend wird ihre Vorfahren nicht wahllos verehren, sondern den Ausdruck ihrer Liebe nur denjenigen zukommen lassen, die es verdienen und sie so zu höheren Ebenen des Bewusstseins erheben.

In dieser Asche wird die atmosphärische Verbindung zwischen ihnen und ihren Vorfahren bewahrt werden. Übrigens ist das Gebet eines Kindes eine der wirksamsten schützenden Kräfte, die den Okkultisten bekannt sind. In der okkulten Geschichte wurde Ägypten einst durch das Gebet eines Kindes vor einer Katastrophe gerettet. Das zeigt, dass die Chinesen größere Weisheit in Bezug auf diese Dinge besitzen.

Die Eingeweihten sagen, dass die Lebenden respektiert werden sollten und wenn der Tod sie in ihren eigenen Zustand der Realität erweckt, wird ihnen ihr Weihrauch und Parfum gegeben.

Das bedeutet, dass wenn ein Mensch, der andere geliebt hat und geliebt wurde, stirbt, seine Liebe Parfum und Weihrauch für unseren Verstand sind und wenn wir diese einatmen, treten wir in Kontakt mit denjenigen, die weit jenseits von uns in den inneren Zuständen des Seins sind.

Der Tod ist nichts anderes als ein Erwachen in einen anderen Zustand des Bewusstseins; die Griechen sind sehr schön damit umgegangen, wie wir an ihren Gräbern sehen. Der Tod sollte mit Freude und nicht mit Befürchtungen erwartet werden; denn mit ihm kehren wir zu jenen Sphären zurück, die von der gleichen Natur sind, wie unser Sein.

Die Natur der Elementale

Im großen versiegelten Buch der Natur habe ich diese Worte gelesen: „In allem ruht eine absolute Gegenwart“; und in anderen Büchern von Eingeweihten lesen wir ähnliche Gedanken. In allem ruht die Gegenwart des Absoluten, oder wie höher entwickelte Brüder geschrieben haben: „Wenn der Name eines materiellen Körpers richtig buchstabiert oder ausgesprochen wird, ruft das eine Antwort hervor; denn in jeder Substanz gibt es eine Intelligenz, die auf den Ton eines ausgesprochenen Wortes reagiert. Diese Intelligenz ist nicht von derselben Natur wie ihre Materie, sondern aus dem objektiven Gedanken, die sie an die Natur bindet“.

So wie der Schüler sich weiter entwickelt, wird er vertraut mit den Intelligenzen der Elementargeister der Natur und wird sich deren bewusst. Er lernt, dass die Natur in zwei Bereiche unterteilt ist; dass die Welt das niedere Gegenstück von etwas ist, das in den feineren Atmosphären der Natur existiert, und dass diese Welt viel Informationen für ihn enthält. Wie man in den Archiven der Brüder lesen kann: „Und was andere nicht beobachtet haben, nehmen sie und machen es ihren Anhängern bekannt.“

In diesen feineren Atmosphären tritt der Schüler in Kontakt mit der Wesensart von Feuer, Wasser und Erde, und wenn er rein genug ist, kann er ihre Reiche und Fürstentümer betreten. Wie wir wissen, sind unsere Körper aus diesen Elementen zusammengesetzt.

Früher oder später wird der Mensch in seine natürliche Umgebung zurückkehren und die Weisheit, die er erlangt hat, bevor er in die dichte Materie dieser Welt eingetaucht ist, zurückgewinnen.

Wenn der Student mit diesen großen Kräften der Elementarwesen in Kontakt tritt, wird er in eine Sphäre der Weisheit und Information, die weit jenseits unserer eigenen ist, eintreten, und wenn er das Vertrauen und das Interesse dieser Kräfte gewinnt, wird seine eigene Sensibilität erweitert und aktiviert.

In uns gibt es eine atmosphärische Hülle, die das Archiv unseres Abstammungsbewusstsein ist; ihr Zentrum hat seinen Sitz in den Knien und der Mensch ist mehr von diesem Abstammungsbewusstsein abhängig, als er denkt. Das erklärt, warum seine Knie zittern, wenn etwas seinen Körper oder die führende Kraft seiner Abstammung gefährdet. Wir sollten uns erinnern, dass wir für die reinen Wesen, die in den höheren Ebenen der Natur leben, widerwärtig sind.

Der Verstand soll stark und wachsam sein, um den Eintritt in das höhere Gegenstück der Natur zu erreichen. Durch Yoga ist es möglich, diese Regionen zu erreichen, wenn wir Mut besitzen; aber ohne Vorbereitung ist es zweifelhaft, ob wir Erfolg haben. Die Methode, die uns in Verbindung bringt mit unserer sekundären Natur, bringt uns auch in Kontakt mit diesen Sphären der Elementarwesen. Wenn wir uns in diesen höheren Sphären befinden, sind wir über allen Dingen, die unseren Verstand stören und wir verlangen nichts von der Natur, was unser inneres Wachstum verzögern würde.

In diesen Regionen analysieren wir die Dinge aus einem anderen Blickwinkel; d. h., wir studieren die Ursache von Dingen anstatt der Auswirkungen und den Prozess der Levitation, das ist die Kraft, um von einem dichten Zustand von Verstand-Materie in einen feineren Zustand zu gelangen. In einem bestimmten Buch berichtet ein Schüler von solchen Erfahrungen. (Der weiße Bruder von Michael Juste)

Obwohl jene Vibrationen innerlich aktiv sind, werden sie objektiv nicht wahrgenommen.

Es kommt eine Zeit, in der der Schüler bei vollem Bewusstsein von seinem Lehrer aus seinem Körper gezogen wird und er lernt, zu anderen Sphären zu reisen. Das ist Teil seiner Erziehung, wenn er wie Paulus von Tarsus sagen wird: „Ich traf solch einen Menschen, ich weiß allerdings nicht, ob es mit dem Leib oder ohne den Leib geschah."

Erinnert euch, dass die Natur unsere große Mutter ist und sie ist es, die ihre Kinder ernährt, wenn diese zu ihr zurückkehren. Sie ist sehr streng aber liebevoll und ihre Freude ist groß, wenn man ihr Bewusstsein erreicht, denn sie wünscht, dass ihre Kinder ihre verlorene Herrschaft wiedergewinnen, denn der Mensch wurde geboren, um den Elementarwesen zu gebieten.

Wenn wir jeden Bereich der Natur durchqueren, lehrt man uns die Gesetze und Bräuche jeder Sphäre. Daraus lernen wir, was man als Magie der Natur kennt.

Die Elementarwesen, die mit uns arbeiten, können die mentale Substanz beeinflussen und Illusionen erzeugen, die dem Betrachter wie Wunder erscheinen. Diese Helfer sind unsere Untertanen und können uns die geheimen Formeln ihrer Magie geben. Die Sicht zu verfälschen ist eine davon.

Obwohl der Schüler in diese Kenntnisse eingeweiht ist, gibt es ein Gesetz, das die Erzeugung solcher Phänomene überwacht, das nur demjenigen Eingeweihten gelehrt wird, der diese Kräfte nicht unrechtmäßig nutzt. Es wird angesehen als eine heilige Wissenschaft, die nur denen gegeben wird, die die Intelligenz der Natur besitzen.

Diese Elementarwesen werden in der heiligen Literatur Engel genannt, sie sind für die zukünftige Entwicklung des Menschen so wichtig, wie sie in seiner Vergangenheit waren. Es gibt Erhabenheit in ihrem Ausdruck und sie geben dem Menschen ein Gefühl von Würde und Macht, wenn er in ihre Atmosphäre eintaucht.

Sie lehren uns unseren Verstand zu entwickeln, sodass wir ein Ding vergrößern können, bis es die ganze Welt umfasst. Das bedeutet, dass durch ihre magische Kraft der Konzentration eine einzige Zeile eines Verses vergrößert und in vielen Gedanken verankert und ständig wiederholt werden kann.

Die großen Poeten, die Elementarwesen waren, haben diese Macht Tausenden von untergeordneten Poeten gegeben. Etwas, das von Schönheit erfüllt ist und der Vorgänger eines tugendhaften Gedankens ist.

Der große Poet ist der Herrscher der Atmosphäre der Welt und diese edle Substanz hat ihm Macht gegeben, um sein eigenes Elementartor zu öffnen.

Obwohl es dem Schüler gelingen kann, das Reich der Natur zu betreten, wird sie ihm nicht immer ihr Antlitz enthüllen, nachdem sie seine Vergangenheit untersucht hat. Dennoch haben Sünder und auch Heilige dieses Reich betreten; es hängt vom Material ihrer Kleidung ab, ob sie ihren Innersten erreichen oder nicht.

Die Ignoranteren werden Anweisungen in den niederen Sphären der Natur suchen, wo sie Kenntnisse erlangen können, die ihnen Macht über die niederen Elementarkräfte geben.

Die alten Propheten lehrten alle ihre Schüler zur Natur zu gehen und ihre Regierungssysteme zu lernen, um diese Gesetze später der Menschheit weiterzugeben. Wenn wir weise regieren wollen, müssen wir die Weisheit, die die Natur für bereit hält, weitergeben.

Wir müssen unpersönlich sein, weil die Persönlichkeit diese Reiche nicht betreten kann. Die Individualität besitzt nichts außerhalb des rechtmäßigen Gebietes jedes Einzelnen, aber wenn wir persönlich sind, lehnt die Natur unsere Bitten ab, da diese Eigenschaft von ihren Untertanen gefürchtet wird. Die wahre Individualität ist das Licht unserer Intelligenz, das durch uns scheint.

Wir sind verwandt mit der Natur, wenn wir Erzeuger von wahrem Reichtum sind, aber dieser Reichtum kann nicht auf den Märkten der Welt erworben werden; der größte Reichtum ist das, was bei Beginn unserer Schöpfung in uns erzeugt worden ist; es ist der große Mittelpunkt, auf den wir unser ganzes Sein setzen, unser zentraler Regierungssitz, der uns die Besitztümer, die die Natur bewacht, zurückgibt.

Wenige Schüler erkennen, dass, wenn sie mit ihren eigenen inneren Regierungssystemen in Kontakt treten möchten, es notwendig ist, sich mit der Natur zu verbinden. Wenn sie es vorziehen, zuerst Vermögen anzuhäufen und geschäftlichen Erfolg zu haben, wird es danach schwieriger für sie, die Geheimnisse der Natur zu studieren. Die Besitztümer jenseits der Menge, die uns ein sauberes gesundes Leben in einer sauberen Umgebung ermöglichen, erzeugen oft Leidenschaft und Begehren, die das Gehirn beherrschen und uns unsere Herrschaft in dem höheren Gegenstück der Natur verlieren lassen.

Das Gesetz von Proserpina ist nötig, damit der Mensch sich zuerst mit seinen eigenen inneren Besitztümern vertraut macht, bevor er die Welt des Mammon betritt.

Die Natur wird uns suchen, wenn wir den Weg öffnen, um sie zu verstehen, aber da der Mensch ihr Werk zerstört, interessiert sie sich nicht mehr für ihn. Die Zerstörung von Tieren, ohne Rücksicht auf ihren eigentlichen Nutzen, zerstört auch unsere Annäherung an diese höheren Elementarwesen.

Die verschiedenen Eigenschaften der Materie unter ihrer Zuständigkeit entwickeln sich so, wie wir uns entwickeln. Diejenigen, die grausam zu Tieren sind und sie unterwerfen, sind oft gezielten Attacken der höheren Sphären der Elementarwesen ausgesetzt und es werden Substanzen über sie entladen, die die normale Tätigkeit ihres Verstandes behindern.

Wenn wir ein Tier lieben, beschützen wir seine Intelligenz, aber wenn wir es grausam behandeln, nachdem wir seine Zuneigung gewonnen haben, müssen wir die Strafe bezahlen; denn das Tier zählt auf den Schutz eines Wächters, der ähnlich ist wie sein Herr, und das Böse, das wir aussenden, kommt sofort zu uns zurück.

Wenn uns Elementarwesen erscheinen, sind sie in Gewänder gekleidet, die den Platz und die Position, die sie in ihren eigene Sphären einnehmen, repräsentieren. Es ist zwingend erforderlich, dass der Schüler darüber Bescheid weiß, da die schwarzen Magier der niederen Ebenen der Elementarwesen vor ihm erscheinen können, „gekleidet wie die Sonne“;

obwohl ihre abscheulichen Eigenschaften schnell entlarvt werden, wenn man sie richtig herausfordert. Alle Dinge haben ihre eigene Schlüsselnote und -farbe, und wenn sie antworten, können sie diese nicht verstecken. „Man erkennt den Menschen an seinem Licht."

In diesen höheren Sphären haben die Wesen weder Traurigkeit noch die sogenannten Tugenden dieser Welt in ihrer Atmosphäre. Sie sind eine Schöpfung, die abseits ist, und sehen uns wie bedauernswerte Objekte an. Wenn sie unsere Welt betreten, ist es, als ob sie in verweste Zustände kommen würden, wo die Gerüche unangenehm sind und die Atmosphäre widerlich ist.

Viele der großen Lehrer der Welt wurden unterstützt von den Herren der Welt der Elementarwesen. Dies waren Appolonius von Tyana, Merlin, ein anerkannter Christ des V. Jahrhunderts und andere. Sie besaßen Körper, die eine Mischung aus Elementarwesen und Mensch waren. Diese Menschen waren natürliche Magier. Es gibt auch Magier einer niederen Natur, unterstützt von bösartigen Elementarwesen, die persönliche Macht erreichen wollen und die in den Gedanken der Menschen abnormale Gelüste hervorrufen.

Es gibt Personen, in denen die elementalen Kräfte überwiegen und von unmoralischer Natur sind. Wir sollten sie nicht zu scharf verurteilen, denn sie sind von den niederen Zuständen dieser Regionen beherrscht. Aber diejenigen, die von höherer Art sind, sind die Sensitiven der Natur und ihre Körper weichen zurück bei Annäherung an eine unreine Atmosphäre. Das kann man bei den Kindern beobachten, bevor ihre Sensibilität durch ihre Umgebung abgestumpft ist. Aus diesem Grund sollten die Lehrer von Jugendlichen untersucht werden auf ihre mentale Atmosphäre und körperliche Reinheit, denn nur diese können die Liebe ihrer Schüler ihr Leben lang bewahren. Wie man weiß, bestimmen die ersten sieben Jahre eines Kindes seinen zukünftigen Charakter.

Die Rassen erhalten ihre Anregungen in den Künsten und Wissenschaften von diesen elementalen Welten. Einmal bei einer Unterhaltung mit einer Sylphe, die mich darin unterrichtete, eine bestimmte Art von Reinheit zu erreichen, hielt sie plötzlich inne und sagte: „Erkennst du nicht, dass das Bewusstsein des Christus in unserer Sphäre genau so wirkt wie in eurer? Und seine Lehren genau so zu uns sendet, wie zu euch?"

Jedoch dieses Wesen, das der Uneingeweihte als einen vollkommenen Vertreter Jesu, in einem strahlenden bernsteinfarbenen Gewand, verkennen würde, war nur eine Sylphe, der, entsprechend der kirchlichen Geschichte, der Eintritt in das Reich Gottes verweigert wurde.

Diese Elementarwesen haben großen Respekt für diejenigen, die versuchen ihre Welt zu betreten und äußern sich sehr offen, wenn wir akzeptiert sind. Sie können uns Informationen geben, die von den Zuhörern der niederen Sphären oder den Magiern des geheimen Feindes nicht gehört werden können.

Sie erlauben uns auch, die Arbeitsweise der inneren Organe des physischen Körpers zu sehen, und zeigen uns, wie ein Mentalkörper gegen die Wünsche eines anderen Mentalkörpers funktioniert. Sie können verursachen, dass das Böse, das ein Mensch aussendet, zu ihm zurückkehrt.

Die Eigenschaften der Materie verändern sich entsprechend dem Wechsel der Jahreszeiten; das Gleiche geschieht mit den Substanzen, die unseren physischen Körper umgeben. Dieser Wechsel der Jahreszeiten sollte uns warnen, dass unsere mentale Kleidung auch einer Veränderung unterliegt.

Wir erkennen nicht, was Schönheit und Form erreichen können, bis wir diese Reiche betreten; denn die Elementarwesen können mentale Substanzen so manipulieren, dass uns ihre Schönheit atemlos machen kann.

Zum Beispiel, eine Königin der Elementarwesen kann sich mit Edelsteinen kleiden, die nicht nur von schöner Gestalt und Ausführung sind, sondern auch die verborgene Leuchtkraft in den Steinen erkennen lassen.

Nachdem er erleuchtet wurde, kann der Schüler mit den höheren Kräften der Natur in Kontakt treten, er wird ausgesandt, diese Reiche zu studieren, angefangen mit dem Mineralreich.

Die Gnome

Im Mineralreich existieren Intelligenzen, die lernen, mit menschlichen Wesen zu kommunizieren. Sie leben, wie sie es ausdrücken, in den Zwischenräumen der Felsen. Diejenigen, von höherem Rang, sind in ihren Bewegungen wie Quecksilber, aber sie können in einem Körper erscheinen, der unserem ähnlich ist, und durch ihre Macht über die mentale Substanz können sie sich auf ähnliche Art kleiden, wie die Personen, denen sie erscheinen. Da sie mehrere Jahrhunderte lang leben, benutzen sie normalerweise Kleidung in altmodischem Stil. Die Menschen, in denen die mineralischen Eigenschaften vorherrschen, sind leicht beeindruckt durch ihre Schwingungen und sie inspirieren die Erfinder der großen Werke der Technik.

Solche Personen sind fleißig, sie bringen Andere dazu, für sie zu arbeiten und profitieren von deren Arbeit.

Selten reagieren sie auf die feineren Dinge des Lebens, obwohl sie oft wagemutige und heitere Geister sind und große Fähigkeiten bei der Genauigkeit im Detail und für die Herstellung haben. Solche Männer, die mit Frauen einer sylphenartigen Natur verheiratet sind, beherrschen diese und verursachen ihnen große Ängste und Leiden. Sie können sich nicht vorstellen, dass es jenseits ihrer Maschinen eine andere Welt voller Schönheit und Bewegung gibt. Sie mögen es auch, destruktive Waffen herzustellen. Sie versuchen, die großen Hindernisse der Natur zu beherrschen und sie werden erbarmungslos und gewissenlos zerstört, wenn die Natur wieder all die Widersprüche zu ihrer Erscheinung ausgleicht, die sich periodische über die Welt verbreiten.

Diese Menschen sind die Reinkarnationen der atlantischen Erbauer und die neue Architektur von Amerika ist derjenigen ähnlich, die sich auf dem untergegangenen Kontinent erhoben hat, aber die Atlanter haben tief in der Erde gegraben, um sich vor den Kriegsmaschinen ihrer Feinde zu schützen. Deshalb wurde die amerikanische Architektur nicht einzig durch ökonomische Umstände erschaffen.

Die Schüler interessieren sich außerordentlich für die Bauwerke der Gnome, denn ihre materiellen Substanzen unterscheiden sich von unseren, so wie unsere von denen des Orients und sie können Substanzen verändern um sie zu harmonisieren. Sie nennen es das Parfüm der Mineralien zu destillieren und sagen uns, dass jedes Mineral seinen eigenen Duft hat. Die Gnome erkennen unsere individuelle Atmosphäre auf die gleiche Weise wie ein Hund, und diese Fähigkeit nutzen sie anstatt der Sehfähigkeit.

Die Gnome ähneln in vieler Hinsicht einem Hund; so wie er, sind sie sehr egoistisch und sehr leicht betroffen durch Spott und Hohn. Die ungebildeteren Gnome sind große Angeber; ich habe einen Gnom gesehen, der eine antike Brille, eine Gänsefeder, ein Tintenfass an seinem Gürtel und die Kappe eines Arztes trug. Er brachte mir ein antikes Buch, das fast so groß war wie er. Wir lernen, diese kleinen Burschen mit ihren grauen Bärten und ihrer erhabenen Miene zu lieben. Sie können uns wertvolle Informationen geben und ihr Leben ist ein Beispiel, dem jeder reine Mensch folgen sollte.

Wenn sie unseren Unterhaltungen zuhören, erfahren sie die Neuigkeiten des Tages, und sie nehmen viele Kinder in ihren Träumen in Obhut, normalerweise die Kinder der Armen, um ihren Verstand mit dem ihren zu vereinen. So verbringen kleine Kinder oft eine glückliche Zeit mit ihnen, bevor sie erwachen. Die Kinder träumen von diesen Gnomen und erzählen uns von ihnen. Wir könnten viele wunderliche Geschichten über diese Wesen erzählen und hoffen, das in einem späteren Werk zu tun.

Die höheren Gnome sind sich immer des Atoms des Vermittlers bewusst und bitten den Schüler oft um den Segen des Vermittlers und um die wahre Weisheit des Schülers. Sie haben starke religiöse Neigungen, und da sie im Zwielicht besser hören und sehen können, wissen sie viel über die Schriften, da sie den alten Leuten zuhören, wenn sie abends in ihrer Bibel lesen.

Oft ist ihre Anziehungskraft zu einem Schüler das Ergebnis eines früheren Lebens, indem er sie durch weiße Magie heraufbeschworen hat und sie können ihn an geheime Dinge der Vergangenheit erinnern, die für ihn verborgen sind. Ein König der Elementarwesen leitet sie. Sie haben große handwerkliche Fähigkeiten, aber sie erlauben nicht, dass ihre architektonischen Werke bestehen bleiben, sie zerstören sie, wenn sie neue Formen erschaffen wollen. Das tun sie ständig.

Bezüglich der Freimaurerzunft haben die Gnome großes Wissen über zeremonielle Freimaurerei, das wäre sehr interessant für die Freimaurerlogen von heute. Die früheren Juden sind wegen ihrer ständigen Verbindung mit Metallen und Edelsteinen in enger Harmonie mit diesen interessanten Elementarwesen. Wenn wir in unser Bewusstsein der Vergangenheit eintreten, stellen wir fest, dass wir auch eine Gnom-Natur in unseren verborgenen Atomen besitzen und dass wir mit diesen kleinen Wesen unserer Vergangenheit in Kontakt treten können.

Elementargeister des Wassers

Wir beschäftigen uns nun mit dem wässrigen oder veränderlichen Zustand des Bewusstseins. Unsere Körper sind hauptsächlich wässrig und die veränderlichen Kräfte der Natur sind eng verbunden mit ihm. Wie der Schüler weiß, treten wir in das Wassermannzeitalter ein, das durch das Wasser symbolisiert werden kann.

Wenn wir uns nach innen wenden, treten wir in Kontakt mit diesen höheren Elementarwesen des Wassers und betreten eine Wolke von einzigartiger Dichte (die Atmosphäre in der sie leben), die nicht aus Wasser besteht, sondern aus seltsamem esoterischem ätherischem Dampf. Diese Elementarwesen können unsere Sensibilität manipulieren, so wie ein Musiker ein Instrument manipuliert, besonders bei Vollmond und sie können unsere Eindrücke von einem Ding oder einem Gemütszustand intensivieren.

Da ihre Weisheit mit der Weisheit des Mondes verbunden ist, erfordert dieses Studium große Vorbereitung von dem Schüler, denn die größte Weisheit, die zur Erde gelangte, kam aus einer entfernten Mondperiode (übrigens ist die Sphinx das Symbol der Weisheit jener Zeit). In einer inneren Sphäre können wir den Tempel der Sphinx besuchen und die große Intelligenz der Elementarwesen, die ihre Lehren bewacht, treffen.

Viele Monumente, die von antiken Zivilisationen hinterlassen wurden, sind die in Stein gehauenen Bilder der Kräfte der Elementarwesen. Wir haben so viel veränderliche Elemente in unserer Natur, dass wir, wenn wir diese Reiche betreten, fast das Bewusstsein unserer eigenen Individualität verlieren, da wir in die Erinnerungen von vergangenen Zeitaltern eintauchen, in denen wir diese Pilgerreise in die Dichte der Materie machten.

Wenn ein Elementarwesen des Wassers zum ersten Mal vor einem Schüler erscheint, ist es wie eine Gruppe von Sternen, die langsam Form annimmt, in dem Maße, in dem es die mentale Substanz manipuliert, bis es die Gestalt erreicht, die es darstellen will. (Siehe vorherige Zeichnung)

Die Natur wird uns antworten, wenn wir sie lieben und die Könige der Elementarwesen bringen uns die Erinnerung an eine Zeit, als die Natur verehrt wurde und sie wurden von den Völker Arkadiens angerufen, die sie „Söhne des Morgens“ nannten. Diesen Wassergöttern wurden die ersten Früchte der Erde angeboten, in Anerkennung ihrer Kraft, das Land fruchtbar zu machen und ihm den ersehnten Regen zu bringen. Der Schüler kann zu jenen vergangenen Tagen zurückkehren, als er in Einklang mit der Natur lebte und ihre Intelligenz besaß, die er nun verloren hat. Es war eine Zeit, als halbgöttliche Wesen ihn die Kunst des Ackerbaus lehrten, das Herstellen von Werkzeugen, und wie man die Speicher der Natur erforscht und benutzt.

In jenen Tagen war die Erde verschieden von der Erde der gegenwärtigen Zeit, weil die Menschen die Natur verunstaltet haben, indem sie ihre Schönheit und ihren Frieden zerstörten. Meines Wissens nach wurden die Elementarwesen des Wassers nie in einem Gemälde abgebildet oder untersucht, außer von einigen chinesischen Künstler-Adepten und einigen urtümlichen japanischen buddhistischen Priestern.

Manchmal erscheinen sie als Frauen, die wundervolle Verzierungen tragen und Haare, die glänzen wie ein Otterfell, mit elektrischen Funken. Am Anfang können sie den Schüler schwächen, da sie aus der umgebenden Atmosphäre diese Eigenschaften absorbieren müssen, die sie mit Dichte erfüllen. Wenn jemand ihre Macht sich zu schmücken studiert, wird er erkennen, wie begrenzt die Kunst von heute ist. Die Materialien und Muster sind fremdartig für uns. Zum Beispiel benutzen sie fluidische Materialien, die, wenn sie unbeweglich sind, aussehen wie polierte Korallen oder rosa-grauer Sandstein, ein Farbton, der für das ganze Spektrum der Farben und Dekorationen natürlich erscheint.

Anders als die Gnome benutzen sie sanfte Harmonien in ihren Mustern und verfügen anscheinend über eine wunderbare Beherrschung der Farbtöne. Die Elementarwesen des Wassers strahlen das Licht eines reinen Verstandes aus und enthüllen dem Schüler seine eigenen ähnlichen Eigenschaften, bis er plötzlich überrascht die Dichte seines eigenen Verstandes und Körpers erkennt.

Diejenigen, die die niederen Wesen des Wassers anziehen (man empfiehlt den Schülern das nicht zu tun, da die Neugierde ihn oft vom Weg abkommen lässt), werden oft versklavt von einem gallertartigen Elementarwesen, das sich fortbewegen und teilweise materialisieren kann und von sensitiven Menschen gesehen wird. Es erscheint während des Schlafzustandes seines zügellosen Opfers. Dieser Parasit findet sich in Freudenhäusern und Orten, wo Laster reichlich vorhanden sind.

Er wird Oktopus-Elemental genannt und wird erschaffen durch die krankhaften Gedanken und Leidenschaften von verschiedenen Rassen, vereint in einer zusammengesetzten Gruppe; er kann auch sein Gewicht auf seine Opfer legen. Die höheren Elementarwesen haben wenig Ehrfurcht vor unseren Gesetzen und Bräuchen, denn wir haben uns noch nicht verbunden mit der Lehre unserer Eingeweihten.

Die Methoden ihrer Kommunikation ähneln in ihrer Schnelligkeit einem Maschinengewehr. Sätze, wie schnell bewegte Bilder auf einer Leinwand, in denen bestimmte Wörter sich besonders in das Gedächtnis einprägen, sodass wir, wenn wir ein Dutzend Sätze gehört haben, bemerken, dass die betonten Worte selbst einen Satz bilden, der eine andere Bedeutung hat, und das ist der Schlüssel des Verständnisses der Unterhaltung.

Die Hautfarbe dieser Wesen ist normalerweise hell und sie strahlt einen phosphoreszierenden Duft aus.

Ihre Könige kündigen ihre Erscheinung normalerweise mit dem Symbol des Dreizacks an. Obwohl viele okkulte Organisationen Symbole benutzen, verstehen wenige von ihnen die korrekte Benutzung dieser Symbole. Wenige Personen besitzen die Weisheit, elementale Substanzen in symbolischen Formen zu benutzen.

Symbole, die uns übergeben wurden, haben ihr höheres Gegenstück und wenn wir sie richtig benutzen, leiten sie uns durch die inneren Schulen der Belehrung. Dieses Wissen wurde niemals den Uneingeweihten gegeben. Jede Abteilung der Natur hat ihr Schlüsselsymbol und die Hüter dieser Symbole messen Sehnsucht und Werte derjenigen, die Einlass in ihre Reiche begehren.

Durch enge Bündnisse mit diesen Wesen hat der Mensch oft das Privileg, ihnen einen Teil der Substanz seines Innersten zu geben und das verleiht ihnen eine Unsterblichkeit ähnlich den Menschen.

(Siehe *Der Graf von Gabalis*)

Die Elementarwesen der Luft

Die Wesen, die im höheren Gegenstück der Luft in der Natur leben, spielen eine wichtige Rolle in der Evolution des Menschen. In diesen Welten finden wir das alte Erbe unseres Verstandes; denn wir sollten uns ständig daran erinnern, dass die Natur der Speicher unserer vergangenen Erfahrungen ist und es ist für einen Menschen mit literarischen oder künstlerischen Veranlagungen durchaus möglich ist, diese wertvollen Werke, die er lange zuvor erschaffen hat, wieder zu finden. Der Schüler wird dann erkennen, warum wir diese höheren Intelligenzen verehren und er wird sich niemals wieder für die Phänomene des Spiritismus interessieren, in dem es von erdgebundenen Geistern wimmelt. Die höheren Sylphen sind große Gelehrte und besitzen ein bemerkenswertes Gedächtnis.

Da sie ihre Leben um einen beträchtlichen Zeitraum verlängern, können sie auf eine große Anzahl von Erfahrungen und Informationen zurückgreifen, sich erinnern, was von den Gelehrten der Welt geschrieben wurde und verschiedene Systeme der Philosophie auf eine natürliche Weise darstellen. Sie sehen diese Studien von einem gänzlich verschiedenen Blickpunkt aus. Wir studieren Themen mit dem Wunsch, zu verstehen, was der Philosoph vermitteln will, aber sie werden uns das sagen, was der Philosoph nicht mitgeteilt hat. Sie werden uns über den Prozess, der im Moment des Todes stattfindet, erzählen; ein Teil von ihnen beschützt uns freiwillig während unserer Reise durch die Regionen der Sinnestäuschungen, bekannt als Purgatorium.

Wenn ein Sylph an unsere Seite ist, strahlt er eine solare Fähigkeit aus, die uns zu höheren Gedanken anregt. Ihre Lehrmethode ist von visueller Art, sie erschaffen Szenen des pastoralen Lebens von Arkadien.

Es ist, als ob man vom kosmischen Bewusstsein berührt wurde und sich als Teil einer Vergangenheit sieht, die Wirklichkeit wird. Sie geben uns auch das Wissen über Rituale der Natur, wenn wir die Götter und die Sterne verehren. Wir können auch Dinge bezüglich der verlorenen Bücher der Antike lernen. Sie betrachten ein Ding nur als wertvoll, wenn es mit solaren Atomen getränkt ist, so wie die Wesen des Wassers den Wert einer Sache nach den lunaren oder neptunianischen Eigenschaften beurteilen. Denn sie sagen: „Dort, wo der wahre Wert verborgen ist, dort scheinen die Strahlen der Sonne."

Es ist interessant, festzustellen, dass sie von bestimmten religiösen Gewändern und Bildern sagen, dass die Besitzer die Strahlen der Sonne in ihre Atmosphäre ziehen. Sie sprechen auch über die Intoleranz und Grausamkeit der Menschheit. Sie machen dem Schüler klar, wie wichtig es ist, das was das Bewusstsein des Wissenden genannt wird, zu erreichen, d. h. etwas zu erkennen, ohne zu denken. Es ist eine unmittelbare Methode.

Zum Beispiel, wenn wir einen fortgeschrittenen Yogi fragen würden, wo wir am folgenden Morgen um zehn Uhr sein werden, würde er sofort richtig antworten, wie wir später feststellen könnten. Jeder von uns besitzt dieses Prinzip der sofortigen Erkenntnis, jedoch sporadisch. Das erklärt die Bedeutung des alten Spruches: „Wer zögert, ist verloren."

Die Tiere benutzen diese Methode, denn wenn Gefahr droht, wissen sie was zu tun ist, ohne zu denken, sie leiden in ihrem normalen Zustand auch nicht an Angst wie der Mensch, wenn die Gefahr vorüber ist. Die Sylphen sagen, wenn Gefahr droht, sollte man sich ihr stellen, aber nicht daran denken, bevor es geschieht.

Sie haben die Worte vieler Propheten aufgezeichnet und besitzen die Geheimnisse vieler verborgener Organisationen, die immer noch florieren. Die Haut von schönen Sylphen glänzt, als ob sie von einer verborgenen Sonne beleuchtet wäre, und zeigt die Reife und Fülle der Gesundheit. Sie sind von launischer Natur und denken, dass die Eitelkeit unserer Frauen etwas rückständig ist. Die Art der Sylphe, mit der der Schüler in Kontakt tritt, ist ein Spiegelbild seiner eigenen Art.

Sie sind alte Meister darin, Gedanken zu lesen und zu analysieren, nichts entgeht ihrer Beobachtung und sie können uns an all unsere Gedanken während des Tages erinnern, inklusiv derer, die wir nicht wissen wollen.

Für den Okkultisten und Künstler haben sie die wunderbare Macht, ihm jedes Kostüm, das er sehen will zu zeigen; doch das ist wie eine Folter, da sie in all ihrer Pracht kurz aufleuchten und im Verstand nur die Erinnerung an ein verführerisches Lächeln hinterlassen. Die niederen Ebenen dieser Elementarwesen der Luft bilden eine Welt, die uns sehr wenig interessiert; denn hier betreten wir das Feld der Nekromantie, Hexerei und Magie.

Diese niederen Sylphen können Sensitiven als historische Persönlichkeiten erscheinen und dem Medium Krankheit und Unwohlsein verursachen. Sie können die fluidische Dehnbarkeit der astralen Hülle zerstören, durch das, was die Okkultisten gebrochen Vokale nennen und der Hülle mineralische Eigenschaften verleihen.

Das ist wie ein Nervenschock, verursacht durch eine Explosion, aber von anderer Art, und bringt mentale Störungen und manchmal Wahnsinn mit sich. Wir denken, es könnte den Schüler interessieren, etwas über den Platz und die Position zu wissen, die ein wahres Medium in der Gesellschaft einnehmen sollte.

In der fernen Vergangenheit wurden solche Personen mit Vorsicht und Verehrung behandelt; denn manchmal sprachen die Götter der Elementarwesen durch sie und deshalb wurden sie als Halbgötter angesehen. In der Zukunft werden wir unsere Sensitiven respektieren und uns um ihr moralisches und soziales Wohlergehen kümmern und ihnen Möglichkeiten geben, ihre höheren Kräfte zu entwickeln, ohne ihre Begabung im Kampf um das Überleben zu gefährden.

Das Gesetz im Orient besagt, dass niemand für solche Begabungen Geld nehmen sollte. Das ist bekannt als das große Gesetz.

Der Sensitive ist jemand, der einen Astralkörper und niederen Mentalkörper entwickelt hat, der auf eine höhere Schwingung reagieren kann. Deshalb stellen sich die Sylphen an die Seite derjenigen Sensitiven, die reinen Herzens sind, um deren wertvolle Rüstung vor dem Verstand derjenigen zu schützen, die vom geheimen Feind kontrolliert werden; wir bedauern den Verstand, der von einem Sensitiven Dinge verlangt, die jenseits seiner natürlichen Aufnahmefähigkeit sind.

Die Menschen in Trance werden oft vom hypnotisierenden Verstand anderer beherrscht und gezwungen private Angelegenheiten anderer Leute zu erforschen. Aber da der hypnotisierende Verstand versucht, die Gesetze der Natur zu übertreten, wird er irgendwann die Hüter der Natur treffen, die Gerechtigkeit einfordern werden. Denn die Sylphen der höheren Ebenen sprechen oft über ihren eigenen Innersten, der sie leitet und sie in Gruppen einteilt, damit sie Zerstörung über ihre Feinde bringen.

Die Welt ist voller Leute, die von der Glaubwürdigkeit des Publikums profitieren und oft wird ein Sensitiver, der würdig ist große Dinge zu tun, auf grund seiner Armut, durch Ignoranz verrohen. Deshalb sollten Medien auf ihre moralischen, physischen und spirituellen Werte untersucht werden und wieder als Orakel in ihren Tempeln eingesetzt werden.

Heutzutage bitten viele Menschen, die von ihrem geheimen Feind geleitet werden, die Sensitiven, Dinge zu tun, die sie selbst ablehnen würden. Da das gegen die inneren Gesetze ist, verletzt das sowohl die astralen Membrane als auch den Körper der Sensitiven, die genützt werden könnten, um den Verstand mit Wissen zu bereichern, das weit jenseits der menschlichen Vorstellung ist.

Die Sylphen lehnen diejenigen ab, die mit ihren eigenen Kräften und Werten prahlen.

Sie können einen Gegenstand magnetisieren, den gläubige Menschen angebetet haben und indem sie in die Atmosphäre dieses Objektes eintreten, können sie ihm manchmal eine Ausstrahlung und Bewegung der Augen verleihen, deren Lider sich öffnen und schließen, und ein sensitiver Verstand, der das sieht, behauptet, dass ein Wunder geschehen ist. Der Grund, warum sie das tun, ist, das die Verehrung, die diesen Bildern entgegen gebracht wird, Elemente besitzt, die ihrer eigenen Natur ähnlich sind. Teraphim oder sprechende Bilder, von denen es mehr gibt als man glaubt, sind von ähnlicher Natur.

Die Elementarwesen des Feuers

Wenn wir die Königreiche des Feuers betreten, betreten wir in ein riesiges Gebiet, das mehr mit der inneren Entwicklung des Menschen zu tun hat als er denkt. Von dem Feuer erhalten wir die leitende Kraft, die zu einem höheren Standart der spirituellen Erleuchtung führt. Diese Kraft kann periodisch das Wohlergehen einer Nation leiten und kontrollieren, sie arbeitet mehr mit den Mengen als mit Individuen. Der ernsthafte Schüler sollte sich nicht fürchten, wenn er mit dieser Kraft in Berührung kommt, denn sie bringt der Welt Harmonie. Man sollte wissen, dass wir nicht vom physischen Aspekt des Feuers sprechen, sondern von seinem höheren Gegenstück, und diese Wesen können den Schüler dazu bringen, die Prüfung der Konfrontation mit sich selbst zu absolvieren; seine höhere Natur wird mit seiner niederen Natur konfrontiert.

So wird er seine Entwicklungsstufe begreifen und das wird ihn die größeren Möglichkeiten in seinem Leben und den ursprünglichen Plan seiner Evolution durch die Materie erkennen lassen; aber er wird sich auch der Leere bewusst, die er in seinen mentalen Reisen nur durch ein viel größeres Streben nach seinem Innersten überwinden kann. Wenn der Schüler fragen würde, was jenseits der Sphären der Flamme liegt, würden die Feuerwesen antworten: „Es ist nicht an uns, das zu beantworten."

Wir fühlen ihre herrschende Macht und ein Bewusstsein, weit jenseits desjenigen der menschlichen Wesen. Nichts entgeht ihnen, nichts bewegt sie und die höheren unter ihnen besitzen eine jupiterianische Gelassenheit und eine Strenge, die man hauptsächlich fühlt, wenn sie die Gestalt eines Pharao-Adepten oder eines griechischen Gottes annehmen.

Diese Mächte, die als Götter verehrt wurden, haben durch den Mund der Propheten gesprochen, für die Entwicklung der Nationen. In Griechenland leitete das große Elementarwesen des Feuers, bekannt als Apollo, durch die Wahrsagerinnen von Delphis das spirituelle Wohl dieser Nation und der Benachbarten. (Siehe Der Graf von Gabalis)

Manchmal können sie einen Sensitiven beeinflussen, eine Nation in Zeiten der Gefahr zu führen. Jeanne d'Arc ist ein Beispiel.

Das delphische Orakel hat den Verstand von Vielen mit seinen erleuchtenden Eigenschaften beeinflusst und die Eingeweihten sprechen mit großer Verehrung von denen, die sie die „Nichtgeborenen Kinder der Flamme" nennen. Das sind diejenigen, die in dieser Welt erscheinen, ihr aber nicht angehören.

Wenn der Schüler das Feuerelement in seinem Körper beschwören kann, erzeugt er ein Schild, der ihn gegen seine niedere Natur beschützt; denn da die niederen Elemente des Körpers sich der Flamme widersetzen, werden sie von ihrer Energie verzehrt. Das Erwecken dieser Kraft ist das Instrument des göttlichen Menschen, aber damit beschäftigen wir uns in einem anderen Kapitel. Der Grund für ihre Wichtigkeit ist, dass die Natur in diesen Gebieten unsere höchsten Erfahrungen aufbewahrt.

Wenn der Schüler auf Grundlage dieses feurigen Bewusstseins arbeiten kann, gibt man ihm eine größere Vorstellung der Manifestation der Realität in der Menschheit; wenn er sich an den Schwingungsbereich des Feuers gewöhnt hat, wird er die Eigenschaften eines Orakels besitzen und verstehen. Diese Herrscher des Feuers können sich in einem zukünftigen Zeitalter vereinen, in welchem diese Gesetze herrschen, die den Menschen gegeben werden, damit sie sich an ihren eigenen Innersten annähern.

Der Schüler sollte immer im Gedächtnis behalten, dass er, wenn er diese Reiche betreten will, rein in Körper und Verstand sein muss, ansonsten wird er sein wie ein Wilder, der versucht eine Universität zu betreten.

So wie die Welt in Kontinente und Länder aufgeteilt ist, so gibt es eine Karte, die die Gebiete und die jeweiligen Elementarwesen, König oder Königin zeigen, die sie regieren. Entsprechend hat in unserer Welt jede Nation ihren eigenen Beschützer, der sie führt und sich bemüht, damit sie ihrer vorgesehenen Entwicklung folgt.

Einer dieser Wendepunkte im Leben des Schülers ist es, wenn seine Gebete und Sehnsüchte durch das Erscheinen eines dieser großen Wesen beantwortet werden. Die fortgeschrittenen Okkultisten kennen sie unter Namen wie „Der Mann mit dem grünen Gesicht, der einen in die Weisheit des Mondes einführt“ oder „Der schöne Grieche“ oder „Der große Atlant“.

Die Schüler finden es angenehm, Aufzeichnungen in Bezug auf ähnliche Erlebnisse, mit ihren Brüdern zu vergleichen und obwohl jeder seine eigene Individualität entwickeln muss, gibt es eine Ähnlichkeit in ihren Einweihungen.

Wenn ein Feuer ausbricht, werden die niederen Elementarwesen des Feuers sehr schnell angezogen. Ein Feuerwehrmann erzählte mir einmal: „Es ist unheimlich, wie sich ein Feuer plötzlich ausbreitet, gerade, wenn du denkst, es zu kontrollieren.“ Personen, die viel von diesem Element in sich haben, werden vom geheimen Feind oft angeregt, mit diesem Mittel zu zerstören. Pyromanen sollten nicht eingesperrt werden, sondern sie sollten wie psychisch Kranke behandelt werden, die durch eine andere Atmosphäre von diesen Tendenzen geheilt werden können. Statt der erwarteten Hitze wird der Schüler genau das Gegenteil erleben, wenn er diese Regionen betritt. Man sagt uns, dass der Grund, warum die Sonne Hitze ausstrahlt, der ist, dass sich ihr dichter Teil gegen das höhere Gegenstück, bei den Okkultisten bekannt als die Sonne hinter der Sonne, auflehnt.

Die Geschichte kennt viele Erzählungen über das Erscheinen dieser elementalen Meister vor großen Männern der Vergangenheit. Hier fügen wir eine Botschaft eines Elementarwesens des Feuers an einen Schüler ein: „Bevor du geboren wurdest, waren wir in den inneren Sphären bekannt und wir vereinbarten, uns zu treffen, wenn du zurückkehrst und dich mit meiner Intelligenz harmonisierst. Nach dieser langen Zeit bin ich zu dir gekommen, um dich in das Werk einzuweisen, das uns beide interessiert hat.

Das Feuer, das du heute mit deinem sechsten Sinn wahrgenommen hast, war das Signal, das wir dir immer geben, wenn wir hier sind, denn ich habe eine Gefolgschaft, die dir helfen und dich unterstützen wird. Wir haben einst über deine Arbeit in einer Zeit, als du in Ägypten geboren wurdest, gesprochen und ich habe deinen Aufstand in einer bestimmten Provinz erlebt.

Du hast große Macht erreicht durch deine Anstrengungen, die Autorität des Herrschers, unter dessen Zepter du gedient hast, zu untergraben. Du bist bei dieser Verschwörung gescheitert und wurdest enthauptet. Aber du konntest das Interesse der großen Elementarwesen des feurigen Dunstes gewinnen. Ein großer Teil deines Wissens war verschlossen, aber wir können es öffnen und dir treu dienen.“

•••••

Im Tempel der Sphinx gibt es eine große Kammer, in der Girlanden aus Naturessenzen hängen, die mit ihrem Rhythmus vibrieren und dem Verstand die Macht geben, ihre Elemente zu analysieren. Hängend in dieser Kammer gibt es ein kuppelförmiges Gefäß, das man Resonanzkörper der Natur nennen kann. Die Gedanken sind Dinge, die Klang, Farbe und Form haben und durch dieses Instrument in sichtbare Sprache umgewandelt werden, denn dieses registriert die stillen Akkorde der Musik, die unseren Gedanken eine Form geben und dem Schüler ist es erlaubt, zu beobachten, wie sich seine Gedanken materialisieren. Dieses Wissen wird den Schüler lehren, wie man seinen Gedanken die Aktivität gibt, die andere zu denken stimuliert und ihn befähigen, seine Gedanken an jeden Ort der Welt zu projizieren.

Da die Natur diese Macht auch besitzt, lehrt man den Schüler, sich selbst gegen die niederen Aspekte der elementalen Schöpfung und der Astralwelt zu schützen. Das ist auch die Methode, die die Yogis benutzen, wenn sie mit irgendeinem Ort der Erde telefonieren wollen. Die Akademie der elementalen Sphinx ist der halbe Weg zum Verständnis der Natur und dort werden wir in ihre Gesetze eingeführt.

Unser Verstand trübt sich nicht in dieser Kammer und wir ersehnen die große Realität, die dort immer gegenwärtig ist und wir ordnen uns ein in die Vielfältigkeit ihrer Zeit. Hier erkennen wir, dass der Drang, den wir in unserem Leben gefühlt haben, das Zeichen war, das die Natur uns gibt von ihrem Innersten, damit wir ihre Eigenschaften erlangen. Niemand kann diesem starken Drang entkommen, dem Ruf der Natur, zu ihr zurückzukehren.

Die Herrscher der Elementarwesen geben dem Schüler ihre Atmosphären und das reinigt die Abfälle in seiner Aura und wandelt sie in andere Substanzen um. Das erweckt die schlafenden Wächter, die ihre Tore für den Einfluss der kosmischen Energie öffnen und der Schüler wird zu der Quelle erhoben, wo die unsterbliche Stunde der Erinnerung entspringt.

Die wahre Absicht der Natur ist es, jegliche Illusion in unserer Atmosphäre zu zerstören und uns ihren Ausdruck beizubringen, da uns ein Lehrer in allen elementalen Paradiesen erwartet.

Der ewige Liebende

Diejenigen, die viel von der elementalen Natur in sich haben, erhalten oft Visionen und sie betreten leicht die Gebiete der Elementarwesen. Wir haben die Ehre, einige der Inspirationen, die eine Schülerin erfahren hat, zu erzählen.

Das wird dem Schüler eine Ahnung vermitteln über diese Gebiete, aus denen die Inspiration stammt. Wir erzählen sie mit den eigenen Worten der Schülerin.

•••••

Natürliche Schönheit und Musik sind die Verbindungen, die sie in dieser Ebene halten. Sie ist höchst religiös, aber von heidnischem Charakter und sie sieht diese Welt als einen Ort der Arbeit und des Leidens. Als sie in diese höheren Sphären erhoben wurde, begann sie sich zu verjüngen, sie wurde wie ein Kind, und fühlte sich glücklich und in Frieden mit allen Dingen. Vergangene Erfahrungen zeigen, dass sie eine strenge Art hatte und dass sie in einer Inkarnation Kurtisane und in einer anderen Nonne gewesen ist, aber die elementale Quelle ihres Seins ruft sie ständig. Da sie in vergangenen Inkarnationen viel gelitten hatte, hatte sie den Kontakt mit ihrem elementalen Beschützer, der große Erleuchtung und Macht hat, verloren.

Ich kann ihre Inkarnationen von den elementalen Sphären (die die Quelle ihrer Erleuchtung waren), bis zu dieser dunklen Welt, verfolgen. Obwohl sie ihr Karma mit Auflehnung ertrug, ist sie nicht getrennt von diesen Elementarwesen, die kommen und ihre Gedanken leiten. Es erschienen ihr auch bestimmte Wesen einer hierarchischen Ordnung, deren Schönheit und Heiterkeit wunderbar zu betrachten sind.

Das Leben dieser Schülerin war ein ständiges Geben, ohne viel Gegenleistung, wie sie glaubt. Als Kind fühlt sie, dass diese Welt eine Illusion ist. Sie nimmt leicht jede Heuchelei oder Unehrlichkeit in den Personen wahr und sie besitzt die elementale Gabe der Sylphen, die Schwachpunkte im Charakter einer Person aufzuzeigen. Lassen wir sie selbst sprechen.

Der ewige Liebende

Ich hörte eine Stimme, die mich rief und sagte: „Komm meine Geliebte und folge mir. Ich bin derjenige, der im Land das immerwährenden Duftes lebt, wo die Mauern aus Kristall sind.“

Und der Klang der Stimme verursachte, dass der Baum der Liebe seine Zweige in mir sprießen ließ. Der Baum der Liebe, dessen Blüten Licht mit Musik sind und dessen Blätter vergoldet sind.

Ich suchte meinen Geliebten viele Tage lang, aber ich fand ihn nicht und auch das Echo seiner Stimme kam nicht zu mir auf den Flügeln des Windes und ich wanderte weit im Tal der Trostlosigkeit.

Während ich in diesem Tal wanderte, kam von den Bergen von weither ein Reiter, dessen Speer und Schild glänzten. Er hob mich auf und führte mich durch die Illusion der Welt, wo ein Altar mit Blumengirlanden der Gefühle sich befand und seine Ecken waren seltsamerweise mit geschnitzten Widderköpfen geschmückt.

Hinter dem Altar stand ein gekröntes Wesen und über seinem Kopf erschien der Nimbus des Mondes. Dieses Wesen streckte seine Hand aus und salbte mich und hielt mir einen Wasserkrug hin, aus dem er Ketten aus Perlen, Saphiren und Smaragden holte und als ich sie mit einem Lächeln zur Sonne empor warf, hörte ich die Stimme meines Geliebten wieder, die mich bat, mich an das Ufer des Stromes der verlorenen Erinnerungen zu setzen.

Die Wasser dieses Stromes flossen klar, doch als ich meine Hand hineinstreckte, zog ich wertvolle Steine heraus und jeder Stein hatte seinen eigenen besonderen Duft. Und aus den Sträuchern und Hecken kamen Faune und Elfen, Spielgefährten einer vergangenen Zeit und sie schmückten mich mit den Juwelen, sangen Lieder, die wie die sanfte Gischt eines Springbrunnens waren und sie zeigten mir den Weg, den mein Geliebter genommen hatte.

Wie ein freier Vogel stieg Glückseligkeit in mir auf. Mein Verstand wurde ruhig und wie in einem Nest geschaukelt, das auf einem Meer aus Mondlicht schwimmt, glitt ich in den Schlaf. In der Ferne eines Traumes sah ich meinen Geliebten neben dem Wachturm meiner Seele stehen und er rief mich und sagte: „Bereite den Weg vor, denn ich komme zu dir mit einem neuen Körper und einem neuen Verstand; mit einer Schatulle mit kostbaren Salben und einem Kelch vom Mond.

Die Weiden deines Gehirns werden fruchtbar gemacht und um deine Füße wird das Netz der Ausdrücke ausgebreitet, die dich fähig machen, die Vorstellungskraft das Verstandes Anderer zu behalten. Kein Vater hat mich gezeugt, keine Mutter hat mich gestillt.

Wie ein Symbol der Zeit und ein Anwalt der Gerechtigkeit stehe ich gelassen am Ruheplatz der Stille. Ich bin die Mauer aus Kristall, die um den Garten der Natur errichtet wurde, auf den Hügeln, auf denen sich der Speicher des Verständnisses befindet. Aus meinem Land kommen Gesang und Lachen und der Rhythmus des Tanzes. Meine Botschafter rennen vor den Gedanken mit der Eile und dem Flattern der Flügel. Säend und erntend folgte ich dir durch die Felder von gestern.

In Arkadien füllte ich deinen Verstand mit dem Erwachen der Jugend, denn ich bin der ewig Liebende, vor dem alle anderen verblassen. Jeder birgt in sich eine Facette von mir für dich und kann so deinen Hunger nicht befriedigen oder deinen Durst löschen. Babylon war mir bekannt. Durch die Riten der Ishtar hast du mich verehrt. Assur hörte den Klang meiner Stimme, aber ich hielt mich verborgen. Ägypten enthüllte mein Gesicht, Griechenland hat mir seine Schätze zu Füßen gelegt und lauschte meinem Liedern.

Durch die Augen vieler Liebenden habe ich dich angesehen, meine Schleier habe ich beiseite gezogen durch die Magie von Farben und Parfum und Klang. Der Untergang und der Aufgang der Sonne waren nur Glieder der Kette, die dich mit mir verband; denn ich bin derjenige, der dich in den Schmerzen der Geburt getröstet hat und über dich die schützenden Schwingen des Todes ausgebreitet hat. Ich bin dein ewiger Stern.“

•••••

Als Antwort für meinen Geliebten kam ein Botschafter zum Wachturm meiner Seele und er berührte meine Stirn, sodass mein Verstand in einen höheren Himmel erhoben wurde.

Ein runder Hof wurde in zwölf Teile aufgeteilt, in denen jedes Zeichen des Tierkreises seinen Platz hatte und von jedem Zeichen wand sich eine Wendeltreppe empor, die zu einer Terrasse aus Kristall führte, wo die Menschen der Sonne mit den Töchtern des Mondes umhergingen.

Im Zentrum des Hofes erhob sich ein Brunnen, größer als der, der seine Mauern umgab und der Klang dieses Brunnens schien der Ursprung aller Musik zu sein; hoch über ihm, bis er mit den innersten Himmel verschmolz, wölbte sich ein Regenbogen, dessen Farben verblassten und sich aufhellten, sowie das Wasser stieg und fiel.

Der, der mich führte, ließ mich dann in die dunklen Städte der Welt sehen und ich sah, dass das einzige Licht, das zu Erde gelangte, die Spiegelung der Kristallmauer war und wo die Gischt des Brunnens herabfiel, erleuchtete sie den Verstand von Poeten, färbte die Pinsel der Maler und ließ Träume in den Herzen der Menschen erwachen.

Während ich schaute, sprach der Geist des Brunnens zu mir und sagte: „Wen suchst du?“ Und ich, im Glauben, dass es die Stimme dessen war, den ich suchte, breitete meine Arme aus und rief: „Mein Geliebter, mein Geliebter, auf dessen Stirn der ewige Stern glänzt.“

Sofort drang das raue Eis der Qual in mein Herz, als die Stimme antwortete: „Er ist schon weit entfernt von hier. Suche ihn in der Welt durch das Tor des Dienens.“ Der Brunnen blieb ruhig; der Regenbogen stand still.

Ich schritt durch das Tor in den äußeren Hof, den ich schemenhaft durch meine Tränen sah. Ich lehnte an einer Säule, denn alle Kraft schien mich verlassen zu haben, und wartete. Im Schatten bewegte sich eine Form und ich rief sie, denn ich dachte, ich würde denjenigen erkennen, den ich liebte, aber als sie näher kam, die Treppen zur Terrasse heraufstieg, sah ich, dass sie nicht sterblich war, sondern die Göttin Venus, mit einer ihrer Dienerinnen und ich lief zu ihr, außer mir vor Freude.

Ich fühlte die Rundung ihrer Brust, mein ganzer Körper war erfüllt vom Wunder ihrer Schönheit, aber als ich sie berührte, drehte sie sich um und blickte mich an, mit Missfallen in ihren Augen und sie floh vor mir und stieß einen Schmerzensschrei aus. Ich bückte mich und hob einen Blumenstrauß auf, den sie bei ihrer Flucht fallen ließ; er schien vor Kurzem vom Baum der Jugend gepflückt worden zu sein, denn die Bienen der Glückseligkeit folgten ihm, das Lied des Frühlings summend.

•••••

Ich kehrte zur Welt zurück, der Armut unterworfen und das Schicksal führte mich auf seltsamen Wegen. Ich, die die Bedienung als mein Recht ansah, wurde nun zum Dienen gerufen.

Ich hörte das Getöse des Dschungels, genannt Wirtschaft, wo der Verstand der Maschine die höchste Leitung hat. Ich sah Menschen, deren Seelen geschrumpft sind, bis sie verwelkten Blättern ähnelten. Ich hörte das hohle Gelächter der Reichen, deren Füße gleichgültig die Weinpresse des Wohlstands traten, mehr und immer mehr verlangten sie und selten versuchten sie zu geben; sie suchten Glück und Vergnügen und fanden das Fass der Leere.

Ich lief umher zwischen Vielen, die so gebeugt waren durch den Stress und den Überlebenskampf, dass sie fast vergessen hatten, dass es so etwas wie Schönheit gab. Ich gab ihnen eine Blume von dem Zweig, den ich trug und wenn ich eine Blüte pflückte, trieb eine andere an ihrer Stelle und diejenigen, die sie ansahen oder die zerbrechlichen Blätter hielten, fühlten Hoffnung in sich aufsteigen und die Schönheit, die sie durch ihre Augen aufnahmen, verwandelte ihre Gedanken in Gärten, die sie von dieser Welt entfernten. Dennoch war ich einsam und traurig.

Ich erhaschte nicht einen Blick auf denjenigen, den ich suchte; er schien so fern zu sein, wie die Rose, die in einem entfernten Land wächst und deren Parfum nur meine Träume erreichte. Eines Tages, als ich durch eine Straße ging, gab mir jemand ein Zeichen und ich folgte ihm durch dunkle und gewundene Gassen, bis wir anscheinend tief unter der Erde waren, und in einer Mauernische, hinter Gitterstäben, sah ich etwas, das vibrierte. Als ich es aus der Nähe betrachtete, erkannte ich den Stein der Erinnerung, der sich wie ein Pendel vor und zurück durch den Raum der Zeit bewegte. Als ich meine Hände durch die Stäbe streckte, hielt ich in an und er gab mir die Macht die Vergangenheit zu sehen und den Grund des Leidens zu verstehen.

•••••

In dieser Nacht sah ich den Geliebten in einer Vision wieder und in einer Hand hielt er eine Schatulle und in der Anderen einen Kelch.

Ich nahm die Schatulle und öffnete sie, aber ich fand in ihr sieben weitere Schatullen und er sagte zu mir: „Öffne die dritte Schatulle.“ Und als sie geöffnet hatte, sah ich darin ein Bild von mir, einbalsamiert in feines Leinen und er sagte wieder: „Öffne die zweite Schatulle“, ich tat es und fand einen weiteren Körper, ähnlich dem Ersten, aber auf der Stirn war ein Diadem aus sieben Perlen.

Er befahl mir, die fünfte Schatulle zu öffnen. Ängstlich tat ich es und darin lag ein zerfallener Körper, ich wusste, dass er durch das Übel meiner Gedanken entstanden war, und fuhr vor Ekel zurück; aber der Geliebte goss den Inhalt des Kelches, den er hielt, darüber und wandelte die Bösartigkeit in die Weisheit der Erfahrung um.

Dann kam eine Stimme aus der siebten Schatulle, und als ich sie berührte, öffnete sie sich und darin war ein Zweig aus Bernstein und Perlmutt, geschickt verbunden und verflochten; ich nahm ihn heraus, pflanzte ihn in die Erde und goss ihn mit meinen Tränen.

Neues Leben floss durch den Spross aus Bernstein, doch sein Geruch war widerlich, aber der verflochtene Zweig aus Perlmutt gab sich selbst und ernährte ihn, und als er das tat, verwandelte der Bernstein sich in eine Schlüsselblume und schließlich in das Bild der Perle.

Die Stimme des Geliebten rief: „Bereite den Weg für mich, denn ich bin der, der zu dir zurückkehrt"; er beugte sich über mich und schloss meine Lippen. Dennoch sang mein Herz. Dann blickte er auf die Schatullen, drehte sich um und sagte zornig zu mir: „Öffne die Erste." Das tat ich. Darin war meine Seele, meine entfachte Seele und sie gab mir ihre Botschaft.

Dann öffnete der Geliebte sanft meine Lippen. Er öffnete die vierte Schatulle und zeigte mir, dass sie nichts enthielt, doch zu meiner Überraschung stieg eine Duftwolke von ihr auf, der Duft der Glückseligkeit, die ich Anderen gegeben hatte. In der sechsten Schatulle war eine Kristallkugel. Als ich in den Kristall blickte, sah ich den großen Arm eines Gottes, aus dem Himmel gestreckt. An diesen Arm kamen Wagen und Reiter herunter, ein Festzug aus vergangenen Tagen, der, als er in meinen Verstand eindrang, mir die verlorene Schönheit jedes Jahrhunderts zeigte.

Unberührt durch den Tod, unversehrt durch die Zeit stand die Liebe vor mir. Sie berührte die Schatullen, hüllte sie in eine rosa Flamme und mit meinem Geliebten und mit ihr trat ich in die Pracht der Morgenröte.

•••••

Aber die Zeit der Verwirklichung war noch nicht gekommen. Ich wurde allein gelassen im Land der Einsamkeit, wo die Stille mit den ausgebreiteten Schwingen eines bedrohlichen Vogels schwebte. Aus der Erde kam ein dumpfer Klang, wie eine sich wiederholende Note einer Glocke.

Ich wanderte durch die trostlose Kälte der Täler und suchte einen Ausweg, aber die Berge begrenzten mich auf allen Seiten. In meiner Hoffnungslosigkeit betete ich, und als ich das tat, sah ich weit entfernt viele

Männer, die an einem Seil zogen, das unendlich schien, als ob es sich bis zum Anfang der Zeit selbst dehnte.

Von einem Licht geführt, fand ich meinen Weg, und als ich zu diesem Ort kam, sah ich, dass die Männer verhärmt und müde waren, doch zugleich heiter, mit einer inneren Kraft. Auf der Stirn von jedem von ihnen schien eine funkelnde Flamme. Da wusste ich, dass sie die Kette der Eingeweihten waren, die die Last der Welt tragen und ich bat um ihren Segen. Einer von ihnen bat mich, meine Hand auf seine zu legen, als sie das Seil umfasste; wie ein elektrischer Strom vibrierte die Grausamkeit der Menschen, die Sorgen und Leiden der Menschheit in mir. Es explodierte in meinen Sinnen wie ein Blitz, bis eine gnädige Finsternis mich umhüllte.

Als das Bewusstsein wiederkehrte, fand ich mich auf dem Gipfel eines Berges wieder und vor mir erstreckte sich ein Pfad, der in das offene Land führte. Ich lag da und blickte in den Himmel, und als ich dorthin blickte, öffneten sich die Wolken und aus dem Himmel kamen zwei Hände, die einen Kelch hielten und eine kristalline Substanz über mir ausschüttete. Ich stand auf und vor mir erschien ein Baum.

Es war der Baum der Liebe, dessen Blüten voller Musik waren und dessen Blätter wie Gold glänzten und um ihn herum drängten sich die Sylphen der Luft, die Faune und die Dryaden des Waldes und die kleinen Wesen der Felder. Sie legten eine Girlande aus Amaranth um meinen Hals und die Kinder der Mondstrahlen kleideten mich in schimmernde Gewänder und setzten eine Krone aus Sternen auf meinen Kopf.

Durch die Haine von Arkadien führten sie mich zu einem Altar und antworteten mit ihrem Gesang auf die Stimme meines Geliebten. So wie der Morgennebel von der Sonne umhüllt und durchdrungen wird, fühlte ich mich eins mit der Schönheit, Eroberin der Liebe.

Die Natur

Die Menschheit zieht am Rock von Mutter Natur, bis diese, ermüdet, in ihrer Trickkiste kramt und sagt: „Hier ist etwas Neues zum Spielen."
So gibt sie uns einige neue Erfindungen, wie das Radio, Flugzeuge, Fernsehen usw. damit ihre Kinder glücklich und vergnügt sind in einer dunklen und uneinigen Welt.

Wenn wir gelernt haben, die Leere zu überbrücken und unser sekundäres System zu betreten, erwerben wir unbewusst die Gewohnheit immer mit einer atomaren Intelligenz in Kontakt zu bleiben und das verbindet uns mit jedem Zeitabschnitt, den wir besuchen wollen. Wir entdecken auch, dass dieser Fluss von atomarer Strömung mit uns von seinem Ende aus kommunizieren wird. Wir werden oft aufgerufen, einer Richtung zuzuhören, die man uns geben wird und manchmal erschrecken wir, wenn wir entdecken, dass das, was sich in unserer Umgebung ereignet, innerlich bekannt und registriert durch die Wächter der Zentren ist.

Wenn wir erkennen, mit welcher Kraft die Natur uns ausgestattet hat, schätzen wir ihren wahren Wert und benutzen sie nicht achtlos. Obwohl wir am Anfang die genauen Details nicht kennen. Eines der Gesetze der Natur ist, dass man diese Kräfte nicht zum Nachteil anderer Personen nutzen darf, egal wie ignorant oder gelehrt sie sein mögen. Der Schüler neigt dazu, zu experimentieren, bevor er die Gesetze kennt, die die Auswirkung jener Kräfte leiten. Wie es menschlich ist, möchte er seine Kräfte zur Schau stellen, aber wenn er sich die Finger verbrennt, lernt er, sie nicht zur Schau zu stellen, bis er Teil von ihnen wird. Diejenigen, die dieses Bewusstsein erlangt haben, werden es nicht auf die richten, die keine Sehnsucht haben, denn ein einfaches Phänomen ist in seinen Auswirkungen oft viel stärker, als man zuerst erkennt.

Die Gesetze der Natur sind der gesamten Summe der eigenen Weisheit untergeordnet und nicht mehr, obwohl wir durch magische Riten und Zeremonien eine noch größere Kraft anrufen können, aber das ist nicht erlaubt. Das war die Ursache der Zerstörung von Atlantis.

Es ist möglich, einen Verstand zu besitzen, der seine Wellenlänge verlängern oder verkürzen kann. Das ist es, was der fortgeschrittene Yogi tut; er vereinigt sich mit den atmosphärischen Hüllen, die seinen Körper umgeben und versucht seinen Verstand so anzupassen, dass er in Harmonie mit jeder Hülle handelt. In seiner höchsten Hülle kann er seine eigene Individualität erkennen, die im Einklang mit seiner atomaren Intelligenz arbeitet; aber in den tiefsten Tiefen wird er diese Harmonie nicht finden, da dort die Atome der Vergangenheit (die er abgelegt hat, als er sich entwickelt hat), mit seinen niederen Hüllen verbunden sind und inmitten ihrer Dunkelheit und ihrem Elend kann er die Schwingungen nicht wahrnehmen und sich nicht mit ihnen in Einklang bringen.

Wir werden oft gefragt: „Was bedeutet diese Sehnsucht?“ Die Antwort ist einfach: „Eins sein mit dem Innersten und ihm gehorchen.“

Die angemessene Anwendung der Symbole beginnt, wenn wir unser sekundäres System betreten. Wir können keine unbekannten Länder in verschiedenen Ebenen des Bewusstseins erreichen, außer, wir benutzen Symbole. Das sind die Tore, die zu den Regionen führen, die der Innerste vorgezeichnet hat. Jede Abteilung ist durch ein Symbol dargestellt und in unserem sekundären System gibt man uns oft eines von ihnen, über das wir meditieren sollen. Symbole werden auch als Abkürzungen benutzt, wenn wir schnell mit einer elementalen Sphäre in Kontakt treten wollen.

Heutzutage und in der Vergangenheit werden die hierarchischen Ströme, jeder aus drei Kräften zusammengesetzt, durch solche Zeichen repräsentiert. Jede große Zivilisation besitzt drei Symbole, jedes davon stellt einen Zweig dieser Kräfte dar, und diese, wenn sie richtig benutzt werden, können den Schüler wieder in seine entsprechende Zivilisation, die schon vergangen ist, versetzen. Das ist eine der Künste, die heutzutage verloren und vergessen sind. Die antiken eingeweihten Künstler haben manchmal diese drei Kräfte in einem zusammengesetzten Zeichen vereint.

Diese Symbole, die von den Weisen der Vergangenheit zurückgelassen wurden, wiederholen sich ständig in unserem Verstand, wenn wir uns auf sie konzentrieren. Diese Wiederholung gibt ihnen Leben, indem sie Atome, die ihrer eigene Natur ähnlich sind, anziehen. Der Mensch erkennt nicht die enorme Anzahl von schöpferischen Intelligenzen, die in seiner Atmosphäre eingesperrt sind und nie benutzt werden.

Indem wir uns auf diese Symbole konzentrieren, werden wir zu Schöpfern, weil wir sie umhüllen, so wie eine Erscheinung sich selbst um eine halb entwickelte Wesenheit hüllt. Nur dass wir nicht eine Wesenheit umhüllen, sondern ein elementales Bewusstsein, das wir mit einer seelenartigen Atmosphäre veredeln. Auf diese Weise erschaffen wir Botschafter und senden sie in die Sphären, die ihre Schöpfung repräsentiert. Das Symbol wird empfangen, die Gedanken, die an ihre Kreationen angehängt sind, werden analysiert und zu uns zurückgeschickt, als Signal von der Sphäre, zu der es gesandt wurde. Auf diese Weise treten wir in Kontakt mit den Intelligenzen vergangener Sphären.

Unsere erschaffenen Symbole sind auch das niedere Gegenstück von höheren. Diejenigen, die auf der Erde zurückgelassen wurden, haben auch höhere Gegenstücke, und wenn wir sie empfangen, wissen wir, dass unsere Symbole ihre Quelle erreicht haben.

Sehen wir ein Beispiel: Wenn wir das Salomon-Siegel visualisieren und es als elementalen Botschafter erschaffen und wenn dieser vom Wächter seiner Sphäre eingelassen wird, zeigt uns das, dass er akzeptiert wurde. Wir erhalten dann den höheren Schlüssel, um das Tor eines Tempels zu öffnen, in dem wir Führung und Anleitung erhalten. Die Freimaurer benötigen diese Art der Studien.

Das ist nur ein Aspekt des Studiums von Symbolen. Das Kreuz hat auch sein höheres Gegenstück, und wenn es richtig benutzt wird, kann es dem Schüler erstaunliche Ergebnisse liefern. Die Eingeweihten nennen dieses höhere Gegenstück: „Ein Verstand, der von seinem Schöpfer verklärt wurde." Diejenigen, denen es gegeben wird, begreifen die Wahrheit und das Bewusstsein desselben und entdecken, dass die Parabeln ein großes Mysterium weit jenseits des öffentlichen Verständnisses enthüllen.

Die Worte Jesu müssen auf diese Weise gelesen werden. Das Kreuz repräsentiert nicht nur ein Stück Holz, an das ein Mann genagelt wurde, sondern auch etwas, auf das die Herrlichkeit herabgekommen ist. Das Kreuz ist das Symbol von einem, der im Innersten gekreuzigt und wiedergeboren wurde und nicht ein Instrument von Folter und Schmerz. Die Kreuzigung bedeutet, dass jemand seine niedere Natur überwunden hat und sich gereinigt hat im Bewusstsein des Innersten.

Die aufstrebenden Atome sammeln sich um die Symbole, die wir erschaffen und wandeln sie in ein Bild um, das unsere Gedanken und Sehnsüchte repräsentiert. In dem Maße, in dem sie sich verinnerlichen, hinterlassen sie eine Spur von Atomen, die uns mit der Quelle des Symbols verbindet, sei es höherer oder niederer Natur.

In der Vergangenheit war diese Wissenschaft allen Eingeweihten bekannt und viele okkulte Gesellschaften hinterließen die Symbole ihres Ordens, so wie die Zeichen der Freimaurer, die in verschiedenen Ländern hinterlassen wurden und leicht von denjenigen, die sie verstehen, interpretiert werden können.

Es gibt auch Symbole des Bösen, die Unglück und Zerstörung hervorrufen können, und viele bekannte Symbole werden für kommerzielle Zwecke benutzt. Wenn man ihre wahre Bedeutung kennen würde, würden sie sofort verworfen werden.

Religiöse Gemeinschaften haben auch Symbole für sich angenommen, die das Bewusstsein in die niederen Sphären des Bösen bringen, wenn man sich auf sie konzentriert. Man muss diese Ignoranz im Gebrauch von Symbolen vermeiden. Symbole haben eine Dynamik und man sollte nicht mit ihnen spielen.

Der Anker, üblicherweise von Seeleuten benutzt, symbolisiert eine Zeit weit jenseits unserer Evolution.

Die chinesischen Eingeweihten besitzen ebenfalls ein tiefes Wissen dieser Künste und Wissenschaften und eines Tages werden wir das anerkennen. Wenn der Westen ihnen mit Verständnis entgegenkommen würde, könnten sie viele verlorene okkulte Künste offenbaren, die uns helfen könnten.

Sie haben eine Methode, durch den richtigen Gebrauch eines Symbols zu segnen. Sie fertigen sie an und senden sie den Schülern zum Jahrestag ihrer Einweihung in die heiligen Wissenschaften. Wenn ein westlicher Schüler das Glück hätte, eines zu erhalten, würde er eine Atmosphäre von Wohlbefinden und Glück fühlen, deren Duft eine Zeit lang anhalten würde.

Es ist schwierig, die Wirkung eines Symbols zu beschreiben, denn wenige besitzen die Stufe der Sinneswahrnehmung, die für diese Arbeit nötig ist. Die Atmosphäre dieser Welt wehrt sich gegen jedes innerliche und äußerliche Wissen, das uns gegeben wird, sie lehnt es auch ab, dass wir Symbole anfertigen und sie innerlich versenden.

In unserem Silberschild finden wir oft Symbole, die von unserem Meister-Atom benutzt werden, der sie zu unserem Wohl erschafft und uns die Benutzung in unserem sekundären System lehrt.

Wir glauben, dass das Symbol dieser neuen hierarchischen Ausstrahlung des Erwachens der Jugend eines der Entdeckungen dieses Zeitalters sein wird. Diejenigen, die in ihr sekundäres System eintreten, werden die Macht, es zu benutzen, erhalten, um die Kräfte zu entwickeln und den Reichtum und die Größe dieser neuen Energie zu erreichen. Das ist ein geheimes Symbol und muss von denjenigen gehütet werden, denen es enthüllt wurde. Niemand darf es aufdecken, ohne die Erlaubnis seiner führenden Intelligenz.

Die Naturgesetze werden zu bürgerlichen Rechten, wenn sie verstanden werden und wenn wir zurückschauen zu den Zeiten, die die Zukunft des Menschen sein werden und sehen, was in der Gegenwart geschieht, fühlen wir die Unterdrückung durch den Widerstand und das Böse, als ob eine große Wolke den Menschen aus der wahren Welt von gesundem Menschenverstand und Gerechtigkeit herausgerissen hätte.

Möge dieses neue Symbol den Menschen zu seinem eigenen Platz und Plan im Bewusstsein der Natur zurückkehren lassen.

Gesundheit im Yoga

Wir werden nun die ersten Schritte bezüglich der Gesundheit in der Yogapraxis behandeln und wie man die Eigenschaften der feineren Atmosphären und deren Atome in den physischen Körper bringt.

Wenige Schüler erkennen, wie schwierig Yogaübungen sind, sie erscheinen am Anfang leicht, aber Wenige haben die Vitalität und die Geduld, fortzufahren, bis sie Resultate erzielen. Wenn die Jugend von heutzutage die Hälfte der Energie, die sie nutzen, um erfolgreiche Athleten zu werden, für Yogaübungen aufwenden würden, würden sie Meister des Verstandes werden.

Es ist bedauerlich, dass die Suchenden, die wir häufig treffen, nicht einmal die physische Ausdauer haben, die ein durchschnittlicher Athlet der Universität besitzt.

Denn der Körper muss einsatzfähig und flink sein, um jedem Ruf zu folgen, denn er ist ein Speicher für die Stärke, die später für seine Entwicklung notwendig sein wird.

Das erste Gesetz ist die Haltung des Körpers, man muss lernen gerade zu sitzen und zu stehen, denn die Wirbelsäule ist ähnlich wie ein Zauberstab, jeder Wirbel muss seinen richtigen Platz beibehalten und kein Knochen sollte auf eine Nervenbahn drücken und ihre Ernährung verhindern. Man sollte lernen, auf den Fußballen zu stehen und nur einen Druck von eineinhalb Pfund auf jeder Ferse ausüben. Es wird am Anfang ein bisschen schwierig sein, sich diese Gewohnheit anzueignen, aber später wird man sich wohler fühlen. Jeder qualifizierte Osteopath kann jeden Wirbel, der nicht richtig angeordnet ist, korrigieren. Bevor der Schüler diese Übungen beginnt, sollte er ein praktisches Wissen der Anatomie haben.

Der Schüler sollte wissen, dass er vom ersten Augenblick an, wenn er diese Schritte macht, unter der Beobachtung der älteren Brüder ist, und obwohl er sich alleine fühlt, wird man nie erlauben, dass er zu weit geht, weder im Guten noch im Schlechten, denn das Gleichgewicht ist notwendig und der Schüler wird später erkennen, dass Schwäche manchmal schlimmer ist als Bosheit. Die Personen, die im Leben zählen, sind diejenigen, die etwas tun. Weiße und schwarze Magier genießen es, sich zu messen, aber sie respektieren die vitale Eigenschaft des Anderen und fühlen sich angeregt durch sie. Sonderlinge, die man vermeiden sollte, besitzen nicht diese starken Eigenschaften. Wenn wir von Sonderlingen sprechen, meinen wir jene wankelmütigen Idealisten, die rationale Theorien zu irrationalen Grenzen bringen.

Ein zweiundneunzig Jahre alter Yogi, der die Vitalität eines Jugendlichen hatte, besuchte einst dieses Land und wurde bezüglich bestimmter Aussagen, die er gemacht hatte, von einem bekannten Vortraggeber über okkulte Themen befragt. Der Yogi bat ihn ruhig, sich zu setzen, aber der Vortraggeber, voller Energie und Argumenten, sprach weiter. Der Yogi berührte den Körper des Mannes mit einem Finger und der Vortraggeber brach sofort zusammen. Es dauerte lang, bis er sich von dem Schock erholt hatte. Als er sich wieder erholt hatte, lächelte der Yogi milde und sagte: „Wahre Stärke kommt aus der Sanftmut." Bis heute kann er nicht erklären, was mit ihm passierte.

Wir wissen, dass oben wie unten ist und dass die Kraft des physischen Körpers sein Gegenstück im Mentalkörper hat. So wie die Japaner geheime Lehren von den Holzfällern Chinas erhalten haben, (die militanten Adepten des Hatha Yoga, nun Ju-Jitsu genannt, oder die Kunst den Feind durch Nachgiebigkeit zu überwältigen) so existiert auch ein Ju-Jitsu auf der Mentalebene. Die älteren Brüder benutzen dieses geheime Wissen, um ihre Schüler in Momenten der Gefahr zu beschützen, denn der geheime Feind greift sowohl mental als auch physisch an.

Schüler werden oft bewacht und beschützt, wenn sie Eigenschaften besitzen, die, wenn sie entwickelt sind, große Genies in den Künsten und Wissenschaften hervorbringen. In den frühen Tagen des Klondike wurden zwei Schüler mit medizinischer Ausrüstung zwei Jahre vor dem Goldrausch ausgesandt, um auf dem Pass von Klondike zu leben und einen jungen Bergmann und andere, deren zukünftige Möglichkeiten sorgfältig beobachtet wurden, zu beschützen. Wir wurden selbst in fremde Länder und an fremde Orte gesandt zu ähnlichen Zwecken. Weder wurde uns jemals befohlen, dies oder jenes zu tun, noch wurde uns gesagt, was wir tun sollen; erst viel später verstanden wir die Gründe für diese Handlung.

In dem Moment, in dem ihr mit diesen Studien beginnt, werdet ihr zu einem Magneten und ihr werdet Leute anziehen, von denen einige über ihre Seele sprechen werden. Diese sind normalerweise selbstsüchtig und schwach und bilden eine schwebende Bevölkerung von wertlosem Material, das nicht dem Fluss der menschlichen Anstrengung folgt, sondern sich treiben lässt und an Bewegungen teilnimmt, die ihnen Weihrauch und Parfum für ihr Eigenlob geben und geborgtes Brot und Butter. Das sind keine aufrichtigen Suchenden, sondern Vagabunden, die die Sympathie der ernsthaften Schüler ausnutzen. Aber der ernsthafte Schüler wird mit offenen Armen aufgenommen, egal welche Rasse, Gesellschaftsklasse, Farbe oder Stellung er im Leben hat. Manchmal erhält ein Schüler, der zurückgeblieben erscheint und weder fähig ist, sich mit Anderen zu harmonisieren, noch soziale Qualifikationen besitzt, plötzlich eine Erleuchtung, die ihn in die Position versetzt, die Anderen zu leiten. Diese Personen (die ausnahmslos in ihrer Jugend ausgezeichnete Körper besitzen), werden manchmal der Grundstein des Gebäudes.

Es ist gut für den Schüler ein Gewerbe, einen Beruf oder eine Kunst auszuüben, durch die er sich selbst ernähren kann, egal, in welchem Land er sich befindet.

Unsere Körper nehmen den Charakter ihrer Umgebung an und die Luft, die wir atmen, beeinflussen ihre Anpassungsfähigkeit. Wir atmen kräftig, wenn wir uns gut fühlen, und entfernen leicht die zerstörerischen Elemente aus unseren Lungen, denn schwache Atmung verursacht schließlich Krankheit. Später werden wir unbewusst in Harmonie mit dem Rhythmus der Natur atmen. Man sollte täglich physische Übungen machen, um die Beweglichkeit der Wirbelsäule zu erhalten und die gesunde Lebenskraft zu fühlen. Aber man sollte nicht extrem werden in diesen Dingen.

Man sollte das System nicht durch zu heißes oder zu kaltes Wasser schocken, obwohl es ratsam ist, den Körper mit der Zeit an kaltes Wasser zu gewöhnen und ihn kräftig zu frottieren. Man sollte den Körper an Sonnenbäder gewöhnen, aber ein feuchtes Handtuch um den Kopf wickeln; die Schädelbasis sollte kühl gehalten werden, denn die Sonnenstrahlen sind sowohl zerstörerisch als auch heilend. Es gibt einen Vorrat an Vitalenergie in der Schädelbasis, der die Nerven mit vitalem Fluidum versorgt.

Der Schüler sollte sich für die Übungen nicht an die Rückenlehne eines Stuhles anlehnen, um seine Wirbelsäule zu unterstützen, auch sollte er weder liegen noch mit gekreuzten Beinen sitzen wie im Orient, da der westliche Körper nicht an diese Haltung angepasst ist. Während man Übungen praktiziert, darf man nicht die Schatten von Sorgen oder Ängsten auf die inneren Atome projizieren, da der Körper von gasförmiger Natur ist, wird er leicht von diesen Schatten durchdrungen und reagiert auf die Arbeiter, die ihn versorgen.

Das größte Geschenk der Zivilisation an die Menschheit ist die Verstopfung; wir sind in unseren Gewohnheiten unnatürlich, was einen Druck auf die Basis des Mastdarms verursacht und viele Kinder werden mit einem Darm geboren, der nicht in der richtigen Ausrichtung ist. In dem Moment, wenn der physische Körper seine Abfälle ausstößt, wird ein Signal an die verschiedenen Zentren des Körpers gesendet, das ebenso zu tun und auch jedes Nervenzentrum reagiert. Das geschieht auch in der mentalen Atmosphäre.

Erinnert euch, dass regelmäßige Gewohnheiten dieser Art den Verstand reinigen und man sollte diesen Teil immer sauber und offen halten. Wir sollten gesunden Menschenverstand bei unserer Diät benutzen und nicht eine Art der Nahrung einer Anderen vorziehen.

Dafür muss der Schüler nur irgendein Buch über Ernährungswissenschaft lesen. Dennoch sollte er nicht zu viel Zeit damit verschwenden, darüber nachzudenken, was durch seinen Mund gelangt, denn die Sonderlinge der Ernährung machen sich selbst sehr unbeliebt.

Wir kommen nicht in das Königreich des Himmels durch die Nahrung, die wir durch unseren Mund aufnehmen, wie manche okkulte Bruderschaften uns gerne glauben lassen. Wenn der Schüler einmal mit dem Atom Nous verbunden ist, wird man ihm sagen, welche Art von Nahrung am besten für die inneren atomaren Arbeiter geeignet ist. Das kann man bei Frauen vor der Geburt ihrer Kinder beobachten, die bestimmte Gelüste nach Nahrung haben, die nicht Teil ihrer normalen Ernährung ist.

Das liegt daran, dass das inkarnierende Ego sich bewusst ist, dass etwas fehlt, das seine physische Struktur braucht. Ein Kind kann oft vor seiner Geburt mit einem Yogi kommunizieren und ihm sagen, was es für seine physische Ernährung benötigt, und auch die Dinge, die es braucht, wenn es inkarniert ist.

Die Yogis im Orient sagen ihren Brüdern manchmal vor ihren Tod, wo sie inkarnieren werden, und diese warten auf deren Erscheinen.

Manchmal reisen sie über weite Strecken, um zu sehen, ob das Kind gut beschützt ist und ihm erste Anweisungen zu geben. Wenn möglich, sollte man von Lebensmitteln leben, die von der Sonne angereichert sind, obwohl wir uns erinnern sollten, dass im Krieg der wirtschaftlichen Grausamkeit, in dem die Menschen gegeneinander kämpfen wie Tiger, und es eine Frage des Überlebens des Stärksten ist, der Vegetarier wenig Hoffnung hat, zu überleben, wenn er sein Geschäft von Grund auf aufbauen muss. Womit ihr eure Atome ernährt, in das werdet ihr euch verwandeln.

Beherrscht eure Nahrung und lasst nicht zu, dass die Nahrung euch beherrscht.

Grundsätzlich gesprochen gibt es drei Arten von Menschen: physisch, mental und spirituell. Die Gesten jeder dieser Arten sind unterschiedlich und die physische ist leicht zu deuten, hauptsächlich, wenn sie von ihrem geheimen Feind beherrscht wird. Sie können auch durch den Händedruck und die Haltung unterschieden werden. Das Gesicht wird auch in drei Klassen unterteilt.

Die Beobachtung ist der zweite Schritt in der Ausbildung des Schülers, denn viele wichtige Dinge geschehen vor uns, ohne dass wir sie beobachten. Wenn er außerhalb des Körpers ist, muss der Schüler versuchen sich zu erinnern, was er gesehen hat und das ist schwierig. Wenn er versucht, sich die Eingangstüre seines eigenen Hauses vorzustellen, wird er erstaunt sein, wie wenig er beobachtet hat.

Diejenigen, die Kiplings Buch Kim gelesen haben, werden eine Vorstellung davon haben, wie ein Schüler ausgebildet wird, wenn er seinem Lehrer begegnet ist.

In unseren Reisen außerhalb des Körpers sind die Visionen der inneren Ebenen schwieriger wahrzunehmen als diejenigen der physischen Ebene, denn die feineren Stoffe der Natur sind subtiler. Unsere Art und Weise zu lesen, vor allem Zeitungen, schwächt mit der Zeit unsere Fähigkeit, darüber nachzudenken, was wir gelesen haben und sich genau daran zu erinnern.

Diese Fähigkeit, mit dem dritten Augen zu sehen, ist nicht das, was man üblicherweise eine spirituelle Begabung nennt, denn man kann sie auf die gleiche Weise entwickeln, wie ein Athlet seine Muskeln.

In unserem Körper gibt es viele Zentren, die anscheinend wegen mangelnder Nutzung verkümmert sind. Diese Zentren können durch diese Yogaübung zu einem normalen Zustand gebracht werden. Wir erinnern den Schüler von Neuem, dass er seinen gesunden Menschenverstand bei diesen Dingen nutzen muss, vor allem bezüglich seiner Nahrung und seinem Schlaf. Ein dreimonatiger Kurs in einem Gymnasium wird ihn vorbereiten, um die Yogaübungen zu beginnen.

Der physische Typus muss seine Leber gesund erhalten, und wenn er sich nicht gut fühlt, soll er Tücher mit kaltem und heißem Wasser anwenden und abwechselnd auf die Spitze der Leber auflegen. Der ganze Ablauf sollte nicht länger als fünf Minuten dauern.

Wenn der mentale Typ eine Pause benötigt, sollte er dasselbe mit dem oberen Drittel seiner Lungen tun.

Wenn der spirituelle Typ fühlt, dass er Vitalität braucht, sollte er seine Zeugungsorgane abwechselnd in Schüsseln mit heißem und kaltem Wasser baden. Der spirituelle Typus ist sehr oft besessen von sexuellen Gedanken und diejenigen, die religiösen Orden angehören, welche das Zölibat verlangen, müssen das kontrollieren, denn wer die sexuelle Natur beherrscht, sammelt einen Vorrat an Kraft und diese Kraft ist es, die das Tor zum Innersten öffnet.

Der Okkultist, der das Innere betreten hat, erkennt schnell diese religiösen Lehrer, die diese Eigenschaften besitzen und schützt sie und hilft ihnen oft mit seiner eigenen beschützenden Kraft, denn solche Menschen werden oft durch Mitglieder ihrer eigenen Religion angegriffen.

Der orientalische Verstand erkennt schnell diese Eigenschaften in einem Menschen und nennt ihn einen Heiligen, aber der westliche Verstand hat diese Stufe noch nicht erreicht, obwohl in der Zukunft, wenn der Westen sich entwickelt hat, jenen Menschen die gleiche Unterstützung und der gleiche Respekt entgegen gebracht wird wie im Orient.

Obwohl wir gesagt haben, dass der Mensch in drei hauptsächlichen Arten eingeteilt werden kann, physisch, mental und spirituell, können sie alle die gleiche Quelle erreichen. Bevor man die Atemübungen beginnt, sollte man Wasser trinken, denn wir sollten uns daran erinnern, dass der Körper soviel Wasser aufnimmt, wie wir ihm geben. Er dürstet oft danach, da er sich anders nicht von seinen Unreinheiten reinigen kann.

Wir sollten zwischen den Mahlzeiten frisches Wasser trinken und einen Wasserkrug dorthin stellen, wo wir ihn sehen können. Wir sollten auch die Nasenlöcher reinigen, indem wir Wasser inhalieren. Das wird die Wirkung der Atome, die wir anziehen unterstützen und gleichzeitig die Gewebe und Membranen stärken.

Das Wasser, das wir trinken, wirkt wie ein Filter und die positiven Atome kommunizieren leichter, wenn der Magen sauber und voller Wasser ist. Ihr werdet schnell feststellen, dass ihr beim Atmen immer nur durch ein Nasenloch einatmet und ihr werdet lernen, den Fluss der Atmung von einer Seite zu Anderen zu wechseln, wie ihr es wollt. Es gibt viele verschiedene Arten von Atomen, die man anziehen und an ihre richtige Stelle in den Membranen (diesen Schild, den die Okkultisten das magnetische Feld nennen), platzieren sollte. Wir ziehen jedes Mal eine Art an und die Art, mit der wir vor allem bauen, ist die der aufstrebenden Atome.

Die Nasenlöcher sind bekannt als Durchgänge der Sonne und des Mondes und die aufstrebenden Atome treten durch den rechten Durchgang ein. Später, wenn wir versuchen, Atome der lunaren Kraft anzuziehen, atmen wir durch das linke Nasenloch.

Wenn ihr entdeckt, dass ihr bei eurer Übung durch das linke Nasenloch atmet, nehmt etwas wie ein Kleiderbündel oder ein Buch oder Papier, und klemmt es unter die linke Achselhöhle. Das bewirkt einen Druck auf einen bestimmten Nerv im Arm und sehr bald beginnt man durch das rechte Nasenloch zu atmen und zieht die aufstrebenden Atome der solaren Kraft an. Wenn man so kein Ergebnis erzielt, drückt man auf das Ende des Nervs, der sich im Muskel der linken Wade befindet und so erreicht man das gewünschte Resultat.

Dieser Prozess des Umwechselns sollte geübt werden, um ein Resultat der Umkehrung zu erzielen. Es braucht eine Zeit, bis wir die Atmung ändern können. Im Orient kann man eingeweihte Priester sehen, die einen Schirm unter dem linken Arm tragen. Sie geben den Grund nicht preis, aber indem man durch das rechte Nasenloch atmet, während man geht, spart man Energie.

Der Schüler sollte daran denken, wenn er einen langen Spaziergang macht. Der Schüler sollte auch versuchen, auf seiner linken Seite mit dem Kopf auf der Hand zu schlafen.

Diese Haltung bringt den Atem dazu, durch das rechte Nasenloch zu strömen und erzielt das gleiche Ergebnis wie beim Laufen. Damit regenerieren die vitalen Ströme den müden Körper schneller. Schüler im mittleren Alter werden auch bemerken, dass ihre Verdauungsorgane besser funktionieren.

Der Grund, warum die westlichen Körper die orientalische Methode des Yoga nicht erfolgreich praktizieren können ist, weil wir in der nördlichen Atmosphäre leben und die Strömungen wechseln, wenn sie sich dem Äquator nähern. In der ersten Übung setzt man sich gerade hin, mit dem Kinn nach unten und der Brust nach vorne, die Hände gefaltet und die Daumen überkreuzt. Der Grund dafür ist, dass in dieser Position keine besessen machenden Kräfte psychischer Art eindringen können.

Tut das immer, wenn ihr übt: Atmet mit der höchsten Reinheit der Gedanken ein und denkt bei Einatmen die Worte: „Streben nach Höherem."

Wiederholt das sechsmal, mit dem Verstand auf die Nasenwurzel konzentriert, denn dahinter befindet sich das magnetische Feld, das die aufstrebenden Atome sammelt. Man sollte sich bei dieser Übung nicht anstrengen, sondern natürlich atmen, mit aufmerksamem Verstand, denn bei dieser Übung darf man dem Verstand niemals erlauben, schläfrig zu werden. Wiederholt die gleiche Übung und haltet dabei den Atem für einen Moment an, während ihr euch auf das magnetische Feld konzentriert, dann sendet die Atome, die dort angesammelt wurden, hinunter zum Atom Nous im Herzen.

Bei dieser Methode fordern wir das Atom Nous auf, zu antworten und beim ersten Mal ist es möglich, dass der Schüler einen leichten Schmerz im Herzen fühlt. Diese Übung sollte man täglich zu bestimmten Zeiten wiederholen und nach ungefähr zwei Wochen sollte man ein Gefühl von Wärme im magnetischen Feld spüren. Das ist eine Methode, um eine Brücke der Kommunikation zwischen den inneren und äußeren Welten zu errichten, mit Hilfe von atomaren Substanzen.

Beim Atmen solltet ihr all eure Liebe dem Atom Nous und seinen Arbeitern schicken und auf eine Antwort warten. Wenn das geschieht, freuen sich diese Atome, denn, wie die Eingeweihten sagen, es ist Freude im Himmel. Denn dann beginnen wir nach innen zu gehen und unsere Füße auf den Pfad der Erkenntnis zu setzen. Die Antwort werden weder Worte noch Töne sein, sondern ein Gedanke-Gefühl, das wir lernen, in Worte zu übersetzen. Auf diese Weise, mit Übung, erhalten wir mit der Zeit klare und präzise Anweisungen. Wie wir an anderer Stelle gesagt haben, unsere wahre Information kommt von innen und nicht von außen.

Diese Übung ist alles, was man braucht, um sich mit den aufstrebenden Atomen zu verständigen. Das Atom Nous sammelt sie in seiner Atmosphäre und verteilt sie durch den Blutkreislauf: Eine fremde Invasion von Atomen, die von einer höheren Schwingung sind, als diejenige, auf die der Körper normalerweise reagiert, und das passt uns an die größere Wellenlänge der Intelligenz, die wir die Morgenröte der Jugend nennen, an. Was immer eure tägliche Arbeit ist, erledigt sie mit Hingabe, bis es zu einer Gewohnheit wird. Das wird eure konstruktiven Kräfte entwickeln.

Wenn die Arbeiter in eurem Körper Hilfe und Anleitung von fortgeschrittenen Atomen erhalten, fühlen sie sich sofort zu größerer Aktivität angeregt und sie übernehmen selbst die Charakteristik dieser fortgeschrittenen Atome, die sie anregen, eine engere Verbindung mit ihrem Innersten zu suchen. Deshalb ist der physische Körper nicht länger träge, sondern erhält neues Leben und Vitalität, denn die Atome, die reagieren, erfahren eine Zeit der Umwandlung.

Die aufstrebenden Atome überwiegen im menschlichen System und auch im Samensystem, und helfen, die Zeugungskräfte zu bilden. Wenn wir mit diesen aufstrebenden Atomen sprechen können, können wir unsere Gedanken zu den Gruppen und Abteilungen senden, wo sie sich entwickeln. Und indem wir ihre Energien durch die aufstrebende Atmung erhöhen, bringen wir unsere entwickelteren Arten der aufstrebenden Atome in ihre entsprechenden Abteilungen, was sie glücklich macht, denn sie erfahren eine Zeit der Aufwertung, und da das auch ihre Energie erhöht, kommt es unserem Körper zugute. Das spiegelt sich in unserem Verstand und zum ersten Mal fühlen wir, dass sie uns respektieren.

Diese Erhöhung von Energie verursacht, dass die trägen Atome in unserem sekundären System und in unserem physischen Körper auch reagieren.

Wenn wir in Harmonie mit der Intelligenz des Silberschildes schwingen, sendet dieser eine zusätzliche Anerkennung ihrer Anstrengung an die aufstrebenden Atome und von diesem Moment an fühlen wir eine individuelle Verantwortung für deren Wohlergehen.

Nach den ersten Schritten beginnen wir, uns nach einer anderen Art von Atomen zu sehnen, genannt Atome der Umwandlung; diese erzeugen das, was wir Wiedergeburt nennen, denn wir werden in eine andere Art von Substanz verwandelt. Bevor das geschieht, müssen wir unsere inneren Ausbildungsschulen durchlaufen, in die uns unsere aufstrebenden Atome eingeführt haben und unser Fortschritt hängt davon ab, wie schnell wir unsere vergangenen Leben überprüfen.

Das ist ein Prozess, der demjenigen eines Embryos im Mutterleib ähnelt, der das Material, das er benötigt, aus seiner vergangenen Entwicklung holt. Der Schüler möchte bestimmt wissen, was mit der Ausbildungsschule gemeint ist. Wir haben sechs große Zentren in unserem Körper, atomare Substanzen, die Sternengruppen ähneln, im Orient „Blätter der Lotosblüte“ genannt.

Mit der Zeit öffnen sich diese Zentren und offenbaren Intelligenzen, die uns helfen, unsere vergangenen Leben wiederzuerleben.

Denn der Schüler kann keine großen Ergebnisse erzielen, ohne Kenntnis dieser inneren Universitäten und der Kräfte der Sonne und des Mondes. Diese Schulen bewahren für ihn die Erinnerungen seiner Entwicklung auf, von den niedersten Zuständen bis zu den höchsten Erfolgen, und er wird zwei Naturen in sich erkennen, eine, die ihn mit dem Guten verbindet und die Andere mit dem Bösen. In der orientalischen Literatur werden die Schulen folgendermaßen beschrieben: Das niederste Zentrum hat nur vier Blätter, während das Höchste tausend hat und „tausendblättrige Lotosblüte“ genannt wird.

Der Schüler sollte keine Angst davor haben, sowohl mit dem Bösen als auch mit dem Guten in Kontakt zu treten, denn jedes Zentrum ist ein Lager der Weisheit und er wird das Böse, das er getan hat und das Leid, das er erdulden musste, studieren und so wird er wissen, was er vermeiden soll. Er sollte auch wissen, dass er die Einflüsse der Planeten beherrschen kann, wenn er fähig ist, diese Zentren zu öffnen.

Wenn wir uns selbst an diese Energie der Atome der Umwandlung gewöhnt haben, erleben wir das Gefühl, der Dunkelheit entkommen zu sein, denn wir leisten nicht länger Widerstand gegen die periodischen Energieströme, die in uns hinein strömen und bewirken, dass die verborgenen Energien im zentralen Nervensystem und den Zweigen um die Wirbelsäule herum, fließen.

Wir haben Wenige getroffen, die sich dieser inneren Welt bewusst waren, ohne Yogaschüler zu sein. Und obwohl wir heilige Menschen getroffen haben, haben wir selten gesehen, dass sie im Besitz dieser Wissenschaft der spirituellen Entwicklung waren. Wir hoffen, dass dieses neue Wissen die Kluft zwischen Wissenschaft und Religion überbrücken wird.

Im Westen finden wir Wenige, die geeignet sind für diese Studien, denn sie verlangen große Stärke, Ausdauer und Wohlwollen gegenüber Anderen. Die Schüler, die wir normalerweise auswählen, haben gute Kenntnisse über die Literatur der Vergangenheit und sind vertraut mit den Lehren der fortgeschrittenen Studenten.

Solche Menschen findet man in jedem Bereich des Lebens, sie vermitteln Weisheit und Belehrungen sowohl den Ignoranten als auch dem wissenschaftlichen Verstand und sie veranschaulichen die Dinge, über die sie sprechen.

Es ist nutzlos, die Zeit mit einem Suchende zu verschwenden, der nicht den Mut und die Ausgeglichenheit besitzt, die notwendig sind für die Arbeit der Brüder. Es ist auch zwingend notwendig, dass der moralische Charakter über jeden Zweifel erhaben ist, denn der Schüler muss in seiner Arbeit den Gebrauch der solaren Kraft fordern, und wenn er unmoralisch oder sexuell schwach ist, wird er sich bald mit den niederen Substanzen der Atmosphäre der Welt beschmutzen. Der Leser nimmt vielleicht an, dass wir mit den oben erwähnten Eigenschaften göttliche Menschen suchen, um sie gottähnlich zu machen; aber das ist nicht so.

Egal, wie die Vergangenheit des Schülers aussehen mag, wenn er mit seinen Yogaübungen beginnt und ernsthaft danach strebt, sich mit seinem Innersten zu vereinen, tut er das mit einem neuen Gewand, und wenn er Erfolg hat, wird er später in seinem inneren Universum ein mächtiges Atom, bekannt als der Vermittler, entdecken, der in der Gegenwart der Realität ist und unsere Sache vertritt.

Wenn wir würdig sind, wird uns ein großer Teil unseres schlechten Karmas vergeben und wir werden frei sein von zukünftigen Inkarnationen um unsere schlechte Vergangenheit auszugleichen. Diesen Vermittler oder Daimon zu treffen ist ein transzendentaler Moment im Leben des Schülers. Die höheren Atome besitzen drei Eigenschaften: Tugend, Weisheit und Wahrheit. Wenn Tugend und Weisheit durch Yoga vereint werden, entsteht unsere Fackel der Wahrheit. Anders ausgedrückt, das Gleichgewicht der solaren und lunaren Kräfte erwecken diesen bekannten und manchmal „das flammende Schwert der Gerechtigkeit" genannten Strom, und wie die aufstrebenden Atome überbrückt er die Leere, die uns von unserem Innersten trennt. Im Orient nennt man es „Schlangenfeuer".

In wissenschaftlichen Begriffen kann es als statische Elektrizität analysiert werden, und wenn es erwacht, steigt es durch das zentrale Nervensystem auf, mit wachsender Geschwindigkeit nach jedem Zentrum. Damit werden wir uns später beschäftigen. Vorher sagten wir, dass die größte Weisheit, die wir verzeichnen können, vom Mond kam, aber jenseits dessen existiert eine Weisheit, die von der Sonne hinter unserer Sonne kommt.

Sie hat Macht über Sonne, Mond und Sterne, und diese Weisheit wird den Schüler erkennen lassen, dass er sowohl himmlische als auch irdische Körper hat. Mit der Zeit wird der Schüler die Natur in ihm zu ihrem ersten Element reduzieren, denn aus diesem heiligen Feuer entstehen alle Dinge. Diese Essenz der Natur, das unveränderliche Prinzip aller Dinge, erschafft in ihm sein göttliches Erbe und seinen verlorenen Schatz. Wenn der Schüler sein Ziel erreicht hat, fühlt er sich voller Kraft und Stärke.

Der Weg des Geistes wird Weg des Innersten genannt und für jeden von uns wird der Moment kommen, in dem wir alles verlieren oder alles akzeptieren müssen. Wir suchen die Vereinigung mit dieser inneren Macht, denn in uns gibt es eine gespeicherte Macht zum Nutzen der zukünftigen Generationen. Dieser unsichtbare Strahl ist ein Schwert, das angreift, wenn man es am wenigsten erwartet. Wie ein Dieb in der Nacht wird es in unsere Atmosphäre eindringen und Leiden und Unordnung in allen, die seine

Gegenwart zurückweisen, erschaffen. Darum sollten wir uns für seine Unterweisung vorbereiten.

Im Yoga führt uns das Atom Nous zu den atomaren Intelligenzen, die uns unterweisen werden. Nachdem wir den Vorgang der Kommunikation zwischen der inneren und der äußeren Welt gelernt haben, wird uns erlaubt, unser Wissen zurückzugewinnen, indem wir in jede Zeit der Vergangenheit eintreten.

Erst später werden wir entdecken, dass das Atom Nous am besten weiß, was für unsere Entwicklung notwendig ist, da es unter der Leitung einer großen atomaren Intelligenz, genannt der Architekt, arbeitet, die den Plan vorlegt, der ausgeführt werden soll. Wir sollten uns erinnern, dass das Atom Nous der Freimaurermeister des Körpers ist. Das Atom Nous ist verantwortlich für die Arbeit, die es auszuführen hat und es wählt seine eigene Art von Arbeitern, für die es ebenso verantwortlich ist wie für das Bauwerk.

Der Schüler wird nun verstehen, warum diese Intelligenz glücklich ist, wenn wir ihr höhere atomare Arbeiter einer aufstrebenden Natur bringen. Schüler, die ihr vergangenes Wissen wiedererlangt haben, verbrennen sich oft die Finger, indem sie die niederen Winkel ihrer Natur erforschen, um Macht zu erlangen und Magier zu werden. Wenn das geschieht, kehren sie oft demütigt zurück zu der Quelle, die ihnen Anweisungen gibt, die sie für ihre gegenwärtige Entwicklung benötigen. In dem Maße, in dem der Schüler tiefer eindringt in die feineren Ebenen seines Seins, wird diese vibrierende Brücke ihn auch mit ähnlichen Tiefen seiner niederen Natur verbinden.

Das ist ein Kampf um die Reinheit der Gedanken, und seine aufstrebende Atmung, die mit der Zeit rhythmisch wird, unterstützt ihn in Momenten der Gefahr. Der physische Körper ist die Stütze und Grundlage des Okkultisten und versetzt ihn in eine stärkere Lage als Engel oder Dämonen, denn er hat die Erde, von der er abspringen kann, deren Füße hingegen finden keinen Widerstand, weil sie sich inmitten von fließenden Substanzen aufhalten.

Der Vermittler und der Hüter der Schwelle

Wir werden nun über zwei große intelligente Kräfte sprechen, die die höhere und niedere Natur des Menschen repräsentieren. Sie werden der Vermittler und der Hüter der Schwelle genannt und erscheinen dem Schüler als definierte Persönlichkeiten.

Wenn wir mit griechischer Literatur vertraut sind, erinnern wir uns an den Daimon von Sokrates und wie dieser oft auf die Führung seines Daimons hörte. Wir alle besitzen einen ähnlichen Daimon oder Vermittler, der uns ständig ermutigt, unser Streben und unsere Atmung zu reinigen. Die höheren Elementarwesen geben ähnliche Ratschläge und es ist der Vermittler, der uns in den höheren Stufen der Entwicklung führt, wenn wir würdig sind. Das ist, wie wir schon erwähnt haben, ein großer Moment im Leben des Studenten, in dem der Vermittler, gekleidet in strahlende Gewänder, erscheint. Seine Erscheinung ist fürchterlich und das Licht ist manchmal so stark, dass man die Augen nicht öffnen kann.

Der Hüter der Schwelle, unser dunkler Engel der Zerstörung kann ebenfalls erscheinen; er besitzt Glanz und Schönheit, aber er ist böse und seine Gegenwart wird leichter bemerkt. In dem Maße, in dem der Schüler sich in sein Inneres vertieft, wird er sich der Gegenwart dieser beiden bewusst, die ihn immer überschatten und sie beeinflussen ihn mit ihrem Rat. Nach und nach wird er feststellen, dass es eine doppelte Intelligenz in ihm gibt.

Bevor wir weiter machen, ist eine Erklärung über die oben erwähnten Wesen notwendig. Im Verlauf von unzähligen Leben haben wir zwei mentale Formen von gegensätzlicher Natur erschaffen. Das Höhere hat Atome gesammelt, die unserem höchsten Streben und unseren höchsten Handlungen entsprechen; das Niedere ist die mentale Form, die von unseren niederen Leidenschaften und Begierden geschaffen wurde.

Wir haben diese zwei Wesenheiten mit seelischen Kräften und einem enormen Wissen ausgestattet, doch bevor wir die Gegenwart unseres Innersten fühlen können und nicht von diesen persönlichen Elementen der Vergangenheit beeindruckt werden, müssen wir sie auflösen und ihre Atome an ihren rechtmäßigen Ort in der Natur zurückschicken; denn der Innerste ist der wahre Ausdruck der Wirklichkeit in uns und besitzt größere Weisheit als unsere persönliche Schöpfung.

Der Schüler wird natürlich fragen: „Warum sollen wir den Vermittler auslöschen?" Hier ist der Grund.

Durch unbewusste Magie haben wir Atome angezogen und aus ihren rechtmäßigen Sphären entnommen und sie in den Körper unserer mentalen Schöpfungen eingesperrt; da das gegen das Gesetz der Natur ist, müssen wir diese Atome befreien und sie ihren eigenen Elementen zurückgeben, so wie wir uns auch Freiheit wünschen, um in unsere eigene Welt des Seins einzutreten.

Diese Auflösung wird jedoch nicht stattfinden, bevor wir einen bestimmten Grad der Entwicklung erreicht haben. Der Schüler kann sich nun vorstellen, wie sehr uns unsere eigenen Schöpfungen des Himmels und der Hölle beeindrucken.

Der Vermittler hilft uns die wahren von den falschen Substanzen zu trennen, d. h. das Grobe in unseren Körpern wird zur Hülle des geheimen Feindes übertragen und diese fremde Substanz annulliert seine Kraft und Macht, um sich wieder mit unserem niederen Mentalkörper, unserem Astralkörper und physischen Körper zu vereinen. Durch diesen Prozess beginnen wir langsam die Atome der verzehrenden Flamme, die die Macht des geheimen Feindes einsperren und entfernen, in unseren Körper einzufügen.

Der Schüler sollte sich erinnert, dass das alles innerhalb seines selbst geschaffenen Universums geschieht.

Die Konzentration, wie man sie in der Welt kennt, ist in den inneren Welten anders. Wenn wir unseren Verstand in die Substanz eines Gegenstandes projizieren, denn die Gedanken durchdringen alles, dann verhindern wir die Annährung an unseren Verstand; wir sind auch einem ähnlichen Druck ausgesetzt. Wahre Konzentration bedeutet eine Sache kennenzulernen, indem man wird wie sie und der wahre Gedanke ist eine Handlung, weit jenseits des Verständnisses unseres objektiven Mentalkörpers.

Wenn wir uns mit der Intelligenz, die sich in einer Sache befindet, vereinen, wiederholt sie sich solange, wie wir uns auf sie konzentrieren. Wenn wir uns konzentrieren, versuchen wir auch die Antwort der atomaren Intelligenz, die sich in einer Substanz befindet, zu erhalten.

Wenn wir an einen Freund denken und ihm unsere Liebe durch eine konzentrierte Vision senden, vereinen wir unsere Atmosphäre mit der seinen und diese wird uns antworten, indem wir unsere Gedanken auf das Gewebe seines Mentalkörpers pressen. Durch diesen Druck wird eine Antwort von seinem inneren Sein erreicht, obwohl sein objektiver Verstand sich dessen nicht bewusst ist. Sein inneres Sein wird antworten, wenn wir die richtige Methode der Konzentration anwenden, denn dieses Gewebe erkennt diese Gedanken und erschafft eine zusammengesetzte Masse von Atomen gleicher Natur, die zu uns zurückkehrt.

Das ist wie eine Kristallformation. Der ursprüngliche Kristall sammelt und errichtet um sich herum ähnliche Kristalle. Das bedeutet, dass das, was wir Anderen schicken, vielfach zu uns zurück kommt, sei es Gut oder Böse. Dieser objektive Prozess findet auch innerlich statt und wir erhalten auf diese Weise unsere Informationen.

Diese Methode ist sehr verschieden von der Methode derjenigen, die Meditation und Konzentration lehren, ohne Kenntnis von diesen Gesetzen und Methoden zu haben und damit geben sie ihren Schülern wenig von wirklichem Wert. Wenn der Yogi sich konzentriert, sucht er Erkenntnis und erhält sie.

Eine andere wichtige Sache. Wenn wir die korrekte Kenntnis dieser Übungen nicht haben, rufen wir ständig unsere Persönlichkeit hervor und unsere Gedanken werden immer darauf fixiert sein.

Wir haben uns anscheinend vom Thema der Yogaübungen entfernt, aber wir haben das getan, um dem Schüler die Wichtigkeit der Reinheit von Gedanken und Streben und der Reinheit des Körpers und des Lebens zu verdeutlichen.

Es gibt viele Yogaschulen und sieben Pfade, aber es gibt viele Nebenwege, die den Menschen mit den verborgenen Dingen der Natur verbinden und drei Hauptwege, die den Menschen mit Gott verbinden. Diese muss der Schüler selbst entdecken.

Die feineren Kräfte

Es gibt mehrere nicht wahrnehmbare Farben im Spektrum unseres Innersten, deren Schwingungsfrequenz weit jenseits des Bereichs unserer Aufnahmefähigkeit liegt. Es gibt ebenfalls einen Schwingungsbereich, den wir nicht von unserem Atom Nous empfangen. Wenn wir diese Vibrationen durch den Raum, der ein Atom vom Anderen trennt, empfangen, beginnt unsere wirkliche höhere Entwicklung. Diese Energie, auch solare Kraft genannt, ist unser wahres Baumaterial, mit dem sich die niederen Atome zu arbeiten weigern.

Dieses Material muss der „Eckstein" sein, und wenn das geschieht, erreichen wir unsere wirkliche schöpferische Zeit, denn das wahre Material wurde in die Hände des Freimaurers gegeben und er muss seinen eigenen Stein behauen. Diese Kraft kann jeden Widerstand gegen den Plan des Architekten zerstören, und wenn sie ausgerichtet ist, wird sie arbeiten und unsere latenten Quellen der Inspiration in Übereinstimmung mit ihrer Aktivität, entwickeln. Diese Intelligenz ist ein geheimer Lehrer, der uns sein Baumaterial zur Verfügung stellt. Sie bewahrt ihre Energie in der feineren Substanz des zentralen Nervensystems auf und befreit in dieser Substanz jene große Energie, die die Retter der Welt hervorgebracht hat.

Wenn diese schlafende Energie erwacht, ist sie ähnlich wie Partikel des Äthers, geladen mit einer starken Schwingung, die unsere Körper dazu veranlasst, zu antworten.

Wenn diese Energie durch das zentrale Nervensystem aufsteigt und die vielen Zentren auf ihre eigene Note abstimmt, tritt sie aus dem Scheitelpunkt des Kopfes, bekannt als „Tor von Jesus, oder Buddha oder Brahma", aus, im Einklang mit den kleineren Mysterien dieser Religionen. Aber dieses „Tor" ist nicht die gleiche Öffnung im Schädel, die ein Kind bei seiner Geburt hat. Es ist einer der empfindlichsten Punkte im Körper des Adepten und man weiß, dass es manchmal zweieinhalb Jahre dauert, ihn zu öffnen. Wenn das geschieht, ist der Innerste nicht länger im Körper gefangen. Von da an erlebt der Schüler Zeiten von großem Wohlbefinden und einer Verbindung mit seinem Innersten. Das ist jedoch nicht die Realität; wer die Realität erreicht, tritt in Verbindung mit Gott.

Nach der Vereinigung mit seinem Innersten hat der Schüler die Wahl zwischen zwei Wegen: entweder in die Welt zurückkehren und sich in ihr Instrument zu verwandeln, oder eins zu werden mit der Realität.

Normalerweise sucht der Schüler diese Vereinigung, die größte Errungenschaft, die ein Mensch erreichen kann, aber manche bevorzugen den anderen Weg. Diese erinnern sich, dass sie sich mit dem festen Ziel inkarniert haben, zurückzubleiben, bis das letzte Mitglied ihres Ordens die Freiheit erreicht hat, nicht mehr inkarnieren zu müssen. Mit Tatsachen zu arbeiten, bedeutet gewissenhaft bei jeder Arbeit zu sein, die wir vollenden wollen und der Schüler wird nun beginnen, manche seiner verlorenen Besitztümer zurückzugewinnen.

Bei diesem Yoga müssen wir wieder und wieder zu den Erfahrungen unserer entfernten Vergangenheit zurückkehren, als wir Tiere waren und danach Menschen, mit einer tierischen Natur, bis wir jene Epochen erreichen, in denen die verlorenen Erinnerungen unserer Vergangenheit liegen. Wir tun das oft, während wir träumen, obwohl wir uns an wenig erinnern, wenn wir erwachen. Wir können bis zum Morgen unserer Schöpfung zurückkehren und vorwärts gehen, bis wir die großen Eingeweihten sehen, die die Welt in ihren aktuellen Körpern leiten.

•••••

Der Schüler betritt nun eine neue Atmosphäre, in der er von Atomen, genannt Atome der Umwandlung, gelehrt wird. Davor arbeitete er unter der Führung des Atom Nous, aber nun führen diese neuen Atome ihn in ihre Schule der Weisheit ein, wo er unterwiesen wird und wo jede Erfahrung, für die er inkarnierte, rekapituliert wird. Bis dahin hatte der Schüler keine innerliche Führung für sein materielles Wohlbefinden, obwohl er Kommunikation mit desinkarnierten Intelligenzen gehabt haben kann, aber nun wird er beginnen, dieses Wohlbefinden zu fühlen. Er wird nicht länger auf seine persönliche Herrschaft über sein Befinden angewiesen sein, sondern auf Gruppen von aufstrebenden Atomen, die in seine Aura gesandt wurden. Denn ab jetzt wurde die Maurerkelle in seine Hände gelegt und er kann schöpferisch arbeiten und vorankommen.

Die aufstrebenden Atome, die erfolgreich ihre Ausbildung unter dem Atom Nous absolviert haben, sind nun unter der Verantwortung der Atome der Umwandlung, die sie nach innen schicken, dorthin wonach sie gesucht haben und dort ruhen sie für eine Zeit von ihrer Arbeit aus. Später werden sie unter den Befehlen des Architekten arbeiten.

Die Erleuchtung der Atome der Umwandlung ist wie ein Licht, dass in die Atmosphäre des Atom Nous eindringt; alles scheint eingehüllt zu sein in einen Dunst von gelbem, leicht grünlich gefärbtem Licht. Man fühlt das Bewusstsein einer höheren Intelligenz, als ob ein großer Herr des Merkur einen mit seinem Stab berührt hätte. Durch diese Macht können wir mit anderen Planeten dieses Sonnensystems in Kontakt treten.

Diese Macht, die die Adepten Strahl der Gerechtigkeit nennen, bringt uns tiefer in die unteren Ebenen unserer Natur, deren Schwingungen wir bisher nicht bemerkt haben und auch tiefer in die inneren Welten. Hier werden wir über den menschlichen Verstand unterrichtet, über seine Anatomie und Handlungsweise. Das ist die Lehre der Schulen der Weisheit.

So wie es Tempel in der physischen Ebene gibt, so gibt es sie auch in der Mentalebene und von diesen erhalten wir mentale Eigenschaften und Kenntnisse. Dort existieren auch Krankenhäuser, in denen jeder kranke Verstand behandelt wird, und auch viele Bücher von Eingeweihten, in denen die Weisheit dieser Ebene aufgeschrieben ist.

Hier lernt der Schüler alles über die große Intelligenz, den schöpferischen Meister der Mentalwelt, der in das Universum des Schülers ein Atom der Weisheit einfügt, das ihm die Gesamtheit seiner vergangenen mentalen Erfahrungen enthüllt; da wir uns oft drei oder vier Mal inkarnieren, um eine bestimmte Art von Erfahrung zu machen und die Atome der Umwandlung und das Meisteratom uns die Weisheit, die sie erhalten haben, vermitteln.

Die Evolution in den niederen Ebenen ist langsamer als in den inneren Ebenen, und wenn wir von diesen zurückblicken, können wir sehen, dass wir uns jenseits der Gegenwart, die ein normaler Mensch Zukunft nennen würde, entwickelt haben.

Wenn unsere inneren Mächte sich entwickelt haben und wir die Dinge aus der Sicht der inneren Welt sehen können, werden wir fähig sein, so zu leben, dass wir Nahrung absorbieren, ohne die Wünsche des materiellen Körpers zu berücksichtigen, da solche Wünsche nicht der inneren Welt angehören.

Aber da wir unsere Körper entwickelt haben, um auf das Verlangen unserer Umgebung zu reagieren, sind wir Teil einer Welt der Illusion geworden, die in unserem wahren Sein nicht existiert. So wie große Eingeweihte auf die Erde gekommen sind, um Angehörige einer Seelengruppe zu individualisieren, so haben sie auch die mentale Welt besucht, um den Verstand zu individualisieren und im atlantischen Testament der Weisheit lesen wir: „Bevor der Mensch war, sagte ein Engel: Diese Welt ist vergangen und eine Andere wird geboren werden, in Erinnerung an das

Zeichen des dreimal geborenen Hermes, des Botschafters des Lichtes und des Ausserwählten der mentalen Welt."

„Dieses Zeichen werden allen Menschen kennen, damit der Stab der Rechtschaffenheit des dreimal geborenen Hermes denjenigen gegeben wird, die seine Ankunft erwarten."

Die Atome der Umwandlung freuten sich und sagten: „Wir erwarten seine Ankunft. Dieser dreimal geborene Merkur, der Verstand der Quelle, die herrlich in sich selbst ist. Dann kamen diejenigen, die nachfolgten (die Atome des geheimen Feindes) auf diesen Planeten und verschluckten ihn in ihrer Wolke der Finsternis. Sie begruben Hermes, den dreimal Geborenen und sagten: Er ist nicht der Botschafter, der von uns gesandt wurde, sondern ein Meister, der sein Licht in eine andere Welt gebracht hat und nicht in diese. Und sie begruben diesen Propheten, aber später fanden sie dort, wo sie ihn begraben hatten einen Stab, in dem folgende Worte eingraviert waren: Der Verstand ist bis zur Wohnstätte der Seele vorgedrungen. Nehmt diesen Stab und folgt mir in meine Welt. Der Verstand derjenigen, die das taten, wurde sofort in seine Gegenwart gebracht. "

Das Vorhergehende ist nur eine schwache Übersetzung eines archaischen Werkes.

Vor zweitausend Jahren kam ein anderer großer Eingeweihter, um die schlafende Glut in den Herzen zu entzünden, so wie der dreimal geborene Hermes zum antiken Atlantis kam, um dem Verstand das Meisteratom zu bringen.

Die wahre Quelle des individuellen Ausdrucks kommt von der zentralen Leuchte des Verstandes; das ist die herrschende Intellingenz, die alle Mentalkörper in ihrem Umkreis bewegt und führt.

Um diese Atome der Umwandlung anzuziehen, müssen wir eine neue Art der Atmung praktizieren; in den inneren Ebenen nennt man sie natürliche Atmung. Diese Art der Atmung kam man sehen, nachdem ein Kind geboren ist und bevor die objektive Atmosphäre beginnt, es zu kontrollieren.

Wir atmen nun in Harmonie mit dem rhythmischen Pulsschlag des Universums, auf den der Innerste antwortet; denn der Innerste übernimmt nun unsere normale Atmung und reguliert sie; aber das kann nur geschehen, wenn der Schüler sein eigenes zentrales Universum betreten hat. Wenn wir diese Atome der Umwandlung einatmen, bauen sie auf der seidigen Hülle des Mentalkörpers einen Schild, der Gedanken von unseren inneren Sphären speichert, welche uns Anweisungen geben. Die Atome dieses Schildes sind unter der Führung des Meisteratoms. Dort erhalten wir unser verborgenes Wissen und treffen die Herren des Verstandes, die uns Informationen geben und sich bemühen, uns unserem Innersten näher zu bringen.

Hier steht der Gott Hermes, strahlend und ruhig; der Botschafter jener Sphären, auf dessen Tempelwänden seine Eigenschaften und Werke abgebildet sind; von hier aus können wir sowohl in die niederen Ebenen der Intelligenz hinabsteigen als auch in die Höheren aufsteigen.

Außer der Errichtung dieses Schildes der Umwandlung oder des Silberschildes, atmen wir auch Atome ein, die die niedere Art von objektiven Gedanken nicht speichern. Das verhindert jedes Entweichen unserer mentalen Sphären und hilft unseren Vorrat an mentaler Energie zu vergrößern. Das ist eine der großen Eigenschaften des Yogis, denn er kann die Türe seines Verstandes gegen fremdes Eindringen verschließen und auch die fünf Sinne verschließen.

So kann er Anweisungen von seinen inneren Welten erhalten, ohne Störung. So wie er seine physische Energie aufgebaut hat, so baut er auch seine mentale Energie auf. Die großen verschlossenen Aufzeichnungen des Universums werden sich öffnen, wenn wir die inneren Ebenen betreten und dort von den Besitztümern lesen, die die Menschheit angesammelt hat.

Diese inneren Ebenen werden auch die natürlichen Ursachen der Dinge enthüllen und uns in Kontakt mit jenen unsichtbaren Wesen bringen, die diese Welt geißeln, um Wesen ihrer eigenen Art, die wir Propheten nennen, in die Atmosphäre zu bringen, und um uns Frieden und Ruhe zu bringen.

Diese Wesen vergeben auch jenen, die zerstörerisch waren und geben ihnen eine bestimmte atomare Substanz, die ihnen hilft, aufzustreben. Die Peitsche muss angewendet werden, bis wir unsere kriegerischen Gewohnheiten ablegen und unseren Innersten suchen.

Unsere tierischen Atome müssen Hilfe und Anleitung erhalten, damit sie nicht aus der Atmosphäre der Welt ausgestoßen werden, wenn Erdbeben und Seuchen über diese kommen. Nationen, die solche tierischen Tendenzen besitzen, werden früher oder später zerstört werden, so wie antike Nationen, die Andere überfallen haben, und der geheime Feind wird sie wieder versklaven, durch ihre Diktatoren und militärischen Kasten. Die Führung der Mengen durch ein einziges Individuum wird früher oder später verboten werden.

Wir müssen nur in der Geschichte zurückblicken, um das zu bestätigen und in den inneren Ebenen können wir die Aufzeichnungen solcher Menschen mit despotischem Verstand lesen. In den Aufzeichnungen des Tempels der Sphinx können wir sehen, warum man ihnen erlaubte das zu zerstören, was sie erschaffen hatten.

Wenn wir diese Aufzeichnungen durchsehen, bemerken wir, dass diese Despoten in ihren frühen Tagen unter der Führung himmlischer Wesen regierten, aber später von ihren eigenen Persönlichkeiten geleitet wurden und so wurden sie von der Führung des Meisteratoms des Mentalkörpers getrennt.

Wir können hier auch über jene ungeborenen Despoten lesen, die kommen werden und wenn wir uns in eine Zeit weit jenseits der Gegenwart begeben, finden wir diese großen Soldaten, die in einer Masse von atomarer Substanz versammelt sind und langsam inkarnieren, denn in den inneren Ebenen erscheinen Seelen nicht in ihrer menschlichen Form.

Die großen Eingeweihten müssen den Boden vorbereiten für jene, die weise regieren werden und die die Nützlichkeit und den Wohlstand einer Nation aufbauen werden. Diese Despoten folgen oft den eingeweihten Führern, damit sie in ihren Momenten der Depression mit ihnen sprechen können; denn dann hat der geheime Feind die Macht, sie nach unten zu ziehen. Menschen, die einem Land wahren Wert bringen, sind immer durch das, was die Eingeweihten die „große erleuchtete Krone des Sieges“ nennen, beschützt.

Während der Zeit der Umwandlung wird der Schüler vieles, was ihn interessiert, an denen finden, die, ähnlich wie er selbst, dieses Bewusstsein erreicht haben. Und wenn er aus den inneren Ebenen heraus beobachtet, wird er die schöpferische Arbeit der Despoten sehen, die später zerstörerisch werden wird.

Wir zittern, wenn wir die Felder der Vergangenheit der Eingeweihten des geheimen Feindes beobachten, denn dort sehen wir die bösartigen Genies, die Zerstörung fördern und Krieg schaffen. Doch diese sind die Werkzeuge, durch die die großen Eingeweihten die Welt strafen. In dieser Zeit wird der Daimon des Schülers beginnen, ihn über seinen zukünftigen Fortschritt zu belehren und ihn mit seiner Schwingung und dem Meisteratom in seinem Silberschild in Einklang bringen.

Das erweckt Freude im Schüler, denn er wird nun seine eigenen Kräfte kennenlernen. Das kommt plötzlich und ist bekannt als „Erleuchtung des Verstandes“, denn wir sind dann in direkter Kommunikation mit dem großen Eingeweihten, der das Schicksal der westlichen Gebiete der Welt leitet. Unsere Atome werden nicht von der Energie der Eingeweihten geleitet, aber von der solaren Energie in uns und dieser Silberschild schwingt in Harmonie mit dem Bewusstsein bestimmter Eingeweihter, die bestimmte Mächte darin einfügen, um uns gegen äußere zerstörerische Kräfte zu schützen; denn Schüler, die sich bis zu dieser Stufe entwickeln, besitzen Schätze für diejenigen, die in ihre Fußstapfen treten.

Die „große erleuchtete Krone des Sieges" ist das Bewusstsein, das wir erreichen müssen, wenn wir uns über die Anweisungen des Meisteratoms hinaus entwickelt haben. Es ist eine leitende Kraft des Verstandes, über die wir wenig wissen, denn sie ist jenseits unseres Verständnisses. Wir wissen jedoch, dass sie unseren Innersten führt und leitet, dass sie ein universaler Körper aus Substanz ist und dass die großen Eingeweihten aus ihrer Natur sind und obwohl man selten davon gehört hat, können sie plötzlich in einem materiellen Körper erscheinen, wenn es notwendig ist; denn sie können sich bekleiden, wenn sie es wünschen. Manchmal sprechen sie durch den Silberschild zu dem Schüler, wenn es notwendig ist.

Der Vermittler hat auch seinen Platz in diesem Schild und sein großes Werk ist es, seine eigene atomare Intelligenz aus der Gefangenschaft zu befreien. Wenn das geschieht, wird er sich auflösen, da er nicht länger benötigt wird; denn er hat uns mit unserem Innersten in Kontakt gebracht. Das ist ein ähnlicher Prozess, wie die Rückkehr des Innersten in seine Realität oder in das Nirvana, nachdem er sein Werk vollendet hat.

Wenn wir unsere Sensibilität erhöhen und unseren Silberschild entwickeln, beginnen wir Anweisungen in unserem normalen Bewusstsein zu erhalten. Dieser Prozess des Zuhörens oder Dinge zu tun, sollte man nicht mit Hellhören verwechseln, welches ein Prozess des Wahrnehmens von Stimmen desinkarnierter Geister ist. Die physische Beziehung mit unserem sekundären System, mit dem wir uns nun verbinden, baut sich durch positives Streben auf. Je positiver wir sind, desto klarer hören wir das, was das menschliche Ohr normalerweise nicht hört.

Das ist ein Prozess, in dem wir unsere inneren Schulen hören, ohne nach innen gehen zu müssen, wie wir es taten, als wir unsere vergangenen Erfahrungen untersuchten, mithilfe unserer aufstrebenden Atome oder indem wir eine unserer Sinneswahrnehmungen benutzen. Während dieses Prozesses haben wir einen starken Eindruck der beherrschenden Macht des Innersten; ähnlich einer Überseele, die Dinge steuert, und je tiefer wir gehen, desto stärker wird sein Eindruck. Hier sprechen wir über die positive

Einstellung, die man braucht, um einen klaren Empfang der inneren Zustände zu erreichen. Ein positiver Körper ist ein gesunder Körper und spiegelt einen gesunden Verstand wieder. Damit meint man weder Selbstsucht, noch Personen, die versuchen, Andere mit ihrer Persönlichkeit zu beeindrucken; denn die großen Menschen, mit denen ich die Ehre hatte, mich zu treffen und mit ihnen umzugehen, waren stets feinfühlig, scheu und einfach und sie haben ihre wunderbaren Kräfte oder Erkenntnisse nicht zur Schau gestellt, wenn es nicht notwendig war.

Diese positive Einstellung ist die wahre bestimmende Energie in uns, die uns erlaubt, in Kontakt mit unserem sekundären System zu treten. Ein positiver Körper strahlt Atome der Gesundheit aus; ein negativer Körper zieht Atome des geheimen Feindes an. Wenn wir positiv eingestellt sind, wird unser sekundäres System uns anleiten und seine Kräfte mit positiver Energie, die die Atome zerstörerischer Art vernichtet und ihre Macht aufhebt, anwenden. Diese zerstörerischen Atome können nur Druck auf uns ausüben, wenn sie die Form von Rammböcken annehmen, die auf die sensitiven Membrane unseres Mental- und Kausalkörpers drücken.

Negative Personen leisten selten einen großen Dienst für ihre Mitmenschen; sie sprechen viel und gedankenlose Gespräche sind verantwortlich für viel Kummer und Angst in dieser Welt, denn sie entstellen die Vorstellungskraft. Ständige Unterhaltung behindert oft den Fluss in unserem System und das verlangsamt unsere Entwicklung. Daher sollte der Schüler sich nicht zu viel mit trivialen Gesprächen beschäftigen. Wenn er spricht, sollte er versuchen, die Ideen der Anderen zu erhöhen. Einige Lehrer verhängen über ihre Schüler ein Schweigegelübde, denn indem sie wenig sagen, schützen sie sich gegen Angriffe auf ihre atmosphärischen Hüllen.

Das Atom Nous und seine Erbaueratome machen diesen inneren Kontakt auch möglich, und wir sind auf eine Weise, die man schwer in Worten ausdrücken kann, inspiriert; denn sie errichten Brücken zwischen den Zentren unseres sekundären Systems und dieser objektiven Welt. Dieses Streben nach höheren Intelligenzen verbindet uns letztendlich mit unserem Zentralsystem.

Diese Wellenlängen unterscheiden sich bei unterschiedlichen Personen und die Art der Intelligenz, die wir innerlich besitzen, bestimmt Natur und Charakter unserer Ausdrucksweise. Ein Poet oder Autor wird seine Werke oft in einer inneren Ebene lesen, während sein Körper schläft; aber er erinnert sich nur schemenhaft daran, wenn er erwacht; denn man sollte wissen, dass jede schöpferische Arbeit, die hier angefertigt wurde, bereits in einer inneren Ebene erschaffen wurde, und diese Studie erlaubt dem Individuum, das Werk, das er erschaffen hat, in sein objektives Bewusstsein zu bringen. Es gibt viele Autoren und Poeten, die diese Fähigkeit haben und oft sagen: „Das hat sich von alleine geschrieben, nachdem ich meinen Rhythmus gefunden habe."

Es gibt auch eine Art von Sensitiven, die die Macht besitzen, die Elementargeister der Astralwelt zu hören, und auch Elementarkörper, die Intelligenz und Informationen zu geben haben. Diese Sensitiven schreiben oft Bücher, denen, obwohl sie manchmal lehrreich und voll schöner Gefühle sind, das Bewusstsein der inneren Ebenen fehlt und sie ähneln den Stimmen von Kindern.

Eine Seele, normalerweise von kindlichem Geist, ist oft hingerissen von einer desinkarnierten Intelligenz, die sie als Sprachrohr benutzt, um zu den Sensitiven zu sprechen; auf diese Weise werden Bücher geschrieben, die einen niederen Grad an Intelligenz zeigen, ähnlich den Sphären, die sich in ihrer Entwicklung unter uns befinden. Aus diesen Sphären kommen wenige wertvolle Belehrungen und die höheren Ebenen der Intelligenz liegen weit über dem Bereich des normalen Sensitiven.

Die Sensitiven, die den Innersten suchen, bekommen oft Anweisungen durch andere Vorgänge (allerdings nicht in Form von Büchern), die in dem Sensitiven die Entschlossenheit, eine höhere Ebene der Erleuchtung zu suchen, hervorbringt, die ihn vom Spiritismus zur Theosophie und darüber hinaus führt.

Während wir unseren Silberschild errichten, gibt uns der Innerste zum ersten Mal Macht über bestimmte Bereiche unseres sekundären Systems. Da wir in der objektiven Welt leben, verstehen wir manche seiner Handlungen und wir müssen nun das Gleiche mit unserem sekundären System tun. Eingeweihte nennen dies „der intelligente Anfang". Indem man uns Macht über unsere aufstrebenden Atome gibt, müssen wir uns auch um sie kümmern und ihnen helfen, und wenn wir ihnen höhere Belehrungen geben, sollten wir auch ihnen Zeiten der Ruhe geben und sie erhalten die gleichen Anweisungen und die gleiche Erleuchtung wie wir, denn sie streben dasselbe an wie wir.

Wenn wir gelernt haben, unser sekundäres System zu leiten, sind wir berechtigt, in unser Zentralsystem einzutreten. Der Mensch ist sich der Macht, die er besitzt, nicht bewusst, wenn er sein sekundäres System mit seinem objektiven Körper harmonisieren kann.

Der objektive Körper beschützt das sekundäre System und das sekundäre System beschützt das Zentralsystem; so wie im Schädel unsere empfindlichsten Organe durch gröberes Gewebe geschützt sind.

Wenn der Schüler das Stadium der physischen Kommunikation mit den inneren Ebenen erreicht hat, kann er die Bücher und Enthüllungen der Eingeweihten lesen, die von ihrer Heimat gekommen sind, um ihr Leben in den Dienst der Menschheit zu stellen und die Freiheit für uns zu erreichen, die uns mit der Zeit in die Gegenwart unseres Innersten bringt.

Wenn solche Eingeweihte erscheinen, werden sie oft mit dem Wesen, bekannt als Jesus verwechselt, aber in den inneren Ebenen sieht der Schüler sie in ihren natürlichen Formen, die ähnlich sind wie längliche Prismen, die mit einer kristallinen Strahlung glänzen. Sie erscheinen den Demütigen und denjenigen mit reinem Verstand öfter, als die Welt wahrnimmt.

Die Atmung und der Blutkreislauf

Wir sind uns nicht bewusst, dass wir verschiedene Arten von Luft einatmen und dass der physische Körper ein höchst empfindlicher Magnet für die wechselnden Strömungen von Tag und Nacht auf der Erde ist. Wir ziehen Atome mit verschiedenen Eigenschaften an; denn ähnliche Naturen ziehen ähnliche Atome an, und wir wissen nicht, dass wir, wenn wir denken, Atome anziehen, die uns in ihre Schwingung einhüllen. Wir atmen auch ein Staub von zersetzender Materie ein, dessen Organismen uns sehr stören würden, wenn wir sie unter einem Mikroskop sehen würden und die unseren atomaren Arbeitern sowohl mit ihren Krankheiten als auch mit ihren Sünden schaden.

Die Art der Nahrung, die wir essen, zieht auch ähnliche Bedingungen an, die unser Blut unrein macht und es verarmen lässt und das hindert uns daran, auf die höheren Schwingungen zu reagieren, die der Strom der Lebenskraft in uns fließen lässt. Das reine Blut eines Yogis ermöglicht ihm, reine Atome anzuziehen, die ihm eine Energie geben, die unreines Blut zurückweisen würde. Darum ist sowohl ein gesunder Körper als auch eine gesunde mentale und physische Umgebung wichtig.

Schlechte Substanzen, die das Blut befallen, müssen entfernt werden, bevor der innere Regierungssitz geöffnet werden kann.

Viele Leute kümmern sich nicht darum, was sie essen und trinken oder wie schlecht belüftet die Räume sind, in denen sie leben. Sie sollten diese Gewohnheiten sofort ändern, wenn sie mit dieser Übung beginnen.

Wenn wir die Atmosphäre dieser Welt analysieren, nachdem wir von einem mentalen Flug zurückgekehrt sind, stellen wir fest, dass sie sehr unangenehm und übel riechend ist, vor allem in überfüllten Gebieten und ich habe mich oft gefragt, wie diese strahlenden und leuchtenden Wesen sich fühlen, wenn sie den Schüler besuchen und diesen ungesunden Dunst und diese Atmosphäre wahrnehmen.

Manchmal, wenn ein Schüler mental mit einem Lehrer an einen Ort reist, um etwas zu verhindern, was dort geschieht, wird er aufgefordert, den Geruch zu analysieren; denn indem er den Geruch unterscheidet, kann er erkennen, welche Art von Krankheit diesen Ort befallen hat.

Die Luft, die wir in einer klaren frostigen Nacht einatmen, ist voller Atome, die die Atmosphäre mit Vitalität und Kraft erfüllen und ein langer

Spaziergang im Schnee reinigt das System von fremden Keimen. Der Wintersport lehrt uns diesen Wert, denn diese Atome nehmen schnell die Feuchtigkeit auf, in der Atome niederer Natur sich angesammelt haben, sammeln sie und verleihen ihnen Stärke und Vitalität.

Wenn wir üben, ist es notwendig, unseren Verstand vorzubereiten für die Reinheit der Gedanken und der Handlungen. Setzt euch still hin für diese Gedanken, atmet normal und zieht so Atome mit diesen Eigenschaften an. Wenn wir denken, atmen wir Atome ein, die der Natur unserer Gedanken entsprechen und unser Blut ist eine exakte Kopie davon. In Zukunft werden die Wissenschaftler unsere Gedanken messen und wiegen und sie werden auch die Art und die Energie, die unseren Blutkreislauf leitet, entdecken.

Ein normaler Blutkreislauf spiegelt die Aktivität eines normalen Verstandes wieder; obwohl er oft von Krankheit und Sorge befallen ist. Wir können in der inneren Atmosphäre einer Person die genaue Art der Energie in ihrem Blutkreislauf erkennen und wir können sie einordnen, indem wir die Strahlungen ihrer mentalen Aura wahrnehmen.

Die Wissenschaftler haben viele verschiedene Eigenschaften des Blutes entdeckt, aber sie haben die atomaren Substanzen, die dem Blut ermöglichen, unter der Führung des Atom Nous zu arbeiten, noch nicht gemessen. Mit der Zeit werden die Wissenschaftler die Atmosphäre dieses Atoms finden. Noch können wir sie weder mit mechanischen Mitteln messen, noch das Atom Nous, das in ihrer Mitte kreist, beobachten.

Das Blut bestimmt unser Wachstum und unsere inneren Beziehungen. Wenn wir es durch seine Strahlung analysieren, entdecken wir, dass es keine zwei gleichen Personen gibt, und dass die Partikel der Materie in der Aura uns die Schlüssel über den wahren Wert des Schülers gibt.

Wenn ein Schüler innerlich verbunden ist, ist seine Atmosphäre so, dass sogar der weniger sensitive Verstand ihn an seiner Reinheit erkennt und wir können durch Hellsichtigkeit die Stufe einer Person in der Natur durch den Glanz ihrer Aura feststellen. Die Hellsichtigkeit wird in der Welt als anormal angesehen, aber sie kann leicht entwickelt werden bei jemandem, dessen Verstand rein ist und der die Reinheit der Gedanken und Handlungen sucht. Jemand, der diese Gabe besitzt, kann sie einem Anderen, der in Harmonie mit ihm ist, übertragen. Wenn er sein drittes Auge stärkt, dringt dessen Schwingung in die linke Herzkammer ein und das Atom Nous, das diese Wellen wahrnimmt, versucht zu entdecken, was es in den objektiven Verstand gerufen hat. Indem es die Gedanken und Sehnsüchte des Suchenden analysiert, sendet es seine Atome zur Zirbeldrüse, um sie zu entwickeln. Somit ist das Atom Nous das wahre Werkzeug, das ein verkümmertes Zentrum erwecken kann.

Wir denken, dass es notwendig ist, den Schüler noch einmal an seine physische Entwicklung zu erinnern, da das eines der Geheimnisse des Yoga ist; ebenso sollte er sich mit seinem Meisteratom vereinen und dessen Macht erhöhen, um in sein System Atome, die weiter entwickelt sind, anzuziehen, die dann Aufseher über die Atome werden, die den physischen Körper aufbauen. Wie die Physiologen wissen, wird das reinste Blut direkt in die Samenleiter geschickt, aber sie wissen nicht, dass es vom Atom Nous geleitet wird.

Jedoch, das beste Blut ist unrein im Vergleich mit dem Blut eines Yogi, obwohl das normale Blut langsam in eine höhere Schwingung gebracht wird. Wir haben oft den Ausdruck „blaublütige Aristokratie" gehört. Für den Okkultisten bedeutet das, dass zu viel Inzucht und Verlust, Unreinheit in das Blut der Ahnen gebracht hat und so seinen Zustand geschwächt hat.

Wenn man die solare Kraft anruft, bekommt unser Blut die Eigenschaften und die Vitalität des Sonnenlichts und mit der Zeit wird es einem klaren Strom von vitalisierender Energie ähneln.

Wenn wir unser sekundäres System betreten, erhöht sich der Druck des arteriellen Blutstroms; d. h., wenn wir unsere aufstrebenden Atome einatmen, bringen sie das Blut in bisher unberührte Gebiete und diese reagieren, indem sie ihre Strukturen aufbauen. Der normale Mensch kann das nicht tun wie ein Yogi, der durch Übung den Druck erhöht und die solaren und lunaren Ströme in einer Energie vereint. Das gibt dem Verstand mentale Eindrücke tiefer Art und zerstört die schweren Ströme.

Die Blutkörperchen werden vital, um diese neu erschlossenen Gebiete des Körpers zu unterstützen.

Das erhebt den physischen Körper auf eine andere Stufe des Bewusstseins, in der er angetrieben wird, eine direktere positivere Energie aufzunehmen und das Wachstum seiner weniger vorherrschenden Natur zu fördern. Diese Veränderung im Blut findet in dem Moment statt, in dem wir eine genügende Anzahl von aufstrebenden Atomen in den Körper gebracht haben.

Diese Veränderung ist nicht physisch, sondern von atomarer und gasförmiger Natur, die sich an die Wände der Arterien anheftet und das Blut vitalisiert. Das Atom der Umwandlung leitet diese Energie in schwache

Nervenzellen und gibt ihnen Vitalität. Auf diese Weise hilft uns der Blutkreislauf, er öffnet unsere Hauptzentren und beseitigt Unreinheiten.

AAtomarer Druck im Blutkreislauf bedeutet nicht einen erhöhten Druck in den Arterien, sondern einen Anstieg von Energie bei den Atomen und diese stärkere Energie beseitigt die zerstörerischen Kräfte im Körper.

Tierische Nahrung

Die elementale Welt unserer Natur wird von unserem Verstand nicht wahrgenommen, wenn wir in Gedanken und Handlungen unrein sind. Von dieser Welt der Schönheit lernen wir, dass Arbeit der Weg zu ihrer Quelle ist. Wir erkennen diese höheren Formen nicht leicht, bis wir, wie sie, unseren Innersten suchen.

Diese Wesen verzaubern uns oft und lehren uns durch ihre Religion der Weisheit, dass wenn der Mensch nur der Weisheit der Natur folgen würde, es weniger Leid und Sorgen in unserer Welt geben würde; denn sie existieren nur von ihrer Energie allein und so sind ihre Körper frei von Krankheit und Qual. Während wir unsere atomaren Arbeiter unaufhörlich mit unnötigen Sorgen und Entbehrungen quälen und nicht auf ihre Bitten nach geeigneter Nahrung reagieren, sondern unsere Körper mit unnatürlichen Gelüsten und Begierden misshandeln.

Wenn man Tiere tötet, um sie zu essen, sollte man vermeiden, dass sie Todesangst fühlen, wenn möglich. Das Tier weiß instinktiv, wenn es geopfert wird und das Leid und die Qual, die es fühlt, durchdringen das Fleisch, das wir essen. Das behindert das Wachstum der atomaren Baumeister in unserem Blut und sie verlieren viel Zeit ihrer schöpferischen Arbeit, wenn sie diese tierischen Atome, die ihre Schöpfung zerstören, vernichten.

In manchen der älteren Kulturen gab es den Brauch, die Venen zu öffnen, damit das unreine Blut abfließen kann. Das arterielle Blut ist rein, aber das venöse Blut ist unrein. Tierische Nahrung wird sich solange halten, solange der Mensch in seinen Begierden tierisch ist. Wenn der Mensch nach Höherem strebt, wird er dem tierischen Leben die Möglichkeit zur Entwicklung geben. Wenn wir unsere Macht diesen Tieren aufzwingen, die für uns erschaffen wurden, damit wir sie lieben und nicht unaufhörlich quälen, wird sich das in unserem zukünftigen Karma bemerkbar machen.

Im gegenwärtigen Zustand der Menschheit ist das tierische Leben notwendig, um die Entwicklung bestimmter Strukturen im physischen Körper zu beschleunigen. Tierische Atome herrschen in denjenigen vor, die von tierischer Natur sind, aber durch Yoga wird der Körper entwöhnt von solchen Formen des atomaren Lebens und der Schüler wird auf natürliche Weise den Geschmack an nicht tierischer Nahrung finden. Wir sollten auch durch die Eindrücke, die uns unser Atom Nous schickt, geleitet werden.

Der Schüler sollte sich erinnern, kein Missfallen über eine Nahrung zu zeigen, die ihm von denen gegeben wird, die ihn unterstützen. Das haben wir bereits in einem anderen Abschnitt erwähnt. Jedoch, wenn die Nahrung schädlich für sein System sein sollte, sollte er das seinem Gastgeber taktvoll sagen.

Was sagen die höheren Elementarwesen über die Zerstörung des tierischen Lebens? Sie antworten: „Diese niederen Kreaturen wurden erschaffen, um dem Zweck ihrer Schöpfung zu dienen und nicht, um achtlos geopfert zu werden." Dennoch wurden in der Vergangenheit Tiere den Göttern geopfert, den Grund dafür haben wir an andere Stelle erklärt.

Getreide ist die richtige Nahrung; Früchte und Gemüse werden eines Tages unsere universelle Diät sein. In Zukunft werden Wissenschaftler der Menschheit helfen, den Körper zu ernähren. Sie werden eine einzigartige keimende Substanz entdecken, die alles, was der Körper braucht, liefern wird, ebenso verschiedene ähnliche Flüssigkeiten. Von diesen elementalen Welten aus beginnen wir die Ursachen der Dinge zu begreifen. Man sagt uns, dass wir uns wegen der Auswirkungen auf der Erde nicht sorgen sollten, denn die Elementarwesen sind der Ansicht, dass die Ursachen der Dinge von größerer Wichtigkeit sind, als ihre Auswirkungen.

Es existieren Horden von wandernden Atomen, die unsere atmosphärische Hülle befallen und versuchen, darin Kolonien zu erbauen, die sie stören. Das ist die Ursache von vielem Leid der Menschen, denn mit ihrem Verlangen und ihren Begierden drücken sie auf die Knotenpunkte unserer atmosphärischen Hülle. Um sich gegen diese parasitären Zustände immun zu machen, fastet der Yogi oft für mehrere Tage. Das hungert sie aus und vertreibt diese wandernden Atome. Der Yogi fastet, bis seine Atmosphäre gereinigt ist.

Fasten bedeutet nicht, kein Wasser zu trinken. In Wirklichkeit sollte man genügend Wasser trinken, um sich zu säubern und reinigen.

Man sollte nicht fasten, wenn die Bedingungen nicht günstig sind, am Besten sollte man es unter der Aufsicht eines Lehrers tun. Für Fleischesser ist es schwieriger, zu fasten, denn das Fleisch gibt den wandernden Atomen mehr Kraft, sich zu halten, deshalb leiden Fleischesser mehr, wenn sie fasten, als Vegetarier. Fasten bringt den atomaren Baumeistern große Freude, denn sie sind nicht länger mit tierischen Strukturen überschwemmt, die sich gegen sie stellen.

Reinkarnation und Karma

Bevor wir geboren werden, sammeln wir das Material, das desintegriert wurde, als wir in unseren vorherigen Inkarnationen gestorben sind. So zieht der Mensch seinen alten Körper und seine atomaren Strukturen an und erbt seine früheren Krankheiten und Merkmale, außerdem die physische Beschaffenheit seiner Vorfahren.

Durch einen Unglücksfall ist der Innerste oft unfähig, all diese notwendigen Elemente anzuziehen, um seinen physischen Körper zu vervollständigen und das erzeugt Deformationen und Schmerzen in den Knochen, deren Ursachen unbekannt sind. Manchmal beinhaltet ein Skelett bestimmte Substanzen, die die atomare Energie in ihm verhärten, und nach der Wiedergeburt eine atomare Mangelhaftigkeit erzeugen.

Man sagt uns, dass die größte atomare Kraft, die der Okkultist kennt und die der Wissenschaftler eines Tages entdecken wird, ausschließlich in Bimsstein eingeschlossen werden kann.

Mit Karma meinen wir das Gesetz von Ursache und Wirkung. Wenn wir anderen schaden, müssen wir die Strafe in diesem oder in einem anderen Leben bezahlen. In der theosophischen Literatur lesen wir über physisches, mentales und spirituelles Karma. Aber in unserem sekundären System beginnen wir zu forschen und wir entdecken, dass die Dinge verschieden sind, von dem, was man uns glauben machen wollte. Wir sind erstaunt zu erkennen, dass wir in vergangenen Leben oft sehr viel höhere Belastungen ertragen haben, als wir an Schulden haben, aufgrund unserer schlechten Taten. In diesen Fällen wird uns von einem atomaren Lehrer empfohlen, das folgende Leben zu beobachten. Wenn wir das tun, entdecken wir, dass wir eindeutig frei von Ängsten und Schmerzen waren, denn die Fehler unserer Jugend wurden bereits ausgeglichen.

Die Ursache unserer Ängste und Schmerzen ist unser Karma, das über uns schwebt. Das Gefühl von Freiheit kehrt zu uns zurück, wenn wir mit unseren Yogaübungen beginnen, denn wir bestimmen, so frei wie möglich von allem Bösen zu sein, um unseren Innersten zu erreichen.

Wir halten ein karmisches Depot in Reserve, ebenso wie einen Vorrat an Energie. Wir sollten immer daran denken, dass wir selbst den Körper, in dem wir uns inkarnieren, auswählen und analysieren. Wir suchen Körper, von denen wir denken, dass sie uns die Umgebung und die Erfahrung, die wir am meisten benötigen, geben. Oft tauchen wir in unserem Eifer, schnell zu unserem Innersten zurückzukehren, tief in die Dichte der Materie ein, um in einem Leben eine größere Menge an Erfahrungen zu gewinnen.

Je größer die Seele ist, desto tiefer taucht sie ein, und obwohl sie fürchterlich leidet und alles Licht sie anscheinend verlassen hat, erreicht sie eine Nähe zu ihrem Innersten, die Wenige, die in Luxus und Trägheit inkarnieren, erreichen, denn diese erhalten sehr wenig von der großen Erfahrung der Welt, die ihnen helfen würde, zu wachsen. Oft treffen wir Menschen, die anscheinend frei sind in allem was sie tun, frei zu reisen, frei von Sorgen und Kummer, frei sich mit denen zu umgeben, mit denen sie möchten.

Diese Menschen häufen viele Erfahrungen an, die mit verborgenen Dingen zu tun haben, die für den normalen Verstand unbekannt sind, und haben für dieses Leben gutes Karma angesammelt. Es gibt auch Menschen, die sich für eine lange Zeit nicht inkarnieren und eine große Menge an Energie ansammeln. Sie fügen dieser Energie einen großen Vorrat an Macht hinzu, den sie in Anspruch nehmen, wenn sie inkarnieren. Das ist eine entscheidende Energie: Napoleon ist ein Beispiel für diesen Typ.

In dem Maße, in dem der Schüler langsam in seine höheren Schulen eintritt, wird er ältere Atome treffen und von ihnen gelehrt werden und er wird oft um eine bestimmte Art von Anweisungen bitten. Aber wenn er deren Stufe an Perfektion nicht erreicht hat, wird diese Anweisung nicht enthüllt. Wir erkennen nicht, dass wir alle Flüchtlinge vor dem Gesetz sind und dass wir die Last tragen müssen, die wir Anderen aufgebürdet haben, bevor uns erlaubt wird, solch ein Wissen zu bekommen. Diese älteren Atome lassen uns sehen, dass wir für vergangene Fehler zuerst Gerechtigkeit über uns selbst üben und unsere eigenen Gesetze verwalten müssen. Obwohl unser Vermittler sich dafür einsetzt, dass uns vergeben wird, erkennen wir, dass wir bestimmte karmische Schulden bezahlen müssen, bevor uns erlaubt wird, weiter einzudringen in unser eigenes Universum.

Danach erkennen wir, dass unser Innerster gerecht war und wir versuchen tapfer das Leiden, das wir Anderen, in diesem und in anderen vorherigen Leben verursacht haben, zu heilen. Die Schulden gegenüber unseren Nächsten werden uns immer finden. Wenn wir unsere Vergangenheit wieder erleben, werden wir bald lernen, was die Menschheit uns schuldet und was wir der Menscheit schulden.

Wenn diese ausgeglichen sind, sind wir unserem Innersten dankbar, denn letztendlich wissen wir, wo wir stehen. Gerechtigkeit ist das Ziel aller Kreaturen, und wenn wir Gerechtigkeit empfangen, versuchen wir diesen

Sinn in Anderen zu erwecken. Die Umgebung eines Kindes ist oft befallen von der mentalen Atmosphäre seiner Eltern, die, überschattet von ihrem eigenen Bewusstsein, unwissentlich solche Atome in die Atmosphäre des Kindes einfügen. Der Schüler bittet oft um Vergebung und wundert sich, warum er bestimmte Dinge getan hat.

Wenn er sein sekundäres System betritt und seine Vergangenheit wieder erlebt, ist er manchmal erstaunt darüber, was geschieht. Er sieht Personen, die ihn in anderen Leben physisch und mental misshandelt haben und Personen, die er in diesem Leben ungerecht behandelt hat und weswegen er äußerst leidet. Er entdeckt dann, dass diese Personen, die ihn einst misshandelt haben, diejenigen sind, denen er nun zurückzahlt, was sie ihm angetan haben.

In dem Moment, in dem er das erkennt, verschwindet sein schlechtes Gewissen und er entdeckt später, dass es deshalb ist, weil die Schuld auf beiden Seiten bezahlt wurde. Er versteht außerdem das Prinzip, dass wir so gerichtet werden, wie wir richten. Das ist der Grund, warum die älteren Atome ihm ständig empfehlen, vorsichtig mit seinen Worten zu sein.

Der Schüler sollte sich erinnern, dass er in vergangenen Leben oft durch seine Yogaübungen erleuchtet wurde und dass seine vergangenen Anstrengungen ihm gutgeschrieben wurden.

Die atmosphärische Verteidigung und die Atmung

Wir haben schon über das Einatmen bestimmter Atome gesprochen. In der Atmosphäre gibt es viele Arten von Atomen, die den Verstand ablenken und schädigen. Wenn wir auf dem Land leben können, weit weg von überfüllten Gebieten, atmen wir frische Luft und gesunde Atome ein; so öffnen wir eine Anzahl von Bewusstseinszentren, die geschlossen waren, als wir in der Stadt lebten. Diese Zentren fühlen die Bedingungen auf dem Lande und verbinden uns mit der ländlichen Natur, aber die Öffnung solcher Zentren hängt von der Aufnahmefähigkeit der Person bezüglich der Natur ab.

Unsere mentale Abschirmung ist angefüllt mit Atomen vergangener Zivilisationen, und obwohl wir sie als tot und begraben betrachten, verbinden uns die Atome in diesen Abschirmungen noch immer mit jenen Zivilisationen, die heutzutage weiter fortgeschritten sind als unsere. Der Schüler kann sich mit den goldenen Zeitaltern der Kultur und Intelligenz verbinden. Die heutige Welt wird viele Jahrhunderte brauchen, um diese Zivilisationen zu erreichen. Zum Beispiel, obwohl man Ägypten als Überbleibsel einer antiken Pracht ansieht, können wir in den inneren Ebenen noch immer ihre Zeiten der Erleuchtung und der Weisheit betreten und entdecken, was die Welt von solch einem Bewusstsein gewinnen kann.

Der Schüler sollte sich immer vergegenwärtigen, dass Raum-Zeit in den inneren Ebenen nicht existiert. Alles ist. So wird er lernen, dass in ihm Atome existieren, die eine höhere Entwicklung als seine darstellen. Aber wenn er sein sekundäres System betritt, wird er es am Anfang als schwierig empfinden, zwischen seinen eigenen atomaren Lehrern und jenen einer fremden Natur, die von seiner mentalen Abschirmung angezogen wurden, zu unterscheiden. Diese Atome ziehen auch Intelligenzen anderer Zivilisationen an.

Diese fremden Atome und Wesenheiten schaden unserer Abschirmung, denn sie stellen nicht die vergangene Erfahrung und Weisheit des Schülers dar. Wenn wir die Vergangenheit anziehen, können wir unser eigenes Wachstum verzögern und trüben, denn wir müssen uns von innen entwickeln und nicht von außen, egal wie hoch entwickelt ein Zeitalter ist. In der späteren Entwicklung wird der Schüler sich leicht selbst von jeder äußerlichen Störung befreien, indem er seine eigene solare Kraft ausstrahlt.

Eine beschädigte mentale Abschirmung verursacht Krankheiten und oft Wahnsinn, denn in dieser Wunde finden Horden von Atomen und Wesenheiten einen Platz, um ihre Strukturen aufzubauen und in einigen extremen Fällen haben wir verschiedene Kolonien gefunden, die sich an der Hülle anhaften. Auf diese Weise können sie zum Verstand des Subjekts sprechen und die normale Persönlichkeit wird oft durch eine Andere ersetzt. Diese schweren Fälle können durch die richtige Pflege und die Beurteilung des Arztes geheilt werden, aber dieser muss fähig sein, die Ursache zu finden und sie nicht objektiv verurteilen. Im kommenden Jahrhundert wird eine Schule entstehen, die solche Fälle erfolgreich behandeln wird. Der Verstand, der von solchen Bedingungen verändert wurde, wird sehr profitieren, wenn der Patient in großer Höhe leben kann, denn solche Atome und Wesenheiten können wegen ihrer Dichte und ihres Gewichtes nicht in diese Höhen aufsteigen.

Im Orient ziehen sich diese Ausgebildeten bestimmter Yogasysteme an Orte zurück, die weit über dem Meeresspiegel liegen, denn eine klare Atmosphäre erlaubt dem Schüler leichter, sein sekundäres System zu betreten.

Weihrauch, richtig benutzt, kann die niederen Zustände von dem Schild entfernen und eine Anzahl von Zentren aktivieren; denn der Geruch wird verschiedene Atome anziehen, die die Atmosphäre klären.

Die mentale Abwehr verliert oft ihre normale Form, wenn das Gewebe des Körpers zerstört wird und erscheint dann wie ein lang gezogener Ballon und wenn der Körper unfähig ist, durch die mentale Abwehr zu strahlen, ist eine hohle Vertiefung zu sehen. Das zeigt dem entwickelten Schüler, welches Organ erkrankt ist. Ein plötzlicher Sturz oder ein Schock kann manchmal eine Membran dieses Schildes verletzen und es wird eine Zeit vergehen, bevor es wieder in seine normale Form zurückkehrt.

Wir haben oft Leute getroffen, deren Aura deformiert war, so wussten wir, dass etwas mit ihrem physischen Körper nicht in Ordnung war.

Ein normaler und gesunder Körper hat einen normalen und gesunden Schild. Wenn unser Verstand unrein ist, sind wir physisch nicht gesund. Das Streben nach Höherem und die innerliche Suche werden bei unseren Atome einen gesunden Appetit erzeugen, denn in diesem Fall ernähren sie sich von der höheren Natur der Samenflüssigkeit.

Das ist die Energie, die wir von unseren vergangenen Leben mitgebracht haben und sie versorgt uns mit einer größeren Energie, ähnlich der Samenflüssigkeit. Wir sollten uns daran erinnern, dass wir, wenn wir Kinder zeugen, wir ihnen die Kraft unserer Vergangenheit vererben und dieses Erbe gibt ihnen Mut und Ausdauer. Die zwei Eigenschaften, mit denen Schwächen vererbt werden, sind schwache Beobachtungskraft und schwache Widerstandskraft. Mentale Verformungen werden, wie wir schon vorher gesagt haben, verursacht, wenn die seidige Hülle des Gewebes durch die kranken Keime des geheimen Feindes befallen ist. In diesem seidigen Gewebe projizieren sich ungeschützte Zentren und keimende Flüssigkeiten sammeln sich um sie und verursachen Beeinträchtigungen. Das behindert ihre Aufnahmefähigkeit bei der Aufzeichnung der Gedanken und entstellt sie im physischen Gehirn. Wenn wir gesund sind, sind die Zentren stark.

Manchmal wurden diese Zentren durch Kriegsneurosen zerschmettert, die auch eine verzerrte Vorstellungskraft und großes mentales Leid erzeugten. Das ist eine der größten Strafen des Krieges und wenige erkennen, wie sehr die Opfer leiden.

Von Jahr zu Jahr vermehren sich die mentalen Wellen um uns und dieser Druck auf die Menschheit erzeugt eine ständige wachsende Unruhe bei Leuten mit sensitivem Verstand. Dank des Strebens nach Höherem schützen wir uns gegen dieses Bombardement von Gedanken. Deshalb ist es zwingend notwendig, ein Schutzschild um diese Zentren zu errichten. Dieses Bombardement wird durch unkontrollierte geistige Aufregung der Menschen verursacht, und diese Aufregung wird später zurückkehren und bei ihnen bestimmte Formen mentaler Verwirrung verursachen. Die hohe Spannung der Morgenröte der Jugend wird diesen mentalen Zustand verstärken. Der Krieg hat auch Zustände erzeugt, die dazu neigen, die Gesundheit des Verstandes zu zerstören.

Wenn wir die Zentren für die illusorischen Gedanken der Welt schließen wollen und sie für eine höhere Note öffnen wollen, nutzen wir die folgende Methode: Wir streben nach etwas Höherem und eine Vielzahl von schlafenden Zentren wird sich plötzlich öffnen, indem wir uns verinnerlichen, um Informationen zu bekommen.

Unsere normalen Zentren werden sich dann schließen und die Gedanken der physischen Welt ausschließen. Das ist eine Methode, die uns hilft, Informationen von unseren inneren Zentren zu erhalten. Wenn wir die objektive Ebene ausschließen können und die Organe, die ihre Eindrücke empfangen, schließen, werden wir fähig sein, für eine bestimmte Zeit in unserem selbstentwickelten Universum zu bleiben; denn dort entdecken wir, dass wir eine innerliche Gruppe von Sinnesorganen besitzen, die uns mit den Aktivitäten unseres inneren Systems verbinden.

Eine höhere Spannung in unserer atmosphärischen Hülle wird erzeugt, wenn wir unser sekundäres System betreten, und das entfernt die mentalen Anhäufungen und Ablagerungen, die wir gesammelt haben. Wenn der Schüler das Bewusstsein der Natur mit seinem Eigenen verbunden hat und die latenten Zentren seiner mentalen Hülle vitalisiert, beginnt seine gründliche Ausbildung. Wenn er innerlich voranschreitet, aktiviert er mehr und mehr Zentren seiner atmosphärischen Hülle.

Wenn er diese Erleuchtung erreicht hat, besitzt er ein Bewusstsein, auf das das physikalische Gehirn reagiert und das sowohl die inneren Gedankenwellen als auch Lehren von entfernten Sternen aufnimmt. Das zelluläre Leben in uns freut sich auch, wenn wir beginnen, seinen ausgedörrten Boden zu bewässern, denn wir haben seine Anstrengungen und seine Arbeit, eine Behausung für den Innersten bereitzustellen, der sowohl unser Führer als auch unser Retter ist, nicht beachtet.

•••••

Wenn wir wegen Erschöpfung übermäßig atmen, sammeln wir Atome einer sehr unangenehmen Art. Wir sollten das im Gedächtnis behalten, wenn wir üben, denn solche Atome gehören dem geheimen Feind an. Ältere Leute ersticken oft wegen dieser Energie, wenn sie diese Atome in einen erschöpften Körper einatmen, denn diese wandern zu den Fortpflanzungsorganen und befallen diese mit kranken Atome, die manchmal den sofortigen Tod verursachen können. Der Schutzschild der Natur wurde zerstört. Auf diese Weise atmen wir eine bestimmte Art von Atomen des Todes ein, die das System mit ihren zerstörenden Substanzen überfluten und bewirken, dass plötzlich Krankheiten ausbrechen.

Wenn wir normal atmen, atmen wir nicht alle Luft aus unseren Lungen aus und das verbleibende Kohlendioxid verursacht mit der Zeit den Tod. Über Jahren hinweg haben wir unseren Körper mit diesem Kohlendioxid durchsetzt.

Wir lassen ungefähr 100 Kubikzoll dieses tödlichen Gases in unseren Lungen, da wir, wenn wir einatmen, dreimal soviel muskuläre Energie brauchen, wie wenn wir ausatmen. Nur wenn wir unsere Atemmuskeln in einem hohen Grad entwickeln, wie ein Yogi, können wir unsere Lungen rein halten. Durch vorsichtiges Üben lernen wir, nach außen zu atmen. Wenn das zur Gewohnheit wird, wird sich unser Körper erneuern und unsere mentale Atmosphäre wird von ihren Ablagerungen gereinigt.

Mit dem Ziel, die Anziehung unserer Lungen und Nasenlöcher für diese Atome zu zerstören, lernen wir, fortgeschrittene Atome einzuatmen, denn in ihrer höher schwingenden Strömung zerstören sie dieses giftige Gas, das die Ursache des Alters ist.

Wir müssen lernen, aus den unteren Gebieten des Bauchraumes zu atmen, damit die Muskeln und Wände unserer Lungen elastisch und kräftig werden. Das muss für uns zur zweiten Natur werden, denn wir müssen diese Unreinheiten ausatmen, mit der Kraft, wie die Insekten es tun.

Das wird den Schüler lehren, welche wunderbaren Vorgänge sich in seinem Körper abspielen, er wird die Aktivität der Bereiche fühlen und sie analysieren.

Wenn er seinen Körper zu einem feineren Instrument umgewandelt hat, wird das Atom Nous die Atmung übernehmen. Darüber haben wir an anderer Stelle geschrieben.

Später wird der Schüler bei seinen Übungen lernen, seinen Atem, sein höheres Gegenstück – magnetischer Sauerstoff, der wahre vitale Atem – anzuhalten und durch seinen Magen in den Bauchraum zu leiten. Die Atome dort werden auch eine höhere Schwingung empfangen und ihm helfen, seine solare Kraft zu erwecken und einen Zustand der Glückseligkeit zu erreichen.

Der Mentalkörper

Der Mentalkörper ist eine gemeinschaftliche Energie, die den Ort und die Stellung des Menschen in der Natur bestimmt.

Diese Zeichnung zeigt den Mentalkörper eines entwickelten Schülers, der durch Yogaübungen seinen Silberschild aus Atomen der Umwandlung aufgebaut hat.

Die Atmosphäre des Mentalkörpers, durch die unsere verborgene Energie ausströmt, ist ein strahlender Dampf, der leicht bei demjenigen, der ihn entwickelt hat, von einem fortgeschrittenen Schüler gesehen werden kann.

Der Mentalkörper besitzt die Energie des Atom Nous, so wie auch die kräftigen Ströme des Samensystems. Die hauptsächlichen Ströme, die in den Körper eindringen und ihn verlassen, kann man in der Zeichnung sehen. Der Strom über dem Kopf ist die Krone des Magiers und der Klangkörper.

Wenn die solaren und lunaren Ströme sich auf dem Scheitelpunkt der Wirbelsäule vereinen, wird diese wirbelnde Welle oder Strömung deutlicher, denn sie nimmt die tieferen Aktivitäten des solaren und lunaren Universums in uns auf. Wenn wir sie als Fühler benutzen, zapfen wir jedes Zentrum des silbernen Gewebes unseres Mentalkörpers an und das leitet die Eindrücke jeder Intelligenz zu uns, die versucht, ihre Aktivität mit unserer Atmosphäre in Einklang zu bringen.

Da wir diesen Klangkörper (ähnlich wie unser drittes Auge) von einer fernen elementalen Vergangenheit in das Bewusstsein der Natur gebracht haben, nimmt er die Aktivitäten der Natur in uns auf und leitet sie in unseren Silberschild, der sie sammelt und in unserem Inneren verteilt.

Sowohl unser elementaler Vermittler als auch die höheren Elementarwesen haben verschiedene von diesen Fähnchen über ihrem Kopf, diese kann man bei antiken Skulpturen sehen, die das große Elementarwesen zeigen, das die aztekische Zivilisation auf eine höhere Entwicklungsstufe gebracht hat, bevor das Volk sich gegen die Anweisungen der Natur gewandt hat und von einer dekadenten Priesterschaft regiert wurde.

Der Beutel an den Füssen, in der Zeichnung, ist das höhere Gegenstück vom dem, das in der Abbildung des Astralkörpers gezeigt wird. Der Leser wird auch bemerken, wie die Kräfte der Energie des Samensystems durch den Denker angezogen werden und dass der Klangkörper des Yogi das erwachende Bewusstsein, das dem Menschen und seinen solaren und lunaren Atomen angehört, darstellt.

Mentale Reisen

Wenn der Schüler mit seinem sekundären System vereint ist, verbindet er sich mit anderen Zuständen, die ihm ermöglichen seinen physischen Körper zu verlassen. Ein erfahrener Lehrer bringt seinen Schüler am Anfang nicht in die niedere Astralebene, sondern in die Höhere, wo der Schüler die unterschiedlichen Stufen der Dichte, aus der sich diese Atmosphären zusammensetzen, kennenlernt.

Diese Erfahrungen sind sehr interessant und am Anfang anstrengend, denn es dauert einige Zeit, bis der Schüler sich aus eigenem Willen an jeden Platz versetzen kann, zu dem er geführt wird. Sein Lehrer wird ihn zuerst auf den Gipfel eines hohen Berges bringen. Das ist schwierig wegen des scheinbaren Gewichts seines Körpers. Wenn er das erreicht hat, gibt man ihm eine Last, die er auf die gleiche Höhe bringen soll.

Das ist noch schwieriger und manchmal wird dem Schüler von seinem Lehrer geholfen, der ihn ermutigt und seine Last übernimmt, wenn er erschöpft ist. Der Vorgang der Levitation gibt ihm später die Kraft, die feineren Atmosphären der inneren Welten zu betreten, und alles über sie zu lernen. Wenn er diese Macht entwickelt, wird er ein Arbeiter im Dienst einer höheren Ordnung. Sein Lehrer lehrt ihn, wie er Katastrophen vermeiden kann, durch seine Macht, den Verstand von Leuten zu beeinflussen, die entschlossen sind zu töten oder Unschuldige zu verletzen, und wenn er weit genug entwickelt ist, lässt man ihn das Böse der Welt sehen.

Das löst im Schüler eine große Depression aus, denn die Dinge, die er beobachtet, sind schrecklich und unbeschreiblich. An diesem Punkt wird der geheime Feind versuchen, ihm die Nutzlosigkeit klarzumachen, gegen seine Macht zu kämpfen und er wird ihm vorschlagen, diese Welt, in der es so wenig Gutes gibt, zu verlassen.

Der Schüler wird nun erkennen, dass diejenigen, die sich anstrengen, ein ehrenhaftes und reines Leben zu führen, nicht ohne unsichtbare Helfer sind. Diejenigen mit gütigem Herzen, egal wie hoch ihr Intelligenzgrad ist, sind besser beschützt, als ihnen bewusst ist. Kein Gebet bleibt ungehört, obwohl sie im Moment keine Antwort von ihrem Vermittler erhalten.

Man lehrt den Schüler, wenn er außerhalb des Körpers ist, Menschen auf den Tod vorzubereiten. Manchmal in einem Sturm auf dem Meer bringt ihn der Lehrer zum Heck eines sinkenden Schiffes, damit er seinen Namen und Hafen lesen und sich merken kann. Später bevor das Schiff sinkt, erscheinen beide vor der Besatzung und den Passagieren. Manchmal halten die Ertrinkenden sie für höhere Wesen.

Der Lehrer und der Schüler sagen diesen Personen, dass sie im Wasser genauso natürlich atmen sollen wie in der Luft und dass sie keine Angst zu haben brauchen. Der Schüler vergisst niemals solche Reisen und die Fürsorge und Aufmerksamkeit, die er von seinem Lehrer erhält. Er ist auch sehr beeindruckt von der erhabenen Art, in der diejenigen, die ein reines Leben geführt haben, dem Tod gegenübertreten.

In diesen Fällen hat der Schüler die Macht, sofort ihren Charakter zu spüren und sie gemäß ihrem Grad an Intelligenz zu behandeln. Manchmal wird er von seinem Lehrer zu den Versammlungen der Großen mitgenommen, wie den Kriegsherren des geheimen Feindes und er kann ihre Unterhaltung wahrnehmen, als ob sie hörbar wäre.

Nur ein Land in Europa hat sich weit genug entwickelt, um den Dienst ihrer großen Okkultisten während des großen Krieges* in Anspruch zu nehmen und in Zukunft wird kein Geheimnis in den Herzen der gegnerischen Kraft verborgen bleiben.

Wenn man in der Astralebene einen Regensturm durchquert, ist es, als ob man sich durch einen feinen Nebel bewegt.

•••••

Der Magier ist verborgen in der Natur von jedem von uns, denn vor langer Zeit haben wir mit den Stoffen der Natur gearbeitet und wir konnten ihre Phänomene erzeugen. Wenn wir unser verlorenes Bewusstsein wiedererlangen, wird der Magier in uns wieder hervorkommen. Die unsichtbaren Kräfte der Natur sind sehr schnell in ihren Bewegungen und wir müssen lernen, ihren Gedankenwellen mit einer Aufmerksamkeit, die nicht leicht zu erreichen ist, zu folgen.

Unser Gehör erreicht eine größere Bandbreite, d. h. die feineren Schwingungen reagieren auf unser groberes Nervensystem. Der Schüler ruft, indem er sich an die Wirklichkeit wendet: „Warum ist mein Körper so grob? Warum besitze ich kein feineres Wahrnehmungsvermögen? Warum kann ich nicht sehen? Warum kann ich das Wissen nicht erhalten?“ Hier sind die Gründe.

*(Anm. des Übers.: der erste Weltkrieg)

Wenn wir unsere Körper bei mentalen Reisen verlassen, halten wir oft an und betrachten sie und plötzlich erkennen wir, welch ein grobes Vehikel unser Körper ist. Oft sind wir überrascht, zu erkennen, dass wir ihn mit Gleichgültigkeit und sogar mit Geringschätzung betrachten, denn seine Dichte scheint uns zu absorbieren und das Licht zu verdecken, das wir sehen, wenn wir außerhalb seiner Hülle sind. Wir bemerken auch, dass der Körper versucht, die Erinnerungen an die Reisen, die wir behalten wollen, auszulöschen. Künstler fühlen oft diesen Verlust von Erinnerung und bedauern sehr, dass sie einige Momente der Schönheit nicht behalten können.

Auf diesen Reisen treffen wir erhabene Wesen, die uns mit der Klarheit ihrer Atmosphäre beeindrucken.

Ihre Gedanken sind so klar wie Ströme von fließendem Wasser eines Wasserfalls im frühen Morgen. Bewundernd vor ihrer majestätischen Schönheit, vergessen wir unseren eigenen Körper, der auf unsere Rückkehr wartet. Manchmal ist es schwierig für den Lehrer, zu erreichen, dass sein Schüler zu seiner eigenen Ebene reist, denn wenn er die inneren Sphären erreicht, erscheinen sie ihm so interessant, dass es für den Lehrer schwierig ist, ihn dazu zu bringen, dass er weiter nach oben steigt.

Der Schüler ist wie ein kleiner Junge in einem Zirkus, der darauf beharrt, bei den Käfigen zu bleiben.

Weibliche Schüler sind anfällig dafür, in die Schaufenster der Natur zu starren und später bedauern sie es, so gehandelt zu haben; denn indem sie die Zeit außer Acht gelassen haben, haben sie die Gelegenheit verloren, einer Versammlung beizuwohnen.

Die Gesetze der Menschen ändern sich mit den Rassen. Die Gesetze der Natur sind auch oft entgegengesetzt zu unseren. Das kann den Schüler manchmal erstaunen und leiden lassen, aber bis er die Ursache der Dinge versteht, wird er unfähig sein, ein Urteil zu fällen. Deshalb sollte er Stillschweigen bewahren, wenn er den Grund nicht entdecken kann. Dieses Gesetz wird uns tief eingeprägt durch die Natur.

Die Meister

Eine Vielzahl von Männern und Frauen leben heutzutage in ihren physischen Körpern, ähnlich wie die Retter der Welt, und in ihren Atmosphären gibt es Atome, die sich den Eindrücken dieser Erde widersetzen. Wenn wir ihre Umhänge oder Shekinahs berühren könnten, könnten wir die Entwicklung einiger unserer atomaren Strukturen beschleunigen. Es existieren auch Gruppen von Menschen, die still und unbekannt arbeiten, verbunden mit ihrer eigenen inneren Energie. Diese ziehen Viele an, die sich ihrer Führung anschließen wollen.

Solche Personen befinden sich sowohl im westlichen Teil von Europa als auch im östlichen und sie arbeiten in ihren eigenen Gebieten. Eingehüllt in die Atmosphäre jener Wesen, können wir viel erwecken, was in uns schlummert. Im Westen haben manche von ihnen ihre gesamte Existenz aufgegeben, um auf den Ruf und die Bedürfnisse der Menschheit zu antworten und ihr zu helfen, sich mit ihren verlorenen inneren Besitztümern zu verbinden.

Wir nehmen wenig wahr, was in der Welt geschieht. Wir nehmen die Dinge für selbstverständlich und nur in Zeiten großer Leiden, rufen wir die Wirklichkeit an. Unsere Gedanken kehren zur Vergangenheit zurück, zu den Tagen, als große Eingeweihte und Propheten lebten, ohne zu erkennen, dass sie noch immer in unserer Mitte leben, obwohl sie selten erkannt werden.

Viel okkulte Literatur wurde über dieses Thema geschrieben, aber wir sehen sie als Teil einer imaginären Welt an, um erhabene Vorstellungen zu erschaffen und solch große Wesen zu idealisieren. Heutzutage leben 36 solcher Menschen unter uns, die einen hohen Grad an Bewusstsein erreicht haben, obwohl sie sich in ihrer Aufnahmefähigkeit in Bezug auf ihren Innersten und die Wirklichkeit unterscheiden. Wenn diese Menschen sich der Welt offenbaren würden, würden sie durch die gleichen Kräfte, denen sie helfen wollen, gekreuzigt werden.

Die persönlichen Erscheinungen dieser Meister unterscheiden sich außerordentlich. Man hat uns mitgeteilt, wie sie wahrscheinlich aussehen und einige Gesellschaften verkaufen idealisierte Bilder, damit die Schüler über sie meditieren. Aber die Idealisten machen oft große Fehler, und wenn man den Menschen die Wahrheit sagen würde, wären sie sehr erstaunt.

Außerhalb seines Körpers erscheint der Meister so, wie er es wünscht, aber in seinem physischen Körper ist er den Einwohnern seines Landes ähnlich. Ich erinnere mich gut an meine Überraschung, als ich zum ersten Mal meinen Meister traf, an sein fröhliches Lächeln, dass er mir schenkte und das Vergnügen, mit dem er seinen Kuchen mit Eiscreme aß.

Meine Vorstellung eines Meisters brach zusammen, jedoch wenn man lernt, und beginnt das große Werk zu verstehen, dass dieser vollbracht hat, um freundschaftliche industrielle Beziehungen zwischen Kapital und Arbeit herzustellen, erkennt man, was für ein großer Mann er ist.

Er bemerkte: „Heutzutage muss man von oben nach unten arbeiten, von der Ursache der Dinge aus, wenn man der Menschheit helfen will und nicht von unten nach oben, wie der Meister Jesus es tat.“ Er fügte an: „Bleibe mit den Füßen auf der Erde, lebe in der Welt, fühle ihre Aktivität und werde ihr Werkzeug.

Auf diese Weise kannst du der Menschheit helfen und sie erleuchten.“

Darum muss der physische Körper stark sein, denn er ist das Sprungbrett zur größeren Wirklichkeit. Eigne dir Wissen an. Gehe dorthin, wo die Weisheit ist. Meditiere nicht auf dem Weg.

Der Orient ist der Orient, und mit Material zu bauen, das verschieden ist von deinem, bedeutet das zu zerstören, was du als Grundlage aufgebaut hast. Die Meister sagen vereint: „Dort wo deine Seele geboren wurde, solltest du auch helfen bei der Geburt anderer Seelen. Der Samen wurde in die Erde gepflanzt, zerstöre ihn nicht mit den Samen von anderen Ländern.“

Wir haben oft beobachtet, dass Lehrer, die aus dem Osten nach Westen kommen, scheinbar ihre reine Atmosphäre verlieren und ihrer neuen Umgebung unterliegen. Niemals wurde mir gesagt, irgendeinen dieser großen Eingeweihten mit dem Titel „Meister“ anzusprechen. „Wir sind nichts, das Werk ist alles“, war die Antwort eines Meisters, als ich ihn fragte, wie ich ihn ansprechen sollte. Er sah mich an, hielt mir seine Hand hin und fügte an: „Nenne mich Freund“.

Mit dieser Antwort überflutete mich ein großer Strom von Energie und ich fühlte, dass mein wahres Werk in meinen Verstand eingeprägt worden war. Es macht keinen Unterschied, wo jemand geboren ist, wenn es darum geht, die Aufmerksamkeit eines Meisters zu gewinnen. Obwohl sich der Schüler am Anfang dessen nicht bewusst ist, erzeugen die Sehnsucht und das Gebet eine physische Änderung, und Körper und Verstand sind von den Zuständen abgetrennt, die vorher über sie herrschten.

Das Licht, das auf der Stirn des Schülers strahlt, der nach Höherem strebt, wird von dem Lehrer erkannt und er zieht die Strahlen von dort zu seiner eigenen mentalen Atmosphäre. Durch dieses Symbol erkennt der Lehrer die Intelligenz des Schülers, denn durch sein Licht erkennt man den Menschen.

Diese Anziehung kommt von der starken Sehnsucht, anderen zu helfen und der Bereitschaft, alles aufzugeben, um das Wissen der Wirklichkeit zu erlangen. Dieses Streben nach Höherem und die Sehnsucht bringt die Hilfe eines Lehrers. Wenn wir uns wirklich in Gegenwart eines Lehrers befinden, verlangt er nichts von uns, jedoch seine Anwesenheit fühlt man als etwas, das in uns ein neues Konzept erzeugt und unsere Atmosphäre mit einem neueren und entwickelteren Bewusstsein prägt. Die Welt ist in Gebiete eingeteilt und jeder Lehrer hat sein eigenes Gebiet, indem er besser geeignet ist, um zu arbeiten. Der Ruf des Suchenden wird von dem Lehrer seines Gebietes nicht unbeachtet bleiben.

Die Lehrer unterscheiden sich entsprechend der Dichte der mentalen Atmosphäre, in der sie arbeiten. Sie müssen ihren Körper den Orten anpassen. Sie gleichen ihre Schwingung an und passen sich und ihr sensorisches System entsprechend ihrer Umgebung an. Wenn man das Gesicht des Atlanten oder der großen Seele, die in Russland arbeitet, betrachten würde, der einem Finnen ähnelt, würde man erkennen, was für eine wunderbare Arbeit sie leisten und was für große Belastungen ihr physischer Körper ertragen muss.

Die großen Lehrer werden uns fördern, wenn wir es wirklich wollen, aber wir sind oft verblendet von unserer eigenen Individualität und wünschen uns eher ihre Ausdruckform zu entwickeln, als auf die Kraft der Sonne in unserer mentalen Atmosphäre zu reagieren. Man sollte keinen Lehrer akzeptieren, der nicht demonstrieren kann, dass er seine Fähigkeiten auf den Schüler übertragen kann. Viele, die lehren können das nicht und sie liefern sich oft der mentalen Atmosphäre anderer aus, sodass man ihnen die nötigen Anweisungen geben kann, da sie unfähig sind, selbst Kontakt mit ihren eigenen Sphären der Intelligenz aufzunehmen.

Der Schüler erwartet, dass wenn er einen Lehrer trifft, alle unangenehmen Zustände verschwinden und dass man ihm Mächte und Wissen über wunderbare Dinge gibt, dass er sofort auf den Weg zum Adepten gebracht wird, dass ihm gelehrt wird, wie man Phänomene erzeugt und er eine Verbindung zu den Göttern und Mahatmas bekommt. Er erkennt nicht, dass er zuerst seinen eigenen Stein formen und meißeln muss, dass er sein eigenes Fundament schaffen muss und darauf mit seinen eigenen Händen aufbauen muss. Es ist ihm nicht erlaubt, frei über diese Dinge zu sprechen, die er nicht nachweisen kann.

Obwohl diese großen Lehrer wissen, dass das Angebot begrenzt ist, nehmen sie nicht bereitwillig Schüler auf, denn deren Atmosphäre ist ihnen nicht angenehm, außerdem haben sie durch Erfahrung gelernt, dass der Schüler gerne eingebildet wird, wenn er in ihre Atmosphäre eintaucht. Da er Bedingungen ausgesetzt wird, die seinen Verstand anregen und er Kontakt mit höheren Intelligenzen innerhalb seiner eigenen mentalen Atmosphäre hat, beginnt der Schüler zu glauben, dass er ein höheres Wissen bekommt, das seinen Mitschülern nicht enthüllt wird.

Die Individualität des Lehrers drückt sich in der Atmosphäre des Schülers aus und der Lehrer ist verantwortlich für die Handlungen des Schülers, in jenen Sphären, in denen die Natur die Atmosphäre des Mentalkörpers ins Gleichgewicht bringt. Später wird jeder Austausch unterbunden und der Schüler muss sich auf seine eigenen Bemühungen verlassen. Das ist eine Zeit der Dunkelheit für ihn. Sein Verstand ist nicht individualisiert und er muss allein auf seinem eigenen Pfad voranschreiten.

Nachdem der Lehrer mit dem Verstand des Schülers in Kontakt getreten ist, durch die Aktivitäten seines höheren Gegenstückes, wird dieser manchmal zu einem anderen Lehrer geschickt, denn jeder ist ein Spezialist, bis der Schüler langsam vom Zentrum seines eigenen selbsterschaffenen Universums und der Dreieinigkeit der Natur absorbiert wird. In der materiellen Welt ruft der Schüler, damit ein Meister ihn aufnehmen möge, aber er wird keine Antwort erhalten, denn der Verstand erschafft Disharmonie und der Klang der Vokale erreicht den Meister nicht.

Aber wenn der Schüler innerlich bittet, wird er eine Antwort erhalten, denn der Lehrer kann seinem Schüler aus jeder Entfernung antworten. Es wird den Leser wahrscheinlich erstaunen, dass viele Meister vom Schweiß ihrer Arbeit leben.

In Ägypten gibt es zwei: einen, der ununterbrochen eine einfache Arbeit verrichtet und einen Anderen, dessen Alter wir nicht kennen, denn seine Atmosphäre verbreitet Ewigkeit und sein Name wurde in alten religiösen Büchern erwähnt. In Amerika hat ein Eingeweihter manchmal auf dem Feld gearbeitet, aber wo er seine Füße aufgesetzt hat, ist aktives Leben entsprungen. Zu beschreiben, wie dieser Meister große Kräfte reguliert und den Verstand destruktiver Menschen beherrscht, würde die Feder eines großen Schriftstellers erfordern.

Wir haben in unserer Geschichte den Tod von 62 solcher Menschen aufgezeichnet. Das heißt, sie begegneten dem Tod gemäß der Methode ihrer Zeit, aber alle waren ähnlich wie eine Kreuzigung.

Weiß die Geschichte, wer die bewaffneten Heere des mittelalterlichen Europas dazu gebracht hat, im Sand von Syrien und Palästina zu sterben, damit der Weizen in Europa wieder sprießen konnte und seine Jugend beschützt blieb? Die Geschichte dieser heiligen Männer wurde noch nicht geschrieben. Während dieser Kreuzzüge gab es sowohl bei den Moslems als auch bei den Christen Eingeweihte. Frauen haben eine hohe Stellung unter den Eingeweihten erreicht.

Viele Lehrer haben kleine okkulte Schulen, von unterschiedlichem Wert, hinter sich gelassen. Eine Schule kann für Jahrhunderte ruhen, bis die Welt wieder bereit für ihre neue Erscheinung ist. Durch solche Leute wurden sehr alte religiöse Prinzipien erhalten und die Zeit wird kommen, in der jede Rasse zum Ursprung ihrer eigenen religiösen Lehre zurückkehren wird und die Natur wird den Menschen zu seinem eigenen elterlichen Stamm zurückbringen, d. h. zu der Quelle seiner vorbestimmten Ausdrucksweise und er wird tolerant denjenigen gegenüber sein, die von seiner Religion abweichen.

Menschen, die Dinge vollbringen und nicht die Ideen der Vergangenheit kopieren und sich bewusst oder unbewusst innerlich mit einem zukünftigen Zeitalter der Entwicklung verbunden haben, haben den Verstand eines Meisters. Diese tragen dazu bei, den Reichtum der Welt zu vergrößern und sind normalerweise am zukünftigen Wohlergehen ihrer Nation interessiert.

Sie besitzen die größere Weisheit ihrer inneren Ebenen, und wenn wir sie außerhalb ihres Körpers treffen, sehen wir, dass sie für ihre Zeit sehr fortschrittlich arbeiten. Der Yogi beherrscht sich selbst, bevor er die mentale Welt Anderer beherrscht. Wie wir schon an anderer Stelle gesagt haben, benötigt der Schüler eine positive Haltung, denn der positive Verstand fördert die Entwicklung des Verstandes Anderer, anstatt ihre Vitalität zu schwächen.

Der Yogi versucht nicht, irgendeinen Verstand in seiner Umgebung zu beherrschen, doch da er seine eigene Wahrheit lebt, wirkt sein Einfluss sich auf Tausende aus. So wie ein großes Buch den Verstand seines Lesers in die Atmosphäre des Autors ziehen kann. Es existiert immer eine atomare Verbindung zwischen einem Schöpfer und seinem Publikum. Seine kreativen Atome durchdringen seine Manuskripte und die Atmosphäre seiner Leser. So wird der Leser unbewusst durch atomaren Einfluss zu den entferntesten Orten des Himmels und der Hölle gebracht.

Wir haben die Macht, unsere Atome in jede Substanz, die uns interessiert, zu projizieren, und ein Schüler kann leicht die Geschichte einer Familie lesen, indem er seinen Verstand in die Umgebung des Herdes projiziert, denn dort versammeln sie sich und magnetisieren unbewusst diesen Ort. Ein Lehrer, der das Bewusstsein der Natur und ihre inneren Systeme erreicht hat, kann diese Eigenschaften auf einen Schüler übertragen, denn ein aufgenommener Schüler hat das Recht von seinem Lehrer zu verlangen, dass er die Dinge, die er lehrt, demonstriert.

Schüler mit einer künstlerischen, poetischen oder literarischen Neigung können durch ihren Lehrer mit ihrer Quelle der Inspiration verbunden werden, denn größtenteils sind ihre Atome elementar. Es gab viele Fälle, in denen ein großer Lehrer einen weitreichenden Effekt in der Welt erzeugt hat, indem er ein Licht durch seine Schüler geschickt hat. Sokrates ist ein Beispiel.

Als das Orakel von Delphi gefragt wurde: „Wer war die größte Seele, die Griechenland hervorgebracht hat?“, war die Antwort: „Sokrates“.

Denn Sokrates hat viele seiner Schüler mit ihrer inneren Sphäre der schöpferischen Aktivität verbunden. Vor einigen Jahren ist in Philadelphia ein großer Chirurg in Rente gegangen und die großen Denker in Industrie und Wirtschaft verbrachten die Nacht in seinem Haus, als sie in großen Schwierigkeiten waren. Sie waren angewiesen, nichts über ihre Sorgen zu erzählen, aber am nächsten Morgen, als dieser Meister sie zum Bahnhof begleitete, riefen sie plötzlich aus: „Ich habe es gefunden.“

Ein Licht erschien in ihrem Verstand und zeigte ihnen, wie sie ihre Probleme lösen könnten. Einer dieser Fälle passierte mir selbst, denn ich ging weg, mit einer Bindung in meinem Bewusstsein, die sich nie wieder gelöst hat. Es gibt eine seltsame Anziehung, die einen Schüler in die Atmosphäre von denjenigen, die weiter entwickelt sind als er, zieht und die er anscheinend zufällig trifft.

Bestimmte Schüler wurden geschult, ihren Körper zu verlassen und ihrem Lehrer, der physisch in einem entfernten Land sein konnte, zu erlauben, einzudringen und Dinge zu tun, die jenseits der Kraft des Schülers waren. Das wird „Avesa“ genannt.

Der Schüler ist bei vollem Bewusstsein bei diesem Vorgang, denn die Strahlung, der sein physischer Körper ausgesetzt wird, ist wie die Geburt eines neuen Bewusstseins. Es ist, als ob er plötzlich in eine Sphäre von Glanz und Helligkeit eingeführt wird oder aus einer dunklen Zeit von widersprüchlichen Gefühlen in die Astralwelt. Er fühlt einen Frieden, den er nie zuvor gefühlt hat.

Manchmal benutzt die Wirklichkeit den Körper eines Eingeweihten für Heilungen. Viele schwere Lasten werden so durch seine befreite atomare Energie entfernt, wenn die Kraft des Innersten herabsteigt.

Jesus sagte, als eine Frau den Saum seiner Tunika berührte: „Wer hat meine Kleidung berührt?" Denn er fühlte, dass die Energie des Christusbewusstseins ihn verließ.

Wenn wir uns in der Gegenwart unseres Innersten befinden und unsere Befreiung fordern, wird sie uns plötzlich erreichen. Eine Freiheit, die die Welt nicht kennt, eine Freiheit von allen Zwängen, egal wo und wie wir uns auf dieser Welt befinden. Denn weil wir uns von unserer niederen objektiven Natur befreit haben, erfahren wir zum ersten Mal, was Freiheit bedeutet.

Im Buch Der weise Bruder, das wir schon erwähnt haben, sagten wir, dass die Seele drei Dinge wünscht: Freiheit, Liebe und Kraft zu Erschaffen.

Diese Freiheit kommt, wenn unser Meisteratom in unser Silberschild eintritt. Dieser Aufstieg einer höheren Intelligenz trennt uns von vielen Gewichten, die uns nach unten zu unserer tierischen Natur gezogen haben, und unser Körper fühlt eine Leichtigkeit, die er nie zuvor gefühlt hat. Diese plötzliche Erleuchtung erwartet uns, wenn unser Silberschild stark genug ist, einen Tempel für seinen leitenden Genius vorzubereiten, der die Intelligenz der Weisheit unserer mentalen Ebene ist.

Dieses große Wesen ist ein Gesetzgeber und im sekundären System leitet und verwaltet es das Gesetz in seinen Sphären. Es repräsentiert ein Zwischenstadium zwischen unserem objektiven Selbst und unserem Innersten. In der alten okkulten Literatur spricht man von sieben Schritten oder sieben Stufen einer Leiter.

Wenn wir unser sekundäres System erreichen, gelangen wir zu unserer zweiten Stufe.

Wenn das Meisteratom seinen Thron besteigt, sind wir auf der dritten Stufe, und wenn wir in das Bewusstsein der Natur eintreten, erreichen wir die vierte Stufe. Denn das Meisteratom befreit sich nicht selbst von der Samenflüssigkeit, bevor wir uns nicht der bestimmenden Energie der Natur bewusst sind.

Der Mensch entspricht nur vier von sieben Teilen des Bildes, das das Atom Nous repräsentiert. Deshalb werden viele Okkultisten sagen, dass sie die vierte Stufe erreicht haben, obwohl sie in Wirklichkeit nur auf der Ersten oder Zweiten stehen. Nur denjenigen, die mit ihren höheren Zentren verbunden sind, werden die anderen drei Stufen enthüllt. Darüber können wir jedoch nicht schreiben.

Nur ein geübter Verstand kann den Schrecken der Liebe und des Gesetzes erleben, die diese Zustände ihm bieten. Die Geschichte von Moses, der seinen Meister Melchisedek trifft, symbolisiert das. (Der Graf von Gabalis)

In der Entwicklung einer Nation müssen die Atome der Umwandlung erschaffen werden, um dem Menschen Zeiten der Kultur und der mentalen Erleuchtung zu bringen. Die große Literatur eines Zeitalters wird durch das Meisteratom des Menschen erschaffen. Es sind Werke, die die Welt als Meisterwerke betrachtet. Während des elisabethanischen Zeitalters in England sehen wir das Beispiel eines solchen Verstandes, der von seinem Meisteratom inspiriert wurde. Die Menge der Information war so groß, dass verschiedene Schriftsteller, denen er Stenografie lehrte, sie sogar als Tischgespräche nahmen. Der ständige Fluss von erleuchteter Intelligenz hat die dunklen Orte dieser Welt beleuchtet.

Der Meister, der diese Entwicklung erreicht hat, strahlt diese Atome der Umwandlung von seinem Silberschild in die Atmosphäre seiner Schüler, die in Harmonie mit ihm sind. Viele Schüler sind erwacht durch die Atome, die ihr Lehrer in ihre Aura eingepflanzt hat. Dieser Mantel wird oft dem Schüler überreicht, wenn der Lehrer seinen physischen Körper verlässt. Er kann auch für einen Augenblick dem Schüler über die Schultern gelegt werden, wenn er es benötigt und dieser wird dann die Atmosphäre und Intelligenz seines Lehrers kennen.

Es gibt einen alten hermetischen Spruch in unserer Literatur: „Die Liebe wird deine Atome zum entferntesten Stern bringen." Denn die Liebe ist eine der größten Kräfte, um ein Ding zu leiten.

Der Mantel des Meisters gibt den Impuls, um den Körper seines Schülers mit größerer Aktivität vibrieren zu lassen. Der Schüler denkt natürlich, wie glücklich er sein würde, wenn das mit ihm geschehen würde, aber das ist in Wirklichkeit ein sehr schmerzhafter Vorgang. Die Atome der Liebe des Meisters strahlen auf den Schüler und das ist es, was er genießt. Der Lehrer lächelt traurig und plötzlich begreift der Schüler, wie schwer die Bürde des Lehrers ist, eine Bürde, die er alleine trägt.

Der Lehrer trägt sie oft, damit Andere frei von diesen Zuständen sein können, die ihre Entwicklung verzögern. Die Ignoranz hat die Leute dazu gebracht zu denken, dass ein Lehrer Zustände, die ihre Atmosphäre verunreinigen, entfernen kann und die Geburt ihrer Seele bewirken kann, mit einer einfachen Demonstration seiner verborgenen Kräfte. Sie verstehen nicht, dass der Lehrer die Zustände auf sich nimmt und dann ihre Atmosphäre von diesen Verunreinigungen befreit.

Sie verlangen alles, ohne sich darüber klar zu werden, dass der Lehrer seine eigene Arbeit zu tun hat und dass er nicht immer die Kraft hat, seine Atmosphäre zu reinigen. Denn manchmal erscheinen diese Kräfte nicht, wenn sie gerufen werden und einen physischen Körper zu haben, bedeutet oft durch die Zustände Anderer angesteckt zu werden, bis er sein Vehikel seiner eigenen feinen hohen Spannung anpassen kann.

In der Geschichte der Eingeweihten lesen wir selten, dass man dem Körper und dem Verstand des Lehrers viel Sympathie entgegenbringt. Die Leute erwarten alles und sehen ihn selten als ein menschliches Wesen an. Maria Magdalena war jemand, die die Menschen kannte. Sie verstand die menschliche Seite von Jesus und sorgte für seinen Körper und seinen Verstand, denn sie hatte gelitten und kannte das Übel ihrer Zeit.

Manchmal, wenn er außerhalb seines Körpers ist, wird ein Lehrer dem Schüler das Gute in diesen Frauen zeigen und ihnen helfen, wenn sie verzweifelt sind.

Die Menschheit ist im Allgemeinen grausam und egoistisch, aber in ihren Schwierigkeiten und Schmerzen rufen die Menschen Jesus an, damit er sie von ihrer Bürde befreit, denn kein gerechtes Gebet bleibt unbeantwortet. Aber sie denken nicht daran, dem Meister zu helfen, zu dem sie beten, ihm bei seiner Bürde zu helfen. Und das können sie tun durch ihre Liebe.

Die Regierung der Verwaltung des Meisteratoms ist ähnlich wie die Regierung einer Nation unter dem Schutz eines meisterlichen Verstandes.

Einige der Prinzipien, die nötig sind für den Verstand eines Meisters sind folgende:

1- Bleibe über den Gedanken des menschlichen Verstandes.

2- Bleibe über den beherrschenden Gedanken des Bösen und beherrsche die zusammengesetzten Körper deiner eigenen bösartigen mentalen Schöpfung.

3- Sei immer der Meister deines eigenen Verstandes.

4- Sei über dem Verstand der Meister, die die beherrschenden Gedanken des Bösen erschaffen, und mache, dass dein Verstand sie beherrscht, denn über dem Verstand der bösen Gedanken steht dein Meister bereit, um dir zu helfen.

5- Umgib dich mit dem guten Verstand der Sphären der Meister.

6- Ziehe Menschen mit dem Verstand eines Meisters in deine Umgebung, ihre Kraft wird dich beschützen.

7- Übernimm die Leitung der Kräfte der höheren Sphären deines Meisters, denn sie sind fähig den Verstand der Menschen des Bösen, die immer in der Nähe eines Meisters der Magie sind, zu meistern. Denn jene Kräfte können den Verstand über und unter den Sphären der Menschen beherrschen.

8- Sei Meister deiner Seele, denn die Seele hat Macht über die Materie.

9- Sei Meister deiner Gedanken, denn Gedanken sind wichtige Dinge.

10- Sei wachsam, um die Stimme deines Meisters zu hören, so wie er wachsam ist, deine zu hören.

Verborgene Welten

In der Entwicklung eines Schülers kommt eine Zeit, in der er jeden Wunsch nach materiellen Dingen und die Angst vor dem Tod verliert und er zieht sich zurück, unter der Betreuung und Beobachtung eines fortgeschrittenen Bruders. Er taucht ein in sein eigenes verborgenes Selbst und wird plötzlich mit tierähnlichen Wesenheiten konfrontiert, denen wir einst ähnlich waren; diese muss er aus seiner Natur löschen. Er wird auch denjenigen begegnen, die ihn in der Vergangenheit gequält haben und denjenigen, die er gequält hat; denn er muss nun sowohl seiner schlechten als auch seiner guten Vergangenheit gegenübertreten.

Er wird sich fühlen, als ob er wieder ein Tier ohne Licht wäre. Aber der Grund für die Trennung von diesem Licht ist, dass wenn es von den dunklen Kräften gesehen würde, es ihren Widerstand hervorrufen würde. Erst später erkennt er, dass er es immer noch besitzt und benutzen kann.

Man kann diese Welt Hölle nennen, aber sie ist nicht die Hölle der orthodoxen Religionen. Wir müssen ihre verschiedenen Dichten und atomaren Strukturen studieren, ihre Illusionen, wie auch ihre Wahrheiten. Denn wir müssen noch tiefer hinabsteigen, bis wir die größte Tiefe des Bösen und der Intoleranz erreichen. Wenn wir unsere tierische Vergangenheit untersuchen, als wir die Kräfte des Bösen als unsere Götter verehrten, erkennen wir, dass die Intoleranz uns auch auf einer höheren Ebene betrifft und dass wir hier die Wurzeln dieses Übels angreifen und zerstören können.

In diesen Höllen sehen wir, wie wir das Blut unserer Opfer verehrten und sie ohne Rücksicht auf ihre Leiden opferten, so wie wir umgekehrt genauso gequält wurden. So lernen wir, dass wir kein Leiden verursachen können, ohne die entsprechende Strafe zu bezahlen. Es ist leicht, eine Karte dieser Gebiete zu zeichnen, so wie man auch Orte auf höheren Ebenen kartografieren kann und man könnte viele Bücher über diese Regionen schreiben.

Ohne dass der Schüler es weiß, schickt das Baumeister-Atom eine Intelligenz des Atom Nous, wenn der Schüler in diesen niederen Gebieten ist, um ihn vor ernsten Leiden zu schützen, bei der Rückkehr aus diesen Tiefen, wo diese niederen Zustände ihn angreifen könnten.

Diese Intelligenz ist der Stern, der den Schüler während seiner Pilgerreise führt und über ihn wacht, und nicht erlaubt, dass etwas ihn so erschreckt, dass es ihm schaden könnte. Der Schüler bemerkt diese

Intelligenz nicht, bis er gerufen wird, sich dieser Prüfung zu unterziehen, in die Tiefen seiner niederen Zustände einzutauchen; dann erscheint diese Intelligenz vor ihm, strahlend und beschützend.

Die Schönheit dieser niederen Sphären verstärkt sich, denn ihre Bewohner nutzen ihre Künste, um ihre eigenen Personen zu verherrlichen und erscheinen in einer bösartigen Schönheit, weit jenseits dessen, was jemals in Festzügen beobachtet wurde. Sie sind umhüllt mit dem Bösen ihrer Sphären und man kann Sympathie mit den antiken Einsiedlern fühlen, die wahrscheinlich über ihren Widerstand hinaus in Versuchung gebracht wurden, denn diese Bosheit umhüllt einen in einer Atmosphäre von verstärkter mentaler Leidenschaft und Begierde.

Das Beste was wir tun können für diejenigen, die dort leben, ist, sie zu ermutigen und ihnen zu zeigen, wie man zu einer höheren Ebene des Bewusstseins aufsteigt. Ein großer Eingeweihter herrscht dort und versucht, sie zu einer höheren Sphäre zu leiten. Er trägt ein eisernes Band auf seiner Stirn und sein Gesicht ist unvergesslich. Er erinnert an eine alte koptische Legende über zwei Brüder. Einer stieg in die niederen Sphären hinab, um die gefangenen Seelen zu betreuen. Der Andere kam nach Palästina, um Licht in die Finsternis der Herzen der Menschen zu bringen. Hermogenes und sein Zwillingsbruder Jesus waren die Namen, die man ihnen in der Legende gab.

So erkennt man, dass wie tief ein Mensch auch sinken mag, es immer einen Eingeweihten gibt, der geschickt wird, um ihn zu erheben, wenn er aufzusteigen wünscht. Hier treffen wir große Lehrer, die uns versklaven und uns in dieser physischen Welt benutzen würden, wenn möglich.

Sie vereinen sich oft in Gruppen und zeigen uns ihre Macht über Menschen, die auf der Erde arbeiten und wie sie die Ereignisse kontrollieren können, indem sie Kurtisanen mit ihren Eigenschaften der Begierde durchdringen und sie für politische Zwecke nutzen. Nationen, die Kurtisanen auf diese Weise benutzen, sind normalerweise unter dem elementalen Zeichen einer Frau.

Die elementalen Eigenschaften, die diese Magier benutzen, wurden vom Mond freigesetzt und in die niederen Teile der Körper derjenigen eingefügt, die sie als Werkzeug benutzen. Diese Magier bauen ein Zeitalter der Größe um diese Kurtisanen herum auf, bis ihre Zwecke erfüllt sind. Danach werden sie entmachtet.

Die Schüler können oft diese elementalen Eigenschaften um eine Person herum sehen, sie sehen aus wie ein Bienenschwarm. Man sollte sich fernhalten von solch einem Umfeld, denn die Leute können mit solchen Eigenschaften angesteckt werden, so wie man sich mit einer unreinen Krankheit venusianischer Natur ansteckt. Die Magier dieser Sphären kennen all diese Dinge unserer Welt und verschiedene Organisationen wurden von ihnen beeinflusst.

Wie wir schon erwähnt haben, stehen bestimmte Gebiete unserer Welt unter dem Schutz von hierarchischen Wesen. Die Welt ist erforscht und unter dem Einfluss dieser Magier. Jedoch sind sie begrenzt in ihrer Macht für das Böse, da die weißen Mächte ihnen nur erlauben zu handeln, um den dummen Schüler zu lehren, damit er intelligent wird. Sodass er in zukünftigen Studien Magie nicht aus Neugier ausübt.

Diese Magier haben die Macht die Sprache zu verstärken und ihr eine hypnotische Wirkung zu verleihen. Prediger fühlen oft diese Wirkung und das ist der Beginn einer religiösen Erweckung, die oft die sexuelle Anziehung verstärkt. Das kann bewiesen werden durch den Anstieg der Geburtsrate, nachdem die Gefühle der Menschen aufgerüttelt wurden.

Diese Magier versuchen immer sexuelle Verehrung zu erzeugen und Kinder, die unter solchen Bedingungen geboren werden, sind normalerweise unausgeglichen. Später werden ihre Astralkörper leichter durch die niederen Wesenheiten beeinflussbar sein. Es ist bekannt, dass wenn das Licht heller ist, die Schatten am dunkelsten sind. Wir haben Orte gesehen, als wir außerhalb des Körpers waren, an denen eine dünne Wand einen Tempel von großer Heiligkeit von einem Tempel, in dem das größte Übel verehrt wurde, trennte. Wenn wir diese Sphären von verstärktem Intellekt betreten, sagt man uns, dass man uns große Macht geben wird und das höchste geheime Wissen, wenn wir ihnen unsere Seele ausliefern.

Der Schüler weiß wahrscheinlich, dass es auf der Erde Schulen des mentalen Yoga gibt, die logische Systeme lehren, die ihnen mit der Zeit helfen, den Verstand von Menschen zu beeindrucken und zu lenken, wie sie es wollen. Diese Schulen sind die Schulen dieser Magier, deren logische Vorgehensweise beweist, dass schwarz weiß ist.

Wir diskutieren oder streiten niemals über spirituelle Dinge auf höheren Ebenen, aber die niederen Sphären bringen uns in Berührung mit glänzenden Intellekten – nicht Intelligenzen – die uns fast überwältigen und wir fühlen uns zu diesem Magnetismus, den diese sadistischen und brillanten Scholastiker besitzen, hingezogen. Mit ihren Argumenten zeigen sie, wie schön das Böse ist und dass die Welt durch das Böse regiert wird und dass wir uns mit der Zeit ihrer Führung unterwerfen müssen.

Der Schüler ist fast verloren in der Grausamkeit dieser Sphäre und er erhält Anweisungen, die, wie man ihm erzählt, die Grundlage der mentalen Atmosphäre erschüttern würde, wenn man sie auf die physische Welt anwenden würde. Aber wenn er zu seinen normalen Zuständen zurückkehrt, wird der Innerste ihm ein Gegenmittel geben, um ihn ins Gleichgewicht zu bringen. Das wird wie ein Gefühl der Gerechtigkeit sein.

An diesem Zeitpunkt erwacht eine Art von atomarer Substanz, ein Bewusstsein, im Verstand des Schülers, die in sich den kostbaren Balsam von Gilead trägt. Es geht weit über das hinaus, was wir als Gut oder Böse bezeichnen würden, denn es enthält die Quelle von dem, was das Gute im Bösen und das Böse im Guten genannt wird. Aber diese Eigenschaften sind im Gleichgewicht.

In dieser Zeit der Umwandlung gibt man uns ständig diesen Balsam und eines Tages, wenn wir uns über unseren Körper und seine Strukturen hinaus entwickelt haben, betreten wir dieses Element und sind jenseits dessen, was Gut oder Böse genannt wird. Dieses goldene Bewusstsein wird uns dann unseren individuellen Weg enthüllen und uns eine Zeit der absoluten Ruhe in unserer eigenen Welt und allem, was in ihr ist, geben. Hier gibt man uns den Frieden und die Ruhe, die von den Yogis, die ihren Duft eingeatmet haben, Nirvana genannt wird. Und wir werden begrüßt und anerkannt als jemand, der schließlich von einer langen Pilgerreise der Arbeit und Erfahrung zurückgekehrt ist.

Während des nächsten Jahrhunderts wird diese Glückseligkeit vielen zuteilwerden.

In diesen unteren Welten liest der Schüler die Aufzeichnungen seiner Vergangenheit und sieht, wann er auf Grund von großem Übel und Leiden begonnen hat, eine innere und höhere Sicherheit zu suchen und um diese Führung gebeten hat. Diese brachte ihn dann in Kontakt mit den Kräften des Guten und gab ihm Anleitungen bezüglich seines täglichen Lebens.

Diese Wesen kamen in den Tagen von Lemurien zu uns; sie lehrten uns Tempel zu bauen, in denen sie ihre Teraphim aufstellten und durch sie die Leute belehrten.

In jenen Tagen hatten wir eine Haut wie die der Tiere, mit denen wir uns verständigen konnten, denn wir besaßen ähnliche instinktive Eigenschaften. Wir kommunizierten auch mit unseren Stämmen, mit Hilfe von Signalen und Symbolen und wir konnten Töne hervorbringen, die den Schreien von Kindern und Säuglingen ähnelten. Die Teraphim lehrten uns auch den Gebrauch von Tönen; denn sie konnten unsere Wünsche analysieren und ihre Intelligenz in unsere Astralkörper projizieren; obwohl unser Verstand sich langsam entwickelte, konnten wir unsere Gedanken nur durch unser astrales Bewusstsein mitteilen. In dem Maße, in dem wir uns entwickelten, lernten wir uns mithilfe bestimmter musikalischer Töne zu verständigen.

In diesen unteren Welten wirbeln Scharen von Wesenheiten um uns herum und vermitteln uns ihre Atmosphäre von Elend und bitten uns um Hilfe. Jede dieser Wesenheiten will von uns individuelle Aufmerksamkeit und fragt uns über die höheren Sphären. Sie erscheinen hoffnungslos. Ihr Licht ist verdeckt und sie haben keine Kraft, um sich zu erheben. Sie bitten uns um Hilfe, um ihre Gedanken nach innen zu tragen.

In bestimmten Zeiten werden diese Wesenheiten in andere Sphären gebracht, wo sie sich sammeln, um zwei Arten von Anweisungen zu erhalten. Eine von ihren eigenen bösartigen Intelligenzen und eine Andere von strahlenderen Wesen. Wir sehen diese höheren Wesen oft in die niederen Ebenen hinabsteigen, um die Vibrationen dieser niederen Leute zu erhöhen. Dieser Abstieg in die eigene Vergangenheit wird symbolisiert in der Aufgabe von Herkules, in der er die Ställe des Augias säubert.

Wenn der Lehrer dem Schüler hilft, seinen Körper zu verlassen und ihn gelehrt hat, zu reisen, nimmt er ihn manchmal mit in diese niederen Gebiete, um einem anderen Schüler zu helfen, der seine Kraft falsch eingeschätzt hat und in Schwierigkeiten ist.

Viele Leute reisen, wenn sie schlafen, unbewusst in diese niederen Zustände und helfen denjenigen, die in Schwierigkeiten sind. Wir haben viele Freunde getroffen, die das ständig tun. Wir haben sie in diesem trüben Zwielicht gehört, als sie zu unzähligen Mengen sprachen, mit der Hoffnung, dass einige die Wahrheit erkennen würden und innerlich Sehnsucht nach ihrem eigenen Stern der Befreiung entwickeln würden.

Einige große Intelligenzen, die diese niederen Welten regieren, sind fortgeschrittene verborgene Meister, die Interesse an dieser Arbeit haben. Manchmal enthüllen sie sich uns und wir sehen, dass sie verkleidete Retter sind.

Der Schüler lernt nun, dass er das, was man Hölle nennt, selbst erschaffen hat und nur indem er seine niedere Natur auslöscht und kontrolliert, kann er sich im Sonnenlicht der ewigen Jugend wärmen. Um den verborgenen Glanz im Menschen zu erwecken, muss er mit dem Staub der Jahrhunderte poliert werden, bis seine innere Leuchtkraft strahlt, um eine finstere Welt zu erheben.

In diesen unteren Sphären wird dem Schüler oft befohlen, Dinge zu tun, die denjenigen Leiden verursachen, gegen die er seine Mächte richtet. Das bringt den Schüler dazu, zu verstehen, dass wenn ein strahlendes Wesen sich ihm nähert und ihm befiehlt, solche Dinge zu tun, dieses Wesen von bösartiger Natur sein muss, welches, wenn man es auffordert, gezwungen sein wird, seinen wahren Charakter zu enthüllen. Außerdem, wenn der Schüler solche Dinge tut, wird er Versprechungen brechen, die er gemacht hat und das wird kein Eingeweihter tun.

In diesen niederen Sphären können wir das Wissen benutzen, das uns die Sylphen gegeben haben; die Macht, eine niedere elementale Substanz auszulöschen. Eine geheime Kraft, die wir oft nutzen, wenn wir einen Geisteskranken besuchen, dessen mentale Strukturen durch hypnotische Kräfte eines bösartigen Verstandes entstellt wurden.

Jedes menschliche Wesen hat ein geheimes Laster, das ein bösartiger Verstand nutzt, um seine Angriffe zu lenken. Die Eitelkeit und Selbstliebe sind die gewöhnlichen Schwächen, die dieser Verstand verstärkt. Der unpersönliche Verstand entkommt solchen zerstörerischen Kräften, aber nicht der Arrogante und Selbstbestimmte.

Nachdem dem Schüler das Übel dieser Welt gezeigt worden war, wird er sich für mehrere Monate fühlen, als ob es wenig gäbe, für das es sich zu leben lohnt. Er hat gelernt, dass der Verstand und der Körper durch tierische Naturen herabgesetzt werden können, und er hat gesehen, wie scheinbar Unschuldige gequält wurden. Diese Welt hat wenig, was man mit der Genialität in diesen niederen Sphären vergleichen kann, wo der Verstand eine mächtige Herrschaft über Andere ausübt und nur als Dämon bezeichnet werden kann, der anscheinend jenseits jeder Hoffnung ist.

Das Gesetz sagt Folgendes: „Der Mensch wird seinen wahren Charakter sowohl im Himmel als auch in der Hölle widerspiegeln. Er muss selbst seinen eigenen zukünftigen Ort bestimmen."

Diese Kräfte sind, glücklicherweise für die Welt, in zwei gegensätzliche Lager aufgeteilt, die gegeneinander kämpfen. Wenn eine Seite fähig ist, die Andere zu unterdrücken, beginnen die Sieger langsam zu den höheren Ebenen aufzusteigen und mit der Zeit in der Atmosphäre der Welt zu erscheinen.

Wenn die Massen der Sieger erscheinen, bewirkt das, dass die Besiegten sich wieder erheben. Wenn ein Krieg auf dieser Erde endet, ist es, weil diese Atome in ihre niederen Sphären zurückehren müssen, um ihre Macht über Andere zu bewahren.

Diese Führer mit kriegerischem Charakter, die von den Atomen des geheimen Feindes beherrscht werden, verlieren die Führungsstärke, die sie vorher besaßen und werden so besiegt.

In diesen Tiefen kann man eine kriegerische Nation, mit ihren großen Generälen sehen, die versuchen Krieg sowohl auf der Erde, als auch in ihrer eigenen Sphäre zu entfesseln. Denn dort gibt es niemals Waffenstillstand zwischen diesen dämonischen Kräften, und wenn wir uns ihnen nähern, erkennen wir ihre Bosheit in unseren eigenen Strukturen. Wir zittern, wenn wir erkennen, was Krieg wirklich bedeutet, wie ihn die gigantischen Kräfte der Unterwelt praktizieren und verstehen.

Ein trübes Zwielicht überschattet diese Gebiete und dort existiert eine Welt, die genauso gebaut ist wie die der höheren Sphären. In ihren Museen befinden sich die letzten Entwicklungen der Luft- und Unterseewaffen, sogar Geräte, die mit dem astralen und mentalen Krieg zu tun haben. Das sind Miniaturmodelle und sie passen in ein Weinglas. Der Grund ist, dass der menschliche Verstand sie in ihrer Gesamtheit erfassen kann, wenn sie klein sind.

In diesen niederen Ebenen gibt es Schulen von erfahrenen Beobachtern, die sich auf diese Bilder konzentrieren, um sie zu visualisieren. Später prägen sie diese in die sensitiven Membranen des Verstandes des Erfinders ein. Wenn ein Beobachter müde wird, nimmt ein Anderer sofort seinen Platz ein, damit der Druck konstant bleibt.

Diese Methoden werden ebenfalls auf den höheren Ebenen benutzt; denn das Gute muss das Böse bekämpfen und Geräte erfinden, die die Effekte ihrer Gegner annullieren. Der geheime Feind benutzt Giftgas als eines seiner größten Erfindungen, nicht nur gegen den Menschen, sondern auch gegen die Landwirtschaft. Dieser Feind sucht Medien in jedem Feld der wissenschaftlichen Forschung.

Hier können wir die Dummheit des Menschen bezeugen, der Feindschaft zwischen Nationen erschafft und Methoden benutzt, um einen plötzlichen Kriegsausbruch zu provozieren. Politiker werden normalerweise für diese Zwecke benutzt. Der Leser wird nun wahrscheinlich erkennen, warum die Yogis versuchen, sich von weiteren Inkarnationen in dieser Welt zu befreien.

Die Eingeweihten senden uns diese Willkommensbotschaft: „In diesem neuen Zeitalter werden viele dem Gesetz folgen und sich daran halten.“ Das bedeutet, dass viele sich an die Energie der Morgenröte der Jugend anpassen werden und der Reichtum einer Nation wird aus ihren moralischen Errungenschaften bestehen; denn sie werden ihren eigenen Weg wählen müssen, sei es für das Gute oder das Böse und die Geschichte lehrt uns, dass diejenigen, die den falschen Weg nehmen, durch Naturkatastrophen zerstört werden.

In diesen unteren Welten beobachten wir wie diese brillanten und starken Denker, die sich in einer kollektiven Energie verbinden, um Zwietracht in Industrie und Wirtschaft zu bringen. Diese Denker sind große Schüler und fortgeschrittene Meister des Gesetzes des Reichtums; sie erfinden Wege und Methoden, um den Reichtum eines Menschen zu vergrößern, damit sie ihn später als Werkzeug der Zerstörung benutzen können. Platon sagte: „Die beste Regierung ist diejenige, die das Meiste für die Ärmsten tut."

Im großen internationalen Kongress, den wir in der Zukunft sehen, werden große Ideale zu Gesetzen werden und mehrere Nationen werden sich vereinen, um den Wohlstand aller innerhalb ihrer Grenzen zu fördern. Die Nation, die versuchen wird, ihr Wachstum auf Kosten der Schwachen voranzutreiben, wird mit der Zeit in eine Lage kommen, die diesen ähnlich ist. In einem Buch, dass von einem Eingeweihten geschrieben wurde, habe ich gelesen: „So wie die Menschen sich um ihre eigenen Portale versammeln, werden sie in ihre eigene Ratskammer gebracht und man wird sie ihre eigenen Gesetze lesen lassen."

Das bedeutet, dass wenn der Mensch innerlich entwickelt ist, wird er seinen eigenen Platz und seine Position in der Natur entdecken. Wir lesen auch: „Solange der Mensch durch seine eigenen Leidenschaften und Begierden geblendet ist, solange wird er ein Gefangener bleiben."

Der Schüler steigt in noch tiefere Dichten hinab, um sein verlorenes Wissen wiederzuentdecken. Hier erblickt er die große Intelligenz, die ihm ihre Mächte anbietet und ihre Wahrheiten offenbart. Der Schüler zittert vor den Grenzen seiner Herrschaft. Es erweckt in ihm die Erinnerung der natürlichen Magie und ihrer bösartigen Besessenheit jener Tage, denn obwohl er die Strafe seiner bösartigen Vergangenheit gebüßt hat, besitzt er noch immer solche Atome.

Hier muss er eine schwierige Aufgabe erfüllen. Er muss das Gedächtnis jener Atome auslöschen, sodass sie nicht länger in den niederen Zentren seines physischen Körpers handeln können. Das erreicht man auf folgende Weise: Zuerst beschaffen wir die Information, die diese Atome enthalten und suchen innerlich die Kraft, um ihre Atmosphären zu reinigen. Aber wenn wir eine Führung suchen, rufen wir ihren Widerstand hervor und das zieht Schwärme von bösartigen Wesenheiten an, die um uns herum schweben und während dieser Zeit in unserer Umgebung bleiben, und diese Wesenheiten versuchen wir auch in eine höhere Ebene zu erheben. Wenn wir Licht zu unseren niederen Atomen bringen, werden sie uns dienen.

Die Yogis nennen sie Informanten, denn sie werden zu Werkzeugen, die uns über die Handlungen unseres geheimen Feindes informieren. An diesen Punkt begegnen wir ihren Herren, die, um uns mit ihrer nächtlichen Atmosphäre zu erschrecken, scheinbar ihre Begierden hinausschreien, mit einem ohrenbetäubenden Schlag positiver Kraft auf unsere Silberschilde, obwohl wir uns dahinter sicher fühlen.

Schwarze Magier

Wenn wir einem Magier begegnen, benutzen wir unsere eigenen magischen Kräfte, um ihn für eine Zeit von seiner mentalen Agonie zu befreien, denn diese Magier leiden sehr, trotz ihrer großen Kräfte. Als Dank bitten sie uns um Vergebung, weil sie sich in unsere Arbeit eingemischt haben. Wir versuchen, ihren Verstand zu heilen und sie in eine klarere atomare Atmosphäre zu erheben.

So lernen wir ein neues Gesetz kennen, d. h., wir können Leute von einer Schwingung in eine andere versetzen, die sie für einen Augenblick aus ihrem Elend befreit.

Wir entdecken auch, dass wir, während wir diese Arbeit tun, ähnliche Zustände aus unseren eigenen niederen Körpern entfernen.

Dieser Art der Arbeit dauert eine Zeit lang, und es hängt von unserem Dienst am Nächsten ab, wie lange wir diese Arbeit fortführen müssen, bevor wir von den Schichten unserer niederen Natur befreit werden. In diesen Höllen erscheinen Leute, die so gekleidet sind, wie sie es auf der Erde waren und sich mit ähnlichen Berufen beschäftigen. Das ist eine Illusion, obwohl es für sie sehr wirklich ist.

Hier beobachten wir große Agonie, da Leute mit ähnlicher Natur zusammen sind und ihre irdischen Gewohnheiten sichtbar für alle entblößt werden. Diejenigen mit einem verschlossenen Verstand können sich nicht verstecken, und wenn sie das bemerken, wächst ihr Leiden sehr.

Der Schüler beobachtet den kriminellen Verstand, der über seinen Taten brütet. Er sieht auch unzählige Wesen, die klassifiziert und zu dichten Abteilungen gebracht werden müssen, unter der Führung von Lichtbringern, deren Arbeit es ist, das Wachstum der inneren Verwirklichung zu fördern. Viele erstaunliche Dinge geschehen in den Kriminalabteilungen und man trifft oft Leute, die man kannte, als sie auf der Erde lebten.

Man findet hier auch Priester, die auf der Erde zerstörerisch waren und auch diejenigen, die ihre Seele in die Hände von Anderen gegeben haben. Ihre Gesichtszüge scheinen von der Atmosphäre dieser Orte geformt zu sein; länglich, fischähnliche Augen, ausgemergelte Gesichter, die immer seitwärts schauen, als ob sie fürchten entdeckt zu werden.

Diejenigen, die physische Gesetze gebrochen haben sind getrennt von denjenigen, die spirituelle Gesetze gebrochen haben und jede Art hat ihren eigenen speziellen Geruch. Diese zwei Arten sind sehr zerstörerisch und können sich selbst im astralen Fluidum des Körpers eines Mediums verbergen.

Wenn diese Wesen für öffentliche Arbeit genutzt werden, können sie die Vorstellungskraft des Publikums erhöhen und ihren Verstand in anormale Bereiche der Gedanken führen.

Im religiösen Bereich, obwohl er sehr intellektuell ist und nur aus Wesen derselben Art besteht, leben sie in einer solchen Dumpfheit, dass sie mit der Zeit gezwungen werden, innerlich nach mehr Licht zu suchen, das sie zu einer neuen Inkarnation bringt.

Wir haben oft edle Priester gesehen, die mit ihren Roben bekleidet sind, umgeben von Personen, die versuchen, ihre Lehren anzufechten. Das sind Helfer, denen wir helfen, wann immer es möglich ist.

Die Methode, mit der man mit diesen niederen Menschen sprechen kann, ist die Telepathie. Es wird gesagt, dass wir in tieferen Ebenen die alten vokalen Klänge benutzen müssen, über die wir schon gesprochen haben. Keine bösartige Wesenheit kann sich an uns anhängen, außer wenn wir sie durch Gedanken anziehen, oder wenn wir negativ in unseren Handlungen sind.

Das negative Medium, das leicht diese niederen Zustände hervorruft, bewirkt, dass sich sein Astralkörper mit diesen parasitären Formen infiziert, die seine Vitalität abziehen. Diese Formen erschöpfen seine Lebenskraft und erklären den anormalen Appetit des Mediums.

Das zeigt die Notwendigkeit, einen reinen Körper und Verstand zu besitzen, und eine gute Gesundheit. Kranke und sensitive Leute müssen mehr kämpfen, als man glaubt, denn sie ziehen die Larven dieser niederen Zustände an.

Im neuen Zeitalter werden wir uns mentale Verwirrungen zusetzen und deshalb muss der Silberschild entwickelt werden, damit wir immun gegen unnatürliche Zustände werden. Die Chirurgen und Ärzte der Zukunft müssen ihre Fähigkeiten entwickeln, um solche Zustände zu verstehen. Es gibt sehr wenige im Westen, die fähig sind, diese seltsamen Fälle, die anfangen sich zu manifestieren, zu verstehen. Wenige von ihnen haben das dritte Auge entwickelt, das wahrnimmt, was die normalen Augen nicht erkennen können. Wir haben jedoch einige Ärzte mit reinem Verstand getroffen, die unbewusst hellsichtig sind, und instinktiv solche Fälle erkennen.

Der Schüler wird nun beginnen, die Kräfte des Bösen, die auf der Erde wirken, zu analysieren und er wird oft mit Adepten, die in entfernten Teilen der Welt leben, in Kontakt treten. So wird er ein Yogasystem lernen, dass seine niedere Entwicklung beschleunigt und er wird erkennen, dass er von vielen Augen beobachtet wird, denn wenn er treu war, werden sie einen gemeinsamen Druck ausüben, um ihn so schnell wie möglich voranzubringen. Das westliche Yoga ist eine Methode der schnellen Entwicklung und wir haben nicht die Muße des Orients. Weil es im Westen so wenige Arbeiter gibt, ist es notwendig, rechtzeitig eine Anzahl von Adepten vorzubereiten, für das Erscheinen des großen Eingeweihten, der gekommen ist, sich aber noch nicht offenbart hat. Genauso wie der große Nazarener seine siebzig geheimen Schüler hatte, die sein Kommen erwarteten, so gibt es auch im Westen eine Anzahl von Personen, die vorbereitet sind und warten. In Zukunft wird man der Menschheit Informationen geben, über die Lamas, Priester und Propheten, die sich zurückgezogen haben, um den Menschen in ihrer Entwicklung zu helfen und die zurzeit verborgen sind. Wir werden dann erkennen, dass diese großen Seelen eine vereinte Kraft bilden, die das spirituelle und moralische Wohlergehen der Welt fördern.

Der Schüler sollte immer aufmerksam sein, um Mitteilungen aus China, Tibet und anderen Teilen der Welt, speziell aus Amerika, wo es viele von ihnen gibt, zu erhalten. Der Schüler kann diese Botschaften leicht über große Entfernungen empfangen, weil Gedanken schneller als Elektrizität sind.

Einige dieser Lehrer und ihre Schüler erscheinen uns seltsam, da sie nicht mit unseren Methoden zu leben übereinstimmen. Am Anfang können sie sehr einfach und kindlich erscheinen, jedoch in ihren eigenen Schwingungsbereichen übertreffen sie jene, die nach den Anforderungen von Harvard und Oxford kultiviert und gebildet genannt werden können. Es ist wahrscheinlich interessant für den Leser zu wissen, dass der Schüler und sein Lehrer ihr vorgesehenes Ziel erst drei Monate oder weniger, vorher kennen. Je tiefer der Schüler in seine inneren Welten und ihre Gegenstücke eindringt, desto passiver wird seine sogenannte Persönlichkeit. Das Wissen, das er erhält, gibt ihm nicht die Fähigkeiten, die ein Geschäftsmann versucht zu erlangen. Eine der größten Künste eines Yogi ist es, seine Persönlichkeit zu entfernen, aber seine Worte werden für immer in unserem Verstand bleiben.

Diese Macht kann so weit entwickelt werden, bis er fast die Erinnerung seiner persönlichen Erscheinung auslöschen kann. Das bedeutet, dass Yogis ihre Atmosphären so beeinflussen können, dass der Verstand ihre Schwingungen nicht bemerkt. Das ist eine besondere Art der Unsichtbarkeit, jedoch nicht der Dematerialisation. Wir haben einen Lehrer kennengelernt, der im Moment einer großen Krise erschien und später plötzlich wieder verschwand.

Wenn wir die niederen Ebenen betreten, antworten wir zuerst nicht auf ihre atomaren Bedingungen. Unser Verstand neigt dazu verwirrt zu werden, und unser Astral- und Mentalkörper nimmt das Aussehen an, das er im elementalen Zeitalters des Mondes hatte, das verleiht ihm eine längere Form und wir ähneln dem Werk einiger unserer modernen Bildhauer, die fähig waren, zurück zu ihren primitiven Vorfahren zu gehen und atomare Substanzen dieser Zeit anzuziehen.

Wenn wir die Entwicklung der Gedanken analysieren, die still in der Jugend von heutzutage arbeitet, entdecken wir Widerstand gegen den so genannten akademischen Ausdruck der Kunst.

Denn diese Menschen haben in sich selbst die schwachen Echos einer weit entfernten Vergangenheit, jenseits der Form und ihrer verschiedenen Eigenschaften erweckt. Und da sie auf Grundlage einer entfernten Vergangenheit arbeiten, hoffen wir, dass sie auch in einer entfernten Zukunft arbeiten werden, wo die atomaren Substanzen der Sonne sich manifestieren werden.

Wenn wir die modernen Werke dieser Menschen kritisch betrachten, werden wir sehen, dass sie die Verwirklichung von Dingen erreicht haben, die in diesem Zeitalter unbemerkt blieben. Sowohl in den niederen Sphären als auch in den Höheren finden wir eine Stärke des Ausdrucks, der in Zukunft in den künstlerischen Ausdruck der Welt übergehen wird. Die Schönheit wird dort nicht Schönheit genannt, sondern das Symbol dessen, was der Innerste will, das wir antworten sollen. Es ist der Ausdruck der Realität, der sich durch die Form manifestiert.

Der Schüler wird oft unter den Künstlern und Bildhauern diejenigen suchen, die ihren Silberschild entwickelt haben. Unglücklicherweise wird er nur wenige treffen, die diese Entwicklung, und so das Licht das vom Innersten kommt, erreicht haben. In der mittleren Zeit des neuen Zeitalters werden diese Künstler, die ihre Berufung verloren haben und für materielle Dinge arbeiten mussten und nicht fähig waren, sich kreativ auszudrücken, die Freiheit bekommen, sich selbst auszudrücken.

Wenn bösartige Künstler arbeiten, inspirieren sie sich manchmal unbewusst an einer Quelle, die jenseits von Gut und Böse ist, und dafür bestraft ihr bösartiges Genie sie.

Künstler und Bildhauer sind oft natürliche Yogis, denn wenn sie sich in ihrer Arbeit selbst verlieren, folgen sie einer natürlichen Richtung, in welcher Atome sind, die den Yogi in einen Zustand unbewusster Glückseligkeit bringen, einer Art Nirvana. In solchen Momenten fügen ein Rembrandt oder ein Velazquez in ihr Werk die Substanz ein, die es zu einem Meisterwerk macht und die den Verstand derjenigen, die es studieren, beherrscht.

Whistler erkannte, dass es die letzten zwanzig Minuten unbewusster Arbeit waren, die das Portrait seiner Mutter, das sich im Museum von Luxemburg befindet, zu einem Meisterwerk machte. In solchen Werken entdecken wir, dass die Pinselstriche anscheinend ohne Anstrengung und sehr genau und sicher gesetzt wurden und diese Bilder unbezahlbar machten. Die Welt behandelt unsere Künstler ohne Rücksicht auf ihre Sensibilität und versucht sie in ihre eigenen Ebenen der Gedanken einzusperren.

Menschen mit wirtschaftlichem und industriellem Verstand haben sehr oft Genies versklavt, um, wie sie sagen: „Ein gutes Geschäft zu machen“.

Wenn man die Werke von großen Künstlern analysiert, entdeckt man oft, dass sie auf wissenschaftlicher Grundlage arbeiteten und viele ihrer Entdeckungen sind ihrer Zeit weit voraus. Claude Monet, dessen Farbtheorien zuerst belächelt wurden und sich später als wissenschaftlich korrekt erwiesen, ist ein Beispiel. Man kann auch Michelangelo, Leonardo da Vinci, Rembrandt und andere anführen.

Der Schüler wird entdecken, dass keine physische oder mentale Schöpfung je verloren geht und er wird in den höheren und niederen Welten Museen finden, in denen diese Werke noch immer ausgestellt sind. Hier sehen wir sowohl schlechte wie auch gute Kunst und man staunt über die bösartigen Schöpfungen, die von den anormalen und perversen Künstlern von Rom und Atlantis hinterlassen wurden.

Inmitten dieser Schöpfungen wird der Schüler allein gelassen und er entdeckt in seiner niederen Natur ähnliche Eigenschaften wie diejenigen dieser Werke. Wir möchten oft diese Dinge zerstören, die von Leuten mit ignorantem und ordinärem Verstand erschaffen wurden; denn sie beinflussen junge Künstler mit ihren niederen Atomen und diese vervielfältigen dann diese üblen Werke.

Der geheime Feind versucht ständig, diejenigen zu behindern, die von den höheren Ebenen gefördert werden, welche dem Künstler eine Klarheit der Wahrnehmung geben. Der geheime Feind versucht so den Verstand zu entstellen, bis der Künstler sein ursprüngliches Ziel aus den Augen verliert.

Deshalb sollte ein Künstler sein Werk nicht enthüllen, bevor es fertiggestellt ist, denn der geheime Feind wird seine Freunde benutzen, um ihn zu kritisieren und entmutigen. Einige der größten Meisterwerke der Welt wurden auf diese Weise durch die Einmischung eines Fremden zerstört. Coleridges unvollendetes Gedicht „Kubla Khan" ist ein klassisches Beispiel.

Der geheime Feind versucht, kreative Menschen mit dem Element der Faulheit zu beeinflussen. Diejenigen, die unter diesem Einfluss stehen, sprechen mit großer Autorität über die Künste, aber sie erschaffen wenig. Jeder Künstler benötigt harte physische Arbeit, denn ein gesunder Körper, wie wir schon erwähnten, bringt einen positiven Verstand hervor. Schwache Künstler, egal welcher Richtung, werden selten durch ihre inneren und höheren Systeme unterstützt.

Wir hoffen, dass diese Lehren der Jugend helfen, Weisheit zu erreichen, während sie jung und stark sind. Denn die Kunst ist ein Ideal, das erfüllt werden muss und die Jugend verschwendet oft ihre besten Momente, indem sie sich in Abwegen verliert.

In den verschiedenen Systemen des Yoga werden verschiedene Wissenschaften gelehrt und einige behandeln diese unteren Welten. Die Schüler werden gelehrt, diese Zustände zu erwecken und sie zu beherrschen, so wie auch die Atmosphäre von Menschen zu reinigen, die diese angezogen haben.

In dieser gesamten Arbeit darf der Schüler nicht seinen Vorlieben folgen, sondern er muss innerlich die richtige Richtung suchen. Er darf nicht nach persönlicher Macht suchen, aber wenn er treu ist, wird er mit der Zeit dort hingestellt, wo er die Macht über die Natur anstreben kann und ihr auf unpersönliche Weise dienen kann. So wie ein Zimmermann sein Handwerk und den Gebrauch seine Werkzeuge lernen muss, so muss der Schüler seine Ausbildung unter den entwickelteren Mitgliedern seiner Schule machen.

Der westliche Verstand ist sehr beschäftigt, es fehlt ihm die Ruhe des östlichen Verstandes und der westliche Yogi muss seine Rettung im Inneren und nicht im Äußeren erreichen.

In die niederen Sphären einzudringen ist, wie begraben zu werden, denn der Schüler betritt eine Atmosphäre, die seiner Natur fremd ist und es dauert eine Zeit, um in ihr zu erwachen und sich an seine früheren Erfahrungen und das Böse, das er in diesen dichten Gebieten getan hat, zu erinnern. Jedoch obwohl all das wirklich erscheint, weiß er innerlich, dass es eine Illusion ist. Der Schüler trifft in diesen inneren Ebenen einen Lehrer, der ihn fragt, warum er dort ist und welches seine Verbindung zu diesen Ebenen ist.

Der Schüler wird dann langsam erkennen, dass er Elemente einer tierischen und bösartigen Natur besitzt, aber er wird auch die Gegenwart eines Bandes fühlen, das ihn mit seinem Innersten verbindet und das gibt ihm ein starkes Gefühl von Schutz und Vertrauen. Später, wenn er wieder aufsteigt zur physischen Welt, wird er fühlen, dass er ständig wiedergeboren wird. Kurz gesagt: Abstieg bedeutet Tod, Aufstieg bedeutet Geburt.

Wenn die Menschen sterben, bleiben sie in ihrer astralen Hülle gefangen. Das ist eine fluidische Substanz, die ihre Leidenschaften und Begierden aufzeichnet und durch diese Elemente bleiben sie erdgebunden, denn eine dünne Schnur verbindet sie mit ihrem zersetzenden Körper. Das sind die Erscheinungen, die auf den Friedhöfen umherwandern, denn es dauert eine beträchtliche Zeit, bis die Seele sich von dieser astralen Verbindung lösen kann.

In den frühen Tagen des Christentums konnten die älteren Priester ihren Körper verlassen und den Gläubigen im Moment des Todes helfen. Sie durchdrangen die drei Schleier der Illusion, dem Purgatorium, das die Erde umgibt, sie durchtrennten die astrale Schnur durch einen Prozess der Levitation oder durch einen mantrischen Gesang und brachten den Gläubigen an einen Ort der Erweckung, wo er unter Aufsicht von Helfern dieser Ebene blieb. Das ist nicht immer der Himmel, sondern Sphären, die den wahren Charakter der befreiten Seele widerspiegeln. Viele werden sich fragen: „Warum begräbt man Leute in der Nähe einer Kirche?"

Der Ursprung dieses Brauches liegt darin, dass das Glockenläuten die astrale Schnur vibrieren ließ und sie durchtrennte. Die Zeremonie der Messe für die Toten diente auch dazu, die Seele zu befreien. Manchmal werden die Schüler auf den Friedhof geschickt, um diese Schnüre durch intensive Konzentration zu durchtrennen und auch um die Angst zu bewältigen. Angst ist eines der Dinge, die der Schüler überwinden muss, denn in den niederen Sphären wird er mit schrecklichen Dingen von Angesicht zu Angesicht konfrontiert werden. Der geheime Feind benutzt die Angst als eine seine Waffen und greift den Schüler mit Erscheinungen an, die dem Hüter der Schwelle ähneln.

Da die elementalen Kräfte unsere wahre Natur sehr leicht lesen, versuchen sie oft uns zu erschrecken, wenn wir ihr Gebiet betreten. Deshalb haben so viele sensitive Menschen Angst vor der Dunkelheit und wollen nicht nachts durch die Wälder gehen. Der Yogi nimmt diese Zustände auf, analysiert sie, hält einen Moment inne und schickt dann all seine Liebe zu diesen Orten.

Der Leser sollte das versuchen, wenn er diese Angst fühlt. Er wird dann entdecken, dass seine Angst plötzlich verschwindet und wenn er diese Orte wieder betritt, wird er fühlen, dass er willkommen ist, denn er wird erkannt als jemand, der die Natur nicht zerstört, sondern sie liebt. Die Gärten antworten auch jemandem, der ihnen Liebe schickt.

Der Schüler wird auch angewiesen, wie man Wesen, die an bestimmten Orten spuken, zurück zu ihren eigenen Sphären schickt. Denn sie wurden aus ihrem normalen Zustand herausgerissen und brauchen Hilfe, um zurückzukehren. Es ist der Wunsch nach Hilfe, der bewirkt, dass sie manchmal einer Person erscheinen. Magier nutzen oft niedere Elementarwesen, um den Verstand von Sensitiven zu schockieren.

Manche alte Familien, die in der Geschichte einer Nation berühmt waren, haben of eine elementale Kraft des Bösen, die sie überschattet und es dauert manchmal viele Jahrhunderte, um solche Kräfte zu vertreiben. Früher wussten die Magier, die misshandelt wurden, wie man elementale Kräfte beeinflusst, in Form von erblichen Flüchen. Heutzutage gibt es mehr schwarze Magie, als die Leute glauben, und es gibt viele Organisationen, die das Böse absichtlich verehren und versuchen, alles zu zerstören, was spiritueller Natur ist.

Menschen in niederen Zuständen, die noch immer an ihren weltlichen Gelüsten festhalten, haben anscheinend keine Hoffnung mehr, denn sie haben keine Kraft der Liebe hinter sich, die sie zu höheren Sphären erhebt. Die Liebe ist eines der mächtigsten Werkzeuge der weißen Magier, um bei der Evolution des Menschen zu helfen. Die Liebe, die die Seele hinter sich lässt, ist eine unglaubliche Kraft, die ihr helfen wird, ihre inneren Besitztümer wiederzuerlangen. Manche Rassen, die das wissen, lehren ihre Kinder, sie in Erinnerung zu behalten und für sie zu beten.

Diejenigen, die das tun, sollten nicht versuchen, sie zurück in diese Welt zu ziehen, sondern ihnen den Wunsch schicken, sich weiter zu erheben. Der durchschnittliche Mensch glaubt, dass er, wenn er stirbt, von der Arbeit ausruhen kann und glücklich sein wird, aber er wird hier wie dort ein aktives Leben finden. Der Atheist, der nicht an ein Leben nach dem Tod glaubt, findet sich in einer Hülle wieder, die ihn für Jahrhunderte gefangen hält.

Wenn eine Person stirbt, wird sie von einem Engel empfangen, der all ihre inneren und äußeren Taten aufgezeichnet hat. Diese Person überprüft ihre Taten und muss sich selbst richten und auf die Waage legen. Das bewirkt, dass die Person zu ihrer eigenen Stufe hingezogen wird. Gleichzeitig schlägt ihr Vermittler vor, den Fall in seine Hände zu geben und dann versucht er die Aufmerksamkeit des Innersten zu gewinnen, um ihm den Fall vorzustellen. Wenn die Person ernsthaft um Vergebung bittet, wird sie mit Milde und Gnade gerichtet.

Der Engel des Todes besitzt nicht die Natur des geheimen Feindes, obwohl er in einem neutral grauen Gewand erscheint. Er hilft und führt die Seele beschützend durch die Dichte der physischen Atmosphäre. Der Sensitive fühlt die Anwesenheit dieses Engels durch das Rauschen der Flügel in der Luft. Das klingt wie eine Fantasie, obwohl es wahr ist.

Dieses Wesen ist kein Elementarwesen, sondern gehört einer anderen Art der Intelligenz an, die jedes Individuum seit einer fernen Evolution begleitet. Dieser Engel wurde uns als Zeichen dafür gesandt, dass wir nie ohne Hilfe unseres Schöpfers sind. Er besitzt die Elemente all unserer Naturen und der Wirklichkeit.

Es gibt verschiedene Arten des Todes, so wie es auch verschiedene Arten des Lebens gibt. Was für die eine Person Tod ist, kann manchmal für eine Andere Leben sein. Wenn jemand stirbt, der in der Entwicklung weit über seinen Nächsten ist, können seine verlassenen Atmosphären diejenigen stimulieren, die niederere atomare Strukturen besitzen. Wir atmen sowohl reine als auch unreine Materie ein, so wie tote Blätter neues Leben ernähren. Deshalb sollen die Reliquien einer heiligen Person angeblich den Körper heilen und den Verstand erleuchten.

Die Verwirklichung, die wir erhalten, wenn wir uns der Gegenwart unseres Innersten bewusst sind, bewirkt, dass wir unsere physische und mentale Welt aus einem anderen Blickwinkel sehen und wir erkennen, warum wir in diesem Zeitalter inkarniert wurden. Das gibt uns Mut, unsere karmischen Schulden zu bezahlen und innerlich unsere Befreiung zu suchen. Unsere Yogaübung gibt uns die Entschlossenheit, unsere innere Verbindung zu vertiefen und zu arbeiten, wie unser Innerster es wünscht, ohne Rücksicht auf unsere Umgebung.

Wir haben deshalb so viel über unsere niederen tierischen Sphären gesprochen, damit der Schüler innerlich seinen Silberschild sucht und anstrebt, und seine eigene innere geheime Macht erweckt, um sich über seine eigene Zeit und seinen eigenen Ort hinaus zu versetzen.

Der Silberschild

Nachdem wir unsere Macht entwickelt haben, um die aufstrebenden Atome anzuziehen und unsere vergangenen Leben untersucht haben, beginnen wir mit einer anderen Art der Atmung, um Atome anzuziehen, die unseren Verstand vor äußeren Störungen schützen: Das sind die Atome der Umwandlung. Sie bilden um die Hülle unseres Mentalkörpers das, was der Silberschild genannt wird. Er besteht aus Atomen, die mit der Zeit zu schwingen beginnen und uns in eine größere Wellenlänge einhüllen werden. Es ist eine mentale Atmosphäre, die die Eigenschaften unserer Erfahrungen der Weisheit besitzt und wenn sie gebildet ist, verwandelt sie sich in den Tempel des Meisteratoms unseres Mentalkörpers, der vom Samensystem aufsteigt und unseren Verstand erleuchtet. Es ist auch eine Empfangsstation und ein Kondensator für die Vibrationen des Innersten und das höhere Gegenstück der elementalen Natur.

Die Beschaffenheit und die Größe des Silberschildes hängen von der Eigenschaft der Sehnsucht des Schülers ab und von seiner Kraft, die Atome der Transformation anzuziehen, in seinen Nasenraum und seinen Blutkreislauf. Später werden wir die Methode der Atmung beschreiben, um diesen Schild zu entwickeln.

Die Entwicklung des Silberschildes ist unsere wahre und wichtige Arbeit und erfordert Zeit und Geduld, denn solche Atome sind nicht leicht anzuziehen. Diese schützen uns gegen Störungen unseres unteren Ichs und vor jenen Zuständen, die zu uns herangezogen werden, in dem Moment, in dem unsere Atmosphäre Atome aufstrebender Natur ausstrahlt. Die Rufe der Vergangenheit sind schwer aus unserer Atmosphäre zu entfernen, denn sie enthalten Atome, die versuchen, den Verstand in ihr Zeitalter zu versetzen.

Die neue Schwingung der Atome der Umwandlung ist sehr fein und die eigene Sensibilität wächst auf eine Art, die schwierig zu analysieren ist. Obwohl der Schüler sich ihrer Annäherung nach seinem ersten Eintauchung in diese Wellenlänge nicht bewusst ist, und obwohl er normal erscheint, wird die Schwingung schwer zu ertragen sein und ihm Leiden verursachen.

Wenn möglich sollte der Schüler versuchen, sich auf das Land zurückzuziehen, wo es mentale Ruhe gibt, deshalb wenig, das ihn bei seiner Übung stören könnte.

Das ist eine Zeit, die die meisten der alten Einsiedler durchlebten, denn die Zustände, die die Atmosphäre befallen, versenken den Schüler wiederholt in seine eigenen Grenzen zwischen seinem Schutzschild und dieser Atmosphäre. Es ist wie eine Armee, die eine Festung angreift, die durch eine äußere Palisade geschützt ist, über der Schwärme von bösartigen Wesenheiten schweben und versuchen, in die Atmosphäre seiner mächtigen atomaren Substanz, gebildet aus Atomen der Umwandlung, einzudringen.

Der Schüler ist nun ein Licht in einer dunklen Welt und das mentale Böse greift ihn an, wann immer es möglich ist. Das reizt und stört den Schüler sehr leicht.

Dieser Kampf dauert länger als wir wünschen, denn obwohl wir beschützt sind, sind wir nicht immun gegen die mentale Aktivität der weltlichen Natur. Das ist eine Zeit der Belehrung, in der wir dem Meisteratom zuhören, nachdem es in den Silberschild eingetreten ist.

Der Schüler muss nun Bürden auf sich nehmen, die Andere ihm auferlegen. Bevor er mit seiner wahren Arbeit fortfahren kann, wird er oft in die Welt der Wirtschaft hineingeworfen, und da er sehr sensitiv ist, fühlt er sich manchmal unglücklich. Später wird er entdecken, wie er den Leuten, mit denen er arbeitet, helfen kann, denn er wird fähig sein, zu analysieren, was für ihre Besserung nötig ist. Wie ein Chirurg wird er entdecken, welches Geschwür er entfernen muss, um dem leidenden Verstand zu helfen.

Wir sollten uns erinnern, dass es sehr Wenige gibt, die bewusst unter der Leitung ihres Lehrers arbeiten können und dass es Schüler gibt, die den großen Eingeweihten helfen, ihre Bürde zu tragen. Die Lehrer enthüllen manchmal ihre Aufgaben und das, was sie erreicht haben, damit ihre Schüler ihre zukünftigen Möglichkeiten erkennen und um ihnen zu zeigen, dass sie Teil eines großen universalen Planes sind. Jeder Mensch hat seinen Platz in diesem riesigen Plan, obwohl er es nicht weiß.

Durch die Yogaübung versuchen wir in Harmonie mit dieser universalen Strömung zu arbeiten, die alles erschafft und führt und anstrebt, dass alles Teil ihrer Intelligenz wird. Der Suchende wird das erreichen, solange er es anstrebt, wenn nicht in diesem Leben, dann in einem Anderen. Sowohl die aufstrebenden Atome als auch die Atome der Umwandlung haben ihre eigenen Symbole. Die Ausstrahlung eines Atoms gibt ihm eine scheinbare Form und das wird oft als Symbol benutzt. Das Symbol des Atoms der Umwandlung ist wie ein Dreizack oder eine umgekehrte Armbrust. Dieses Symbol wird auch von den Brahmanen benutzt und der Silberschild ist bei ihnen als Werkzeug des Mentalkörpers bekannt.

Die Handlungen des Verstandes werden von den westlichen Psychologen nicht verstanden. In ihrer Arbeit, einen Plan vom Gehirn und Nervensystem zu erstellen, haben sie noch nicht entdeckt, wie die Gedanken auf das Gehirn wirken.

In unserem Silberschild gibt es eine Vielzahl von Zentren oder Knoten. Wenn ein Gedanke sie erreicht, leiten sie ihre Schwingungsenergie in das zelluläre Leben des Gehirns. Das bringt uns dann Informationen von anderen planetarischen Systemen.

Der Silberschild beansprucht ein großes Gebiet und darauf befindet sich die Karte unseres Sonnensystems. Sein niederes Gegenstück ist die Oberfläche des Gehirns, aber da es im Schädel eingesperrt ist, muss es zusammengepresst sein. Das ist der Grund, weshalb es Falten hat.

Jeder Knoten oder jedes Zentrum auf der äußeren Hülle ist auf seine spezielle Art von Gedanken abgestimmt. Wenn wir Gedanken der Liebe aussenden, zieht der Knotenpunkt des Empfängers sie an und übermittelt sie innerlich an das zelluläre Leben des Gehirns und dieses schwingt als Reaktion darauf.

Das normale Gehirn empfängt diese Impulse von den Knotenpunkten, die sich auf der seidigen Hülle des Mentalkörpers befinden. So wie der physische Körper sich von Nahrungsmitteln ernährt, die eine atomare Stimulation verursachen, so ernährt sich der Mentalkörper von der Atmosphäre, die ihn umgibt.

Es ist interessant zu beobachten, dass wenn jemand fastet, er sich nach wenigen Tagen mental stimuliert fühlt, denn die Dichte des Körpers kann den Verstand nicht behindern, indem sie Druck auf ihn ausübt.

Das Meisteratom des Silberschildes ist ein wanderndes Atom des Samensystems. Seine Energie verkörpert die vererbte Kraft der Vorfahren des Schülers, bis sie durch die Energie des Innersten überschattet wird. Man fragt sich oft, warum es so wenige Menschen mit einem Verstand gibt, der stark genug ist, etwas Wichtiges zu beginnen und zu beenden? Wenn die Vorfahren eines Menschen zerstreut und schwach waren, wegen widernatürlicher Begierden, ist sein Meisteratom auch schwach.

Deshalb rät man dem Schüler seine Vitalität zu erhalten, damit er sich seiner mentalen Kraft bewusst wird. Selten respektieren wir einen Verstand, der durch Zerstreuung geschwächt ist, denn wenn wir uns in unserem sekundären System entwickeln, erkennen wir die Notwendigkeit der Kraft und Vitalität.

Wir besitzen einen Vorrat an Nervenkraft, der in der Basis des Gehirns gespeichert ist. Wenn er verschwendet wurde, ist es schwierig mit Kraft und Genauigkeit zu denken, außer unser Vorrat an Energie ist außergewöhnlich. Um in dieser Welt Erfolg zu haben, müssen wir genügend Energie speichern, um uns über unsere Nächsten zu erheben. Die achtlos verschwendete Energie verkürzt das Leben erheblich. Die Araber besitzen eine bestimmte Methode, um ihre Energien zu gewinnen und zu speichern, wenn sie reisen müssen.

In vielen alten Büchern spricht man auf symbolische Weise darüber, dass das Meisteratom die Samenflüssigkeit verlässt und in das Silberschild wandert, ähnlich wie der Mensch, der alte Zustände entwurzelt und diese Wurzeln in den Kopf verpflanzt.

Wenn das geschieht, bekommen wir eine Intelligenz, die uns für viele Leben verweigert wurde, denn unsere aufgegebene Energie beginnt wieder zu wirken. Das Meisteratom hält uns nun auf unserem Weg und zeigt uns die Dinge aus ungewöhnlichen Blickwinkeln. Wir beginnen nun die Zustände von innen heraus zu betrachten, dank der Weisheit unserer Erfahrungen, die wir in den vergangenen Leben gesammelt haben.

Das Meisteratom zieht Atome an, die uns die Erinnerung unseres Erbes bringt, die wir von unseren mentalen und physischen Vorfahren erhalten haben. Das Meisteratom lehrt uns, dass wir unbegrenzte Schulen besitzen, von denen wir unsere höchste Weisheit erhalten. Aber das kann uns nur enthüllt werden, wenn wir einen bestimmten Grad an Reinheit in diesem und in anderen Leben erreicht haben.

Die Weisheit der Natur hat uns auch Sicherheit und Schutz in unseren weit zurückliegenden Leben gegeben. Während der Katastrophen von Atlantis wurden diejenigen, die diese Weisheit erreicht haben, gerettet, das bedeutet, dass die zukünftige Sicherheit einer Rasse oder einer Person von der schützenden Kraft ihres Silberschilds abhängt.

Der Mensch befindet sich zwischen zwei gegensätzlichen Dichten der Materie, eine repräsentiert die Freiheit, die Andere die Eroberung. Die Freiheit ist Erleuchtung, die Eroberung ist Zerstörung. Wir müssen zwischen diese beiden atomaren Strömungen gebracht werden und die atomare Energie der Sonne zieht beide Gegensätze an und verbindet sie.

Das Gesetz der Gegensätze ist das Gesetz der Anziehung. Der Mensch, der euch in einem Moment des Zorns schlägt, nimmt eine Kraft von euch, die euren Verstand mit seinem verbindet. Das ist eines der sogenannten verborgenen Gesetze der Natur. Die Gegensätze ziehen zwei

Kräfte an, um ihre Atome zu vereinen. Man sagt, „eine sanfte Stimme vertreibt den Zorn“. Das ist das Gesetz, wenn einer sich nicht gegen eine Sache stellt, ist es schwierig für sie, sich mit ihm zu verbinden. Die Yogis müssen dieses Gesetz im Dschungel des Lebens lernen, wo jeder Mensch den anderen ausbeutet.

Es gibt viele Dinge, die der Menschheit nicht beigebracht werden. Es sind einfache Gesetze, die in Momenten der Not gebraucht werden und die diejenigen, die ihre inneren Hindernisse überwinden, verstehen. Diese Gesetze werden benutzt, um sich selbst und die Anderen zu schützen. Der menschliche Verstand wird leicht durch die Atome des Silberschildes verblendet. Das Böse wird oft durch das Mittel der Illusion vermieden; wir haben oft über Adepten gelesen, die sich unsichtbar machten.

Wir können nicht sagen, wie viel Zeit der Schüler unter der Leitung des Meisteratoms des Silberschildes bleiben muss. Das hängt von seiner eigenen Anstrengung ab, denn er muss die Dichte seiner mentalen Atmosphäre in die Wellenlänge des Meisteratoms umwandeln.

Dieses Meisteratom kann die Aktivitäten des geheimen Feindes, der sich in der Basis der Wirbelsäule befindet, beseitigen. Es hat unter seinem Befehl viele Atome, die uns belehren können. Der menschliche Körper besitzt viele Hüllen. In der unteren Hülle befindet sich ein Meisteratom, das man anrufen kann, um Wunder zu bewirken. Wenn wir einmal seine Anweisungen erhalten, bleiben wir für zwei oder drei Inkarnationen unter seiner Leitung.

Dieses Wissen wurde von den Alten benutzt, denn sie haben das niedere Ich und die Hüllen der Materie, die es umgeben, verstanden. Darüber sprechen nur die Eingeweihten in ihrer Weisheit. Wir bemerken es nur dank der Lehren des Meisteratoms des Silberschildes. Aber man erlaubt uns nicht, darüber zu schreiben, denn es wird im neuen Zeitalter bekannt und analysiert werden.

Bei den esoterischen Hebräern wurde es das Manna der Wüste genannt, obwohl es nicht das war, das vom Sand aufgesammelt wurde. Dieses Wissen wird im Tempel der Sphinx bewacht.

Als wir begannen, unseren Silberschild zu bauen, arbeiteten wir unter den Atomen der Umwandlung. Davor befanden wir uns unter den aufstrebenden Atomen und einem solaren Einfluss, der aus unserem physischen Körper alte Materieteilchen entfernte, die unsere Energie absorbierten, aber unsere Entwicklung nicht förderten. Nun befinden wir uns unter dem Einfluss des Mondes.

Diese lunare Kraft bringt uns nun zu ihren Schulen und wir überschreiten die Grenzen unserer normalen Sichtweise und erleben Zeiten der Erleuchtung, die uns verborgen waren. Ihre atomare Struktur unterscheidet sich von anderen, denn die ätherischen Ströme, die zu ihr hinfließen, teilen sie in verschiedene Ströme der Intelligenz, mit denen wir uns vereinen müssen.

Das gibt uns das Wahrnehmungsvermögen, verschiedene Arten tierischer Wesen zu entdecken und wir erkennen, dass wir, obwohl wir menschlich sind, nicht immun gegen ihre astralen Aktivitäten sind. Von hier aus können wir sowohl nach hinten als auch nach vorne, die Unermesslichkeiten der Natur erkennen und die Weisheit, die wir einst besaßen, entdecken und auch die Unwissenheit der Wesen, die sich dort befinden. Wir betreten nun Gebiete von unbezwungener Finsternis und auch höchster Weisheit, symbolisiert durch die Sphinx. Denn dieses große Elementarwesen ist der Hüter unseres alten Wissens in Bezug auf die Naturgesetze.

In dem Maße, indem der Schüler in diese Zeit der Erleuchtung eintritt, beobachtet er diese großen Ströme der Intelligenz, die der Mond seit Äeonen zurückgelassen hat, um unsere Erde aufzubauen und hier zu arbeiten, bis sie auch ihre eigenen Zeiten der Umwandlung erreicht hat. Diese Zeit war das, was wir heute eine ihrer Goldzeitalter nennen. Diese Wesen waren ähnlich wie eine nomadische Kette, d. h. eine verflochtene Intelligenz.

Wenn wir unseren Blick in die unermessliche Tiefe der Vergangenheit richten, wundern wir uns und empfinden Ehrfurcht vor der großen Gemeinschaft, die sich langsam aufbaut. Wir folgen ihr in die Zukunft und erkennen den Wohlstand und Reichtum, die das westliche Gebiet des Planeten erreichen wird. Aber gleichzeitig beobachten wir Zeiten der Dunkelheit, in denen eine Nation sich selbst von ihrem leitenden Einfluss trennt, in denen sie nicht ihren Innersten sucht, sondern den Mammon verehrt. Das Bewusstsein des Silberschildes gibt dem Schüler ein erhabenes Auftreten.

Das geschieht, wenn er in Kontakt mit den Atomen des Mondes tritt, denn es ist möglich für ihn, den Gipfel seiner vergangenen Weisheit zu erreichen. Diese Eigenschaften, die er in ihren konstruktiven und destruktiven Aspekten entwickelt hat, bevor er in die feuchte Atmosphäre dieser Erde eingesperrt wurde. Dann wird er verstehen, dass er in der Vergangenheit Weisheit und Macht erreicht hat, die man ihm nun verweigert.

Der Mond symbolisiert die eigene verborgene Weisheit des Menschen, die ihm enthüllt wird, wenn er in seine inneren Ebenen zurückkehrt.

Wenn der Schüler die Eigenschaften der lunaren Intelligenz einatmet, wird er seine eigene heilige und wissenschaftliche Literatur finden.

Diese neue Art von Atomen ist mental dem geheimen Feind ähnlich, aber sie ist jenseits des Bösen, obwohl sie uns die Macht des geheimen Feindes geben kann und dem Schüler Teile ihres Bewusstseins übertragen kann. Der Schüler betritt nun seine Unterwelt und trifft zwei gegensätzliche Kräfte, die Weisheit unseres Innersten und diejenige des geheimen Feindes.

Das Licht, das wir vom Mond erhalten, bringt auch fremde Atome mit sich, die unsere Atmosphäre stören, da sie sich in Gruppen sammeln und die Nervenzellen erschüttern, die sich unter der Zuständigkeit der Sonne befinden. Deshalb werden die sensitiven Menschen nervös, wenn es Vollmond ist.

Diese unangenehmen Empfindungen sind die Ursache dafür, dass die Zentren der mentalen Hülle in uns diese erschütternden Zustände widerspiegeln.

Die Einflüsse des Mondes erzeugen in uns tiefe Neigungen zur Inspiration. Wenn das geschieht, ist es gut darauf zu hören, denn ihre lunaren Atome können Lehren aus ihrer Zeit vermitteln und uns helfen, zu einer antiken Religion der Weisheit zurückzukehren.

Der menschliche Körper ist abhängig von zwei Kräften, derjenigen der Sonne und derjenigen des Mondes. Während des Tages hält der Einfluss der Sonne die keimenden Kräfte in uns zurück und das bewahrt unsere Vitalität. Die nächtliche Strömung des Mondes versucht, diese gespeicherte Vitalität zu entziehen. Deshalb halten die Tiere ihre Füße vom Boden fern, außer denen, deren Füße von einer nicht leitenden Substanz umgeben sind, um nicht entkräftet zu werden.

Der elementale Vermittler

Wenn wir unsere latenten Kräfte entwickeln und unsere solaren und lunaren Kreisläufe in unserem sekundären System oder sympathischen Nervensystem ins Gleichgewicht bringen, verbinden wir uns mit einem elementalen Vermittler, dessen wir uns nicht bewusst waren und dessen Werk ähnlich dem Werk unseres anderen Vermittlers ist. Wir erschufen den Ersten, als unsere Natur elemental war und wir entwickelten ihn durch die Sehnsucht, die auch elementalen Charakter hatte.

Wenn wir diese zwei Vermittler vereinen, sind wir umgeben von Atomen der elementalen Welten, und auch von aufstrebenden Atomen. Sobald dieser elementale Vermittler sich manifestiert, bekommen wir ein Schwert, das in uns eingeschlossen war und das administrative Mächte besitzt, die unsere Besitztümer vermehren werden. Mit diesem Schwert durchtrennen wir den gordischen Knoten, der diese Geheimnisse in unseren atomaren Zentren bewahrt hat.

Der Resonanzkörper der Natur beginnt sich nun zu öffnen und wir erhalten und fühlen in uns die Wirkung seiner Gesetze.

Die Wissenschaft des Yoga bestimmt unser Eindringen in die Geheimnisse der Natur. Wenn wir in ihre Sphären eintreten, sind wir verpflichtet ihr zu dienen, denn sie hat eine klangvolle Stimme, die uns in ihre Zitadelle versetzt und dank ihrer Unterstützung machen wir große Fortschritte.

Es gibt viele verschiedene Systeme des Yoga, aber die Wissenschaft der Natur ist diejenige, die sich an unseren westlichen Körper anpasst; denn der analytische und wissenschaftliche westliche Verstand braucht Beweise und Taten. Wir können unser Leben der Meditation und dem Gebet widmen und große Reinheit der Gedanken erreichen; wir können uns mithilfe der Liebe von den Aktivitäten der Gegensätze lösen, indem wir den Pfad der Mystik beschreiten; aber später erkennen wir, dass wir unser eigenes Gerüst aufbauen müssen, und versuchen müssen, unseren eigenen Tempel zu errichten, mit vollem Bewusstsein bei jedem Schritt. Der westliche Mystiker tut dies selten, denn die Zustände von heutzutage hindern ihn daran, sich von der Welt zurückzuziehen, um seine Zeit mit Gebet und Andacht zu verbringen und so die Vereinigung mit seinem Innersten zu erreichen. Wir sollten uns auch vergegenwärtigen, dass das neue hierarchische Bewusstsein uns nicht zu den vergangenen Methoden des Yoga zurückbringen wird.

So wie es in unseren niederen Sphären Helfer gibt, die ihren Körper verlassen haben, so gibt es elementale Helfer, die denjenigen helfen, in denen die elementalen Eigenschaften überwiegen. Diese Gebiete sind schwer zu erreichen und in der Literatur wurde wenig darüber aufgezeichnet von den Sehern, die sich normalerweise mit den Dingen der niederen Ebenen befassen, die die Erde umhüllen. Im Reich des Kaisers Karl des Großen drang das elementale Volk tief in unsere Atmosphäre ein. In jener Zeit erschien die romantische Literatur von der Tafelrunde und König Artus und seinen Rittern.

Man sagt uns, dass in der Morgenröte der Jugend die Natur von Neuem ihre Gegenwart offenbaren wird und ihre Mächte sammeln wird, sodass man ihr elementales Volk sehen kann. Das bedeutet, dass die Götter wieder auf der Erde wandern werden, und die elementale Natur wieder verehrt werden wird. Mit der Manifestation unseres elementalen Vermittlers können wir in der vibrierenden Umlaufbahn unserer inneren Welten und Sphären der Natur leben und so beide Systeme wahrnehmen.

Die Vaterschaft und die Mutterschaft der Wirklichkeit werden ausgedrückt durch diese beiden Vermittler; d. h. die mentale Schöpfung des Besten in uns und das Erschaffene der besten elementalen Eigenschaften unserer elementalen Natur. In der Entwicklung des Schülers wird eine Zeit kommen, in der er seine beiden Vermittler auflösen wird und sie zu ihrem eigenen Element zurückschicken wird. Das befreit sie von Diensten in weiteren Inkarnationen. Der Schüler fühlt immer diesen Wunsch bei ihnen, zu ihren wahren Elementen zurückzukehren. Wie sie sagen: „Unsere Pflichten enden, wenn ihr zu eurem Ursprungsort in eurem Zentralsystem zurückkehrt.“

Diese beiden Vermittler haben uns immer gedient, ungeachtet unserer Abstiege in die niederen Atmosphären und zum Bösen. Sie haben uns während vieler weit entfernter Leben beobachtet, so wie auch in den Letzten, als wir uns von der Herrschaft der irdischen Strömungen getrennt haben, denn diese ätherischen Wellen der Natur sind von diesen Vermittlern beeinflusst, sodass wir auf ihre Schwingungen reagieren können. Mit ihrer Hilfe öffnen wir nun den Speicher der Natur und lesen die Aufzeichnungen einer elementalen Welt.

Ignorante Medien oder Seher sagen uns oft, dass wir in einigen Inkarnationen in den Kreuzzügen gekämpft haben. Denn sie sehen ein strahlendes Wesen, gekleidet in ein Kettenhemd und mit einem Schild, auf dem sich ein Symbol befindet. Aber das ist der eigene elementale Wächter und nicht wir selbst in einem vorigen Leben. Auch waren wir keine Könige, nur weil der Vermittler für sie königlich aussieht.

In unserem eigenen selbstentwickelten Universum herrschen Atome von großer Macht und Ausdauer, die die Natur des elementalen Vermittlers besitzen und als Leiter, der alle beobachtet, die sich unter seiner Herrschaft befinden, arbeiten sie unaufhörlich für deren Entwicklung. Solche Atome dienen uns mit ihrer Macht und leiten uns zu unserem sekundären System. Dort arbeiten sie, wie wir es auf dieser Ebene tun.

Unsere tierischen und menschlichen Vorfahren haben in uns Atome eingefügt, die die Eigenschaften ihres Samensystems besitzen und wenn wir die Fäden unseres Körpers verknüpfen, wenn wir den Mutterleib betreten, entdecken wir, dass wir bestimmte erbliche Merkmale besitzen, die man uns übermittelt hat. Einige davon sind unbemerkt, es sind Atome, die bis zum Beginn unserer ursprünglichen Schöpfung zurückreichen und wenn der Schüler sein sekundäres System betritt, tritt er in Kontakt mit diesen Atomen, die die Erinnerungen seiner fernen Vergangenheit enthalten. So finden wir in uns Atome, die alle vergangenen Geburten verkörpern, auch die unserer Väter und Mütter.

Diese Ahnenatome bringen uns unsere geerbten Neigungen zurück und bewirken, dass wir sie ausdrücken. Alles was bewirkt, dass wir sie erwecken, wird uns dazu bringen, eine Eigenschaft, die wir in der Vergangenheit hatten, darzustellen, so ähnlich wie ein Schauspieler in einem Stück oder einer Szene einen Charakter darstellt. Wir können uns von der Herrschaft des Erbes unserer Ahnen nur befreien, indem wir in unser zentrales System eintreten.

Vor vielen Zeitaltern waren wir Elementarwesen, aber als wir in die Dichte der Materie inkarnierten, verloren wir diese Eigenschaften und blieben in einem Zustand der Vergessenheit, in Bezug auf unsere Vergangenheit im Bewusstsein der Natur. Unsere wahren Instinkte, vergraben unter der ständig wachsenden Energie unserer Atome, konnten nicht länger auf unsere eigene Wahrheit reagieren und heutzutage erinnern wir uns nur zeitweise und schwach daran.

Während der Katastrophe von Atlantis tauchten unsere Mächte wieder auf, um zum Bewusstsein der Natur zurückzukehren, und wir wurden oft von dieser antiken Weisheit geleitet. Wir bauten ein System der Verehrung der Natur auf, das uns helfen sollte, uns mit ihrem Bewusstsein zu verbinden und unser Ritual enthüllte in uns ein verborgenes Sanktuarium einer verlorenen Weisheit und einem Verständnis unserer fernen Vergangenheit.

Die Atome, die unsere Illusionen auflösen, werden von den beiden Vermittlern benutzt, um unseren Verstand und unsere Vorstellungskraft im Gleichgewicht zu halten. Hysterische Menschen können die mentale Atmosphäre Anderer beherrschen und sie quälen. Personen, die sehr sensitiv und emotional sind, sollten ihre Vermittler anflehen und sie bitten ihr beschützendes Parfum in ihrem Verstand zu kristallisieren.

Der elementale Vermittler ist unser Lehrer in natürlicher Magie. Wenn wir von der Natur geführt werden, müssen wir uns selbst von unserer alten Wellenlänge trennen und beginnen, Eigenschaften anzunehmen, die denen des elementalen Vermittler ähneln, der mit uns sprechen kann, wie der andere Vermittler es auch tut.

Viele Sensitive haben die Gegenwart von zwei Wesen in sich gespürt. Diese werden symbolisiert durch das dritte Zeichen des Tierkreises, die Zwillinge, die die Sterne Castor und Pollux enthalten. Eines Tages, wenn der Mensch wieder den Gesetzen der Natur gehorcht, wird er die Gesetze dieser objektiven Welt wiederherstellen müssen.

Die eigenen Gesetze des Menschen bringen ihm Zerstörung und Unglück; die Gesetze der Natur bringen ihn in sein eigenes gelobtes Land, wo sein vergessenes Erbe sich befindet. Es ist die Pflicht jedermanns, die Vereinigung mit der Natur zu suchen und danach zu streben, ihre Gesetze wieder zu verstehen. Der Instinkt ist das Gedächtnis der Natur.

Wenn wir zu ihrem Rhythmus zurückkehren, wird dieser verlorene Instinkt wieder unsere Handlungen regieren. Wir sind geschaffen aus dem weggeworfenen Material der Natur und wir haben wenig innere Leitung, die wir bewusst unsere eigene nennen können. Man sagt uns, dass wir, wenn wir uns den Lehren religiöser Leiter unterwerfen, eine ideale Existenz erreichen werden; jedoch hat man uns keine Einzelheiten gegeben, was wir tun sollen oder was aus uns wird, nach dem Tod.

Der elementale Vermittler besitzt die höchste Intelligenz, die wir in der elementalen Magie und dem elementalen Gesetz erreichen können. Er wünscht zu seiner eigenen Essenz zurückzukehren und seine Schlüsselnote zu unserem normalen Bewusstsein zu bringen, sodass er uns in dieser objektiven Atmosphäre erscheinen kann. Er besitzt die extreme Schnelligkeit der Atome des Todes, denn er kann den Tod verursachen, oder das wiederherstellen, was anscheinend tot ist. Er kann in beide Richtungen handeln, gemäß der Natur seines Herrn.

Aber wenn der Schüler der herrschenden Intelligenz des Vermittlers gehorcht und ihn einlädt zu handeln, wird er viele von ihren Atomen des

Todes befreien und in ihnen seine elementalen Eigenschaften verbreiten. Der Vermittler, den wir zuvor erwähnt haben (sein Zwillingsbruder), wird uns in allem leiten, was unsere Verbindung mit unserem elementalen Vermittler betrifft.

Wenn die solaren und lunaren Ströme sich vereinen, um einen Blitzableiter zu erschaffen, durch den die solare Energie fließt, um den Innersten aus seinem Gefängnis zu befreien, bleiben wir ohne Vermittler. Die Vereinigung unserer positiven und negativen Kräften kann die Auslöschung dieser Zwillingsgestirne verursachen, wenn sie unser Karma dem Innersten vorgestellt haben und ihn angefleht haben, dass unser objektives und elementares Karma vergeben sein möge und dass wir nun in unser Grab gelegt und ohne Makel des Bösen wiedergeboren werden mögen.

Das ist die Trennung dieser Verbindungen, die uns im Bewusstsein unserer eigenen niederen tierischen Sphären zurückhalten; das ist es, was gemeint ist mit der Vergebung unserer vergangenen Sünden; die Trennung von vergangenen Zuständen, die noch immer ihre Wellen von Gedanken in unser Bewusstsein einfließen lassen. Diese niederen tierischen Vergangenheiten müssen als Erstes ausgelöscht werden, bevor wir vorbereitet werden können für die Wiedergeburt durch unsere Atome der Umwandlung.

Dieser elementale Vermittler ist der natürliche Heiler in uns, eine feine Kraft, die die elementaren Schwingungen zu den sechs Zentren leitet und sie mit der Note der Natur in Einklang bringt. Die Erholung des Patienten hängt von seiner Reaktion auf diese heilende Kraft ab. Wenn wir die Reinheit der Gedanken anstreben, treten wir mit unserem elementalen Vermittler in Kontakt. Er lehrt uns die Ursachen vieler Krankheiten elementaler Natur und hilft uns, mentale Fälle zu diagnostizieren, indem er uns mit den Ursachen in Verbindung bringt.

Er hilft uns auch sie zu heilen, wenn der Patient reagieren kann und wenn sein Innerster zustimmt, jedoch wird er uns nicht erlauben, gegen die Gesetze der Natur zu arbeiten. Wenn wir nicht auf die Leitung unseres Innersten reagieren, wird er sich weigern, sich für unsere niedere Natur zu interessieren, denn wir verweigern ihm die Erfahrung, die er erreichen will. Wenn das geschieht, wird er schnell erlauben, dass die Atome des Todes unseren Körper zerstören. Wenn wir die Gesetze der Natur übertreten oder niederen Begierden nachgeben, werden unsere administrativen Atome rebellieren und den Innersten bitten, von der Betreuung und Erhaltung des physischen Körpers befreit zu werden, der sie in ein Bewusstsein von Hass, Gier und Zorn eintaucht. Sie müssen ständig diese Zustände bekämpfen und sind bis über ihre Belastbarkeit hinaus überarbeitet, und weil der Innerste Macht über den Körper hat, wird er ihn zerstören und diese Atome und sich selbst befreien.

Der elementale Vermittler wird uns oft auffordern eine kranke Seele zu heilen, aber das müssen wir auf unpersönliche Weise tun. Der Verstand des Patienten muss auf etwas gerichtet sein, das der Innerste erfahren möchte; wenn das erreicht ist, wird der Innerste sofort beginnen, seinen Körper wieder aufzubauen. Viele christliche Wissenschaftler und natürliche Heiler mit höherem Streben tun das, ohne zu wissen, dass ihnen von ihrem elementalen Vermittler geholfen wird.

Mein elementaler Vermittler sagte mir, dass ich, wenn ich ein Krankenzimmer betrete, ein bestimmtes Zentrum vibrieren lassen sollte, denn möglicherweise ist man nicht richtig auf den Ton eingestellt. Die Note C ist durch den vibrierenden Fortschritt der Zivilisation gefallen und ist deshalb unter dem der Natur. Im Osten versteht man das vollkommen.

Auf die gleiche Weise, auf die man einen Schüler lehren kann, Farben zu sehen, muss die Menschheit gelehrt werden, moderne Musik zu erkennen und nicht zurückzukehren zu vergangenen Zuständen der Melodie. Die Noten des Schülers werden eine Art von mantrischer Musik sein und dadurch wird er lernen, ein Zentrum seines Körpers zu öffnen.

Um eine positive Atmosphäre auszustrahlen, müssen wir sehr positiv sein. Das wird uns vor zerstörerischen Kräften der Natur schützen. An diesem Punkt unserer Übung werden alle verborgenen Fäulnisse der vergangenen Generationen versuchen, sich in unsere normale Atmosphäre zu erheben und unsere mentale und körperliche Gesundheit zu zerstören.

Wenn wir dann nach Höherem Streben, können wir den Schutz unseres elementalen Vermittlers erhalten, denn wenn wir uns mit dem Bewusstsein der Natur verbünden und ihre Herrschaft suchen, wird der elementale Vermittler uns helfen und sein Schwert wird sich gegen unsere Feinde richten.

Dieses Schwert ist zweischneidig, und wenn wir etwas ablehnen, das den Charakter unseres Innersten ausdrückt, wird es sich gegen uns wenden und wird sich mit den Atomen des Todes verbinden, die unsere Zerstörung beschleunigen. Wenn wir mit diesem Vermittler in Kontakt treten, wird er uns helfen bei den Dingen bezüglich unserer Mächte in elementalen Gesetzen, und er wird uns lehren, zum Verständnis und zur Intelligenz der Natur zurückzukehren.

Die Propheten waren Menschen, die sich mit der Weisheit der Natur gut auskannten und deren Gesetze zu ihren wurden. Wir sollten erkennen, dass der Antrieb der Natur ihr Wille ist, sich durch uns auszudrücken.

Dem Schüler wird die Sphäre gezeigt, in der die Propheten ihre Schwerter der Gerechtigkeit von ihren Schulen erhalten, denn der Prophet ist eine zerstörerische Kraft, deren Gesetze der Natur nähe sind, als den Menschen. Die Menschheit hat immer gegen ihre Arbeit rebelliert und hat sie oft gekreuzigt, denn sie waren ihrer Zeit viele Jahre voraus. Diejenigen, denen dieses Schwert in den inneren Ebenen gegeben wurde, haben die Macht, ihren elementalen Vermittler anzuleiten, vor ihren Schülern zu erscheinen, wenn diese Schutz vor gegnerischen Kräften brauchen. Manchmal wird der Schüler dieses Wesen neben sich stehen sehen, gekleidet wie ein Ritter in strahlender Rüstung oder wie ein bewaffneter Krieger irgendeines Zeitalters. Manchmal ist er vor Märtyrern erschienen, um ihnen vor dem Tod Mut zu machen und sie zu lehren, dass sich jenseits einer bestimmten Grenze der Schmerz in Freude verwandelt.

Die Natur ist ein strenger Lehrmeister, aber wenn jemand danach strebt, seine verlorene Weisheit und das Verständnis ihrer Manifestationen wiederzugewinnen, ist er durch seinen Vermittler gegen die Feindschaft der Menschen geschützt, um seine Aufgabe zu erfühlen. So bekommt er die Anerkennung der Welt erst nach seinem Tod.

Die Menschheit sieht die Natur als etwas an, das existiert, jedoch nicht als bewusste Wesenheit; aber sie sollte an sie denken, wie an eine Mutter. Eines der größten Prinzipien, die das Yoga für den Menschen hat, ist, dass die Natur ein großes Bewusstsein ist und dass er ihren Gesetzen folgen und in ihre höheren Ebenen eintreten sollte, in denen höchster Frieden herrscht. Wenn der Mensch die höheren Gesetze der Natur annehmen würde, würde er Zeit und Freiheit haben, um den Pfad seiner individuellen Entwicklung zu beschreiten und in dem er das täte, würde er niemandem schaden.

Die königlichen Elementale weigern sich, in unsere Welt der Illusion abzusteigen, deshalb sehen wir sie nicht zwischen uns arbeiten. Viele Menschen sind sehr elemental in ihrem atomaren Aufbau, und in ihrer Anstrengung, sich selbst zu finden, erschaffen sie ihr Genie, aber was sie erschaffen, ist anscheinend fehlgeleitete Anstrengung, denn der Mensch braucht viel Zeit, um das Genie in seiner Mitte zu erkennen.

Als das Gemälde Battersea Bridge von Whistler (heutzutage in der Tate Galerie), von den Statthaltern beurteilt und in der Burlington Galerie aufgehängt wurde, wussten sie nicht, was es darstellte und hängten es umgekehrt auf. Heutzutage könnte jeder Schuljunge eine genaue Beschreibung davon geben. Carlyle und Emerson wurden in ihrer Zeit nicht verstanden, außer von einigen wenigen Auserwählten, jedoch heutzutage könnte jede gebildete Person ihre Werke mit Verständnis und Vergnügen lesen.

Der elementale Vermittler wacht über uns, während wir schlafen und beschützt unsere Körper vor äußeren Einflüssen, die in ihn eindringen wollen. Denn wir müssen oft sehr weit entfernt von unserem Körper reisen und die Silberschnur wird über ihre normalen Grenzen hinaus gedehnt. Diese Schnur (das höhere Gegenstück des Linga Sharira oder der astralen Schnur), muss gelöst werden, bis sie nur durch einen feinen atomaren Faden mit dem Körper verbunden ist. Wenn sie durchtrennt wird, stirbt unsere physische Hülle.

Wenn wir danach streben, unsere verlorenen Besitztümer in der Natur wiederzugewinnen, beginnen ihre Kräfte sofort um uns herum zu arbeiten und geben uns ihre Schutzschilde. Wenn der Mensch sich mit der Natur verbünden würde, würde er die Ernte seines eigenen Wachstums in ihrem Bewusstsein einholen.

Wenn wir unsere Vergangenheit betrachten, entdecken wir, dass manche Rassen sich nicht sehr weit über ihre Gruppenseele hinaus entwickelt haben. Wir sehen, wie wild und grob sie waren, denn der Moment war noch nicht gekommen, in dem sich ihre Individualität von der Gruppenseele trennen konnte, wie es bei den Hebräern in der Zeit von Jesus geschehen ist. Bis zu dieser Zeit gab es viele Stämme, die von Anführern geleitet und regiert wurden.

Wenn der Mensch nicht selbst denken kann, wird er in seiner Entwicklung leicht von anderen Menschen mit fortgeschrittenem Verstand, seien sie gut oder böse, geführt. Mit der Rückkehr dieser neuen hierarchischen Strömung, oder der Morgenröte der Jugend, wird die jüngere Generation stark individualisiert werden und wird von innen heraus sprechen und denken, und nicht basierend auf der intellektuellen Verschwendung der Schulen. Unsere eigene Erfahrung sollte unsere Ausbildung sein und nicht diejenige, die wir von Anderen erhalten. Bücher werden nicht länger benötigt, wenn wir auf unsere eigenen wunderbaren Aufzeichnungen, die in uns gespeichert sind, zugreifen können. In Zukunft werden Bücher zum Vergnügen gelesen und nicht, um zu lernen.

Es ist eine schwierige Aufgabe, zu verhindern, dass unsere Sehnsüchte in unserer Persönlichkeit und unseren objektiven Zuständen versinken. Es gibt Fälle, in denen ein Schüler versucht, in sein sekundäres System einzutreten. Ein Helfer, dessen Körper aus einer feineren mentalen Substanz besteht, hilft ihm, indem er ihm die Fasern seiner eigenen Atmosphäre leiht, um die Lücke zwischen seiner Sphäre und dieser Welt zu überbrücken. Aber wenn unser Streben nicht rein ist, werden diese Wesen uns nicht anleiten.

Als ich einst als Einsiedler an einem Berghang lebte, weit weg von den Menschen und mich vorbereitete, um zurückzukehren in die Welt, da ich nicht erreicht hatte, was ich suchte, erinnere ich mich, dass ein Wesen, gekleidet wie ein alter Druide neben mir stand, und als ich meine Sehnsucht ausdrückte, sagte er: „Ich leihe dir die feineren Fasern meiner Kleidung, um dir zu helfen, mit den Ebenen, in die du eintreten willst, in Kontakt zu treten.“ Später entdeckte ich, dass ich, wenn meine Sehnsucht nicht stark genug war, den Kontakt zu dieser Ebene verlor.

Das Wesen musste herabsteigen und sich in eine mentale Substanz kleiden, damit ich es mit meinem sechsten Sinn wahrnehmen konnte, denn es lebte in einer Sphäre, in die der Verstand eines Menschen selten eindringen kann. Es existieren viele solcher fortgeschrittenen Wesen, die den Schülern helfen.

Sie gehören nicht den drei Bändern der Illusion an, die unseren Globus umgeben, sondern den Gebieten unseres sekundären Systems. Wenn wir zur Natur zurückkehren, lehrt man uns die Anwendung der niederen Elemente, um dann durch sie in den Höheren zu arbeiten. Hier werden wir überrascht von den großen Mengen an Werkstätten der Natur, die vor Völkern wimmeln, die für das normale Auge unsichtbar sind.

Wir sind willkommen im Bewusstsein der Natur, wenn wir von unserem elementalen Vermittler geführt werden und wir lernen, wie man ohne Gefahr diese Welten betritt und ohne von ihrem Wächter aufgehalten zu werden. Die Natur weiß sich selbst vor einem zerstörerischen Verstand zu schützen. Wenn wir an die Natur denken, kommt uns der immerwährende Gedanke an Schönheit in den Sinn. Denn die Schönheit dieser Erde kann man nicht vergleichen mit den Bereichen der Natur, die der Schüler betritt.

Aber bei all ihrer Größe, sowohl in Reinheit als auch in Schönheit, begegnen wir unglücklicherweise auch in ihren Tiefen versunkenen elementalen Substanzen, in denen sich alle Eindrücke von Entsetzen und Bosheit, vergleichbar mit den Halluzinationen eines Verwirrten, offenbaren.

Für den normalen Verstand ist es unvorstellbar, dass ein menschlicher Verstand solche elementalen Schrecken erschaffen kann. Wir lernen, in welche Tiefen die menschliche Vorstellungskraft in ihren Deformationen hinabsteigen kann und wie diese Vorstellungen von den Elementalen erfasst werden, die sie beseelen und sie real erscheinen lassen. Die Kräfte des Bösen leiten sie oft zu uns mit der Kraft ihrer Gedanken.

Wir haben uns ausführlicher im Kapitel „Untere Welten“ mit dieser Frage beschäftigt.

Heilung

Die Heilung durch persönlichen Kontakt wird heutzutage von medizinischen Berufen als Aberglaube angesehen. Diese Haltung wurde durch viele angebliche Heiler verursacht, die wenig über die wahren Kräfte, mit denen sie arbeiten, wissen.

Wenn wir die Geschichte der Medizin zurückverfolgen, sehen wir, dass der Mensch in dieser Wissenschaft nur sehr wenige Fortschritte gemacht hat. Da sie in dieser Welt der Illusion eingesperrt sind, waren wenige Menschen im Westen fähig, Informationen vom Bewusstsein der Natur zu erhalten, um der Rasse zu helfen.

Die kraftvollen solaren und lunaren Ströme, die in uns fließen, können in eine kranke Region des menschlichen Körpers geleitet werden. Die Gesundheit hängt ab von einer harmonischen und gleichmäßigen Verteilung der Ströme der Natur in uns und davon, ob wir einen Vorrat an Energie haben, den wir für die Heilung benutzen können.

Alles was unsere Lebensströme behindert, verursacht Unordnung. Wir sollten uns erinnern, dass unsere Systeme sich unterscheiden, was die Spannung der Ströme, die sie durchfließen, angeht und wenn die normale Energie vermehrt wird, wird der Körper einem zusätzlichen Druck ausgesetzt. Unsere Körper schwingen in Einklang mit der Verbindung, die wir mit unserem Innersten haben und der natürliche Heiler ist jemand, der besser auf diesen reagiert. Unsere größten Heiler waren in engstem Kontakt mit ihrem Innersten.

Das sind nicht diejenigen, die durch Glauben heilen und über die man soviel spricht, sondern Personen, die ein okkultes Wissen über die inneren Kräfte ihres eigenen Wesens besitzen. Der Heiler findet den Sitz der Disharmonie im Körper des Patienten durch ein System der Analyse, registriert es und lässt Atome von kurzer Wellenlänge hineinfließen, die er langsam erhöht und das zerstört die Krankheit. Folglich besteht die Methode zu heilen darin, die Wellenlänge der Natur zu beeinflussen. Das ist eines der Geheimnisse der Heilung.

Wenn die Zentren unseres sekundären Systems nicht funktionieren, werden die Ströme des Lebens nicht wahrgenommen und unsere physische Energie verringert sich. Wenn der Heiler seine Gedanken in das Innere des Patienten schickt, entdeckt er normalerweise, dass ein grundlegendes Problem, wie Hass, Neid oder Begierde die Ursache dieser Unordnung ist.

Denn die kraftvolle Gedankenwelle, die ausgesandt wurde, hat einen Widerstand in seiner Aura hervorgerufen und er hat zerstörerische Atome angezogen und eingeatmet.

Die mentalen Wellen verbreiten sich sowohl innerlich als auch äußerlich und beeinflussen uns durch ihre Eigenschaften. Sie können auch Unordnung in unserem atomaren und zellulären Leben verursachen. Bei einer guten Gesundheit und gesunden Vorstellungskraft geschieht das normalerweise nicht, aber wenn die Vorstellungskraft verzerrt ist, verzerren wir auch die Wirkung auf unser sekundäres und zentrales System. Diese beiden versuchen, sich mit unserer objektiven Ebene zu harmonisieren. Unsere atomaren Zentren behandeln uns mit Ehrfurcht, wenn wir rein in Gedanken und Verstand sind, egal wie weit sie sich jenseits unserer Zeit entwickelt haben.

Jedoch, wenn wir diese inneren Sphären betreten, werden wir von den atomaren Lehrern oft um Erklärungen bezüglich unserer Gesundheit, Vorstellungskraft und unserem sozialen Wohlergehen gebeten. Denn wir verursachen oft Unordnung in diesen Zentren, durch den exzessiven Gebrauch von Alkohol und Genussmitteln, die unser gesamtes System durcheinanderbringen. Innerlich etwas aufzubauen und nach Höherem zu streben, mit Ehrfurcht vor unserem Innersten, ist eine Haltung, die uns hilft, im Gleichgewicht zu bleiben. Verschiedene Krankheiten werden durch einen Mangel an Nahrung für das Drüsensystem verursacht.

Die natürliche Methode der Entleerung ist gestört, wenn dieses System blockiert und unfähig ist, seine Unreinheiten zu beseitigen. Diese Frage sollte die Ärzte interessieren, denn wir denken, dass bei vielen Fällen von Krebs geholfen werden kann, durch die Aussprache bestimmter vokaler Töne, denn wenn diese erklingen, vibrieren die Drüsen und das gibt ihnen die Kraft, die Unreinheiten gegen die sie sich aufgelehnt haben, zu entsorgen. Wenn eine Person, die an Krebs leidet, die einfache Note Fis singt und ihr die Energie eines tiefen Atemzuges gibt, wird das die inneren Kanäle öffnen und sie an diese Note anpassen; denn die Noten der Natur sind das, was wirklich die Arbeit für uns tut, wenn wir Andere heilen.

Auf den höheren Ebenen treffen wir oft Schulen oder Gruppen von Ärzten, denen man, während sie außerhalb ihres Körpers sind, die Ursachen bestimmter Krankheiten lehrt, und die Rezepte studieren und sie auswendig lernen. Solche Menschen sind in der physischen Ebene sehr intuitiv und können oft eine Krankheit fühlen und diagnostizieren, wenn sie konsultiert werden. Sie haben mich oft gefragt, warum sie sich auf dieser Ebene nicht an die Dinge erinnern können, die ihnen in den höheren Ebenen gelehrt wurden. Der Grund für dieses Scheitern, ist, dass sie nicht Yoga studiert haben und deshalb kein Werkzeug entwickelt haben, um diese Studien zu übermitteln.

Wie wir alle wissen, gibt es in uns eine Abteilung, die über unseren physischen Körper wacht. Aber wenige Leute erkennen die Wichtigkeit dieser Abteilung als konstruktive Einheit. Während vieler Jahre haben die Menschen mit tierischem Leben experimentiert, ohne Rücksicht auf die Auswirkung, die es für den menschlichen Körper hat, wenn man tierische Elemente in ihn überträgt. Es wichtig zu wissen, dass ein Mensch sich innerlich nicht entwickeln kann, wenn man in sein System Atome tierischer Natur einfügt. Das Tier im Menschen hat ihn schon in seiner Welt der Illusion gefangen.

Diese Experimente scheinen sehr wichtig für die Welt zu sein, denn in manchen Fällen gab es eine teilweise Erholung der sexuellen Funktionen. Aber die Wissenschaftler erkennen nicht, was für eine Katastrophe das im menschlichen System verursacht. Sie verstehen nicht, dass diese Infusion von Atomen in eine Sphäre, die jenseits der Entwicklung des Patienten ist, ihm schaden wird. Denn es verursacht anormale Zustände in den astralen und mentalen Hüllen, sobald der Patient seinen physischen Körper verlassen hat.

Wir haben die Auflösung eines Menschen beobachtet, dem diese tierische Materie gegeben wurde, und entdeckten, dass das einen starken Bruch in seinem Astralkörper verursacht hat. Das bedeutet, dass er in einem anderen Leben deformiert und verkrüppelt sein wird, denn die tierischen Atome in ihm werden unfähig sein, der Leitung des Atom Nous zu folgen.

Diese Nachwirkung wird die Seele daran hindern, ihrer natürlichen Wellenlänge zu folgen, denn sie wurde tierisch gemacht, durch diese tierischen Wellenlängen, die sich dem astralen Fluidum widersetzen. Der Astralkörper des Menschen wird denjenigen, die den Menschen in seinem irdischen Leben geliebt haben, erscheinen, wie es der Verstand des Tieres will. Die tierische Seele ist getrennt von ihrer eigenen Gruppenseele und versucht, in das menschliche Bewusstsein einzudringen.

Das ist es, was wir entdeckt haben. Wenn man in den Menschen tierische Strukturen einfügt, gefährdet man seine Seele und bewirkt, dass die tierische Gruppenseele sich weigert, einen ihrer eigenen Zugehörigen zurückzunehmen, da er das menschliche Reich betreten hat.

Ich wurde von denjenigen, die für die Menschheit arbeiten, gebeten, diese Information weiter zu geben, damit die Menschen nicht erlauben, dass man tierische Strukturen in den menschlichen Körper einfügt, wegen der schrecklichen Nachwirkungen, die das für den Innersten hat.

Neben dem Leid, das der menschlichen Seele zugefügt wird, sollte man auch den großen Schaden berücksichtigen, der dem Tier zugefügt wird und die karmische Schuld, die der Mensch zahlen muss.

Wenn die menschliche Hülle gemäß dem Plan des Atom Nous gebildet wird, arbeitet die Natur immer nur an einer Form der Entwicklung auf einmal, und andere Teile des Körpers bleiben latent.

Zum Beispiel während der hebräischen, griechischen und römischen Zeit entwickelte die Natur die kausale Hülle, d. h. das, was das Rassenbewusstsein speichert.

Denn so wie ein Mensch von seinem Innersten regiert wird, so wird die Rasse durch einen leitenden Einfluss der Natur regiert.

Die Natur benutzt den Kausalkörper einer Rasse als Resonanzkörper oder Empfangsstation, durch die das Rassenbewusstsein beeinflusst wird. Viele Menschen fragen sich, warum die erwähnten Rassen Tieropfer erlaubten. Durch diese Opfer befreite man das Blut und die atomaren Strukturen erzeugten den Kausalkörper. Als die Kausalkörper komplett entwickelt waren, waren Blutopfer nicht länger nötig. Die Natur begann dann einen anderen Bereich zu entwickeln, den unserer Verstandeswelt, und sie fügte in diesen Bereich das ein, was die Christen das christliche Bewusstsein nennen würden, welches zuvor im Herzen des Menschen individualisiert wurde für die Ankunft des großen Eingeweihten Jesus.

In diesem neuen Zeitalter wird der Aufstieg des Meisteratoms in den Silberschild des Menschen dessen Verstand individualisieren. So wird er nicht länger die Eigenschaften seiner objektiven Welt ausdrücken, sondern seine wahre Individualität. Wenn wir den Aufbau unseres Mentalkörpers abgeschlossen haben, wird die Wirklichkeit diese Wellenlänge der mentalen Individualität beenden, und wir werden langsam ein Vehikel für den Ausdruck unseres Innersten erschaffen.

Die Lehren des Yoga

Der Innerste antwortet nicht auf eine alltägliche Frage, denn die Welt der Illusion der Persönlichkeit interessiert ihn nicht.

Wahrscheinlich wird es den Schüler erstaunen zu erfahren, dass das Höchste in ihm sich nicht für seine menschlichen und persönlichen Bedürfnisse interessiert. Er arbeitet nur für sein selbstentwickeltes Universum. Wenn wir die Atmosphäre und Leitung des Innersten gewinnen wollen, wird das nur geschehen, wenn wir anstreben, in seine Welt einzutreten. Aber wir sollten nicht glauben, dass wir nicht an der Aufmerksamkeit und Liebe der göttlichen Wirklichkeit teilhaben. Wir sollten uns immer erinnern, dass unser Innerster unser individueller Funken Gottes ist.

Menschen mit starkem religiösem Glauben denken, dass das Höchste in ihnen herabsteigen wird auf ihre Ebene und in ihnen seine Intelligenz erwecken wird. Nach der Erfahrung, die wir in unserer Praxis erworben haben, ist es nicht so.

Das oben erwähnte klingt hart, aber hier ist der Grund. In unseren weit entfernten Vergangenheiten wurden wir vom Bewusstsein der Natur geleitet und in schwierigen Momenten baten wir um Führung. Später, als wir in Lemurien und Atlantis lebten, wurden wir selbstgenügsam und begannen die Gesetze zu brechen, für unsere Bequemlichkeit und um unsere Nächsten zu beherrschen.

Wir errichteten unsere eigene Welt der Gedanken und Handlungen und richteten uns nicht mehr nach unserem alten Führer, der Natur. Unsere starken egoistischen Handlungen in den Gebieten der Wissenschaft brachten eine Zeit, in der wir dachten, wir könnten Anspruch erheben auf die Natur und sie manipulieren, wie wir es wünschten. Wir haben Götter nach unserem eigenen Abbild erschaffen.

Die Natur bringt sich immer selbst ins Gleichgewicht, und das brachte die große Katastrophe, die Atlantis untergehen ließ. Nur diejenigen, die sich an die Natur wendeten und ihr dienten, wurden gerettet. Das ist eine der großen Gefahren, die den Menschen bedroht, die Wissenschaft gegen die Natur.

So kann man sehen, dass diese Welt nicht von der Wirklichkeit oder vom Innersten erschaffen wurde, sondern von den jahrhundertelangen Illusionen des Verstandes der Menschen. Wenn der Leser innehält, umher blickt und fragt: „Wo ist Gott?“, wird er die Tiefe und Wahrheit des Satzes: „Das Reich Gottes ist innerlich“, erkennen. Darum ist Yoga so lehrreich.

In Momenten großen Leides haben wir oft um Dinge, die wir benötigen, gebetet, aber unsere Gebete blieben unbeantwortet, da wir innerlich im sekundären System nicht entwickelt sind, um eine Antwort zu erhalten.

Wir bitten die Wirklichkeit, uns unser tägliches Brot zu geben, dennoch haben wir oft gehungert und das erschüttert oft unseren Glauben an einen weisen und mächtigen Gott. Andererseits haben diejenigen, deren Gebete beantwortet wurden, keine Hilfe vom Innersten oder von der Wirklichkeit erhalten, sondern von diesen unzähligen Atomen, die wir durch unser Streben nach Höherem anziehen und die versuchen, uns den Grund unserer Leiden zu zeigen, und die die Aufzeichnungen unserer Vergangenheit bewahren.

Hier kommt der Vermittler zu unserer Rettung, denn er stellt unseren Fall dem Innersten vor, und wenn wir wirklich bereuen, enden diese Zustände augenblicklich. Die Adepten sagen: „Denke rückwärts und vorwärts um schlechtes Schicksal aufzulösen.“ Wenn wir an das Wohlergehen der Anderen denken, benutzen wir einen Vorrat an atomarer Energie, aber nur wenn wir mit unserem sekundären System in Kontakt treten, ist es eine Energie, die wir beanspruchen, wie ein Guthaben auf der Bank, um anderen zu dienen und ihnen aus ihren Schwierigkeiten heraus zu helfen. Es ist eine sehr feine Strömung von Energien und hat eine außergewöhnliche Macht, die Dinge geschehen zu lassen und auch Glück und guten Willen in die Atmosphäre eines Menschen einfließen zu lassen.

Wenn wir diese Strömung zum Wohle Anderer nutzen, löst das Zustände auf, die uns gefangen hielten. Die Macht hinter dieser feinen Kraft ist das Atom Nous, dem wir uns zuwenden, wenn unser Verstand auf andere gerichtet ist, oft auf Leute, die wir nur flüchtig kennen, aber mit denen wir durch diese Energie verbunden sind, obwohl wir den Grund oft nicht kennen. Diejenigen, die diese Energie in uns hervorrufen, erhalten eine Fülle dieser Atome und ein Gefühl von Frieden und Wohlergehen.

In einer fernen Vergangenheit wurde diese feine Energie „Die Energie der Perfektion“ genannt, aber später in dieser objektiven Welt wurde sie „Liebe“ genannt. Mit der Zeit wird der Schüler fühlen, dass sich in ihm eine zeitweise Aktivität dieser Art entwickelt.

Diese Kraft ist eine periodische Entladung der Atmosphäre des Atom Nous und sie ist eine Hülle der Liebe, die sowohl seine Atome erhalten, als auch diejenigen, an die sie gesendet wurde. Diese Atome repräsentieren die normalen Zustände der Gesellschaft in einem zukünftigen Zeitalter. Viele Menschen empfangen nur diese Wellenlänge, denn sie haben sich noch nicht über die Intelligenz in ihrem Herzen hinaus entwickelt.

Die mentalen Zuständen übersteigen die des Herzens und die Atome, die Liebe zu der menschlichen Intelligenz bringen, sind verschieden von denen, die das Herz erleuchten.

•••••

Jeder Mensch hat das, was man einen „reinen Geist“ nennt. Das ist eine atomare Intelligenz, die die Natur unseres Innersten besitzt. Personen, die etwas Höheres anstreben, oder halb schlafend sind, sehen manchmal einen Funken Licht, wie ein Stäubchen, das im Sonnenlicht schwebt, auf der Netzhaut des geschlossenen Auges, auch wenn es nur für einen Augenblick ist. Das ist der reine Geist, mit dem wir versuchen sollten, in Verbindung zu treten.

Wenn wir mit ihm in Kontakt treten können, wird er antworten, indem er sein Licht mehrmals wiederholt. Wir sollten ihm Liebe senden. Wenn er sich meldet, informiert er uns, dass wir tiefer gehen können als normalerweise.

Nur die Reinheit des Körpers und des Verstandes kann ihn zu uns bringen und uns in Kontakt mit seiner Weisheit bringen. Er hat eine wunderbare Kenntnis von den Dingen und das, was er vermittelt, ist die Wahrheit.

Dieser reine Geist hat absolute Autorität über unsere Intelligenz, denn er ist von engelhafter Natur und kann unsere Energien fließen lassen oder unsere Entwicklung verzögern. Aber normalerweise können wir nur mit ihm sprechen, wenn wir unser sekundäres System betreten und seine Wellenlänge empfangen.

Es wurde gesagt, dass diese Sterne des Innersten benutzt wurden, um der Menschheit eine größere Bandbreite von Eigenschaften zu geben, denn sie erlassen ihre Verordnungen für den Menschen und verpflichten ihn den Gesetzen, die ihn regieren.

Das tierische Reich wird auch von ihm beaufsichtigt. Den verschiedenen Arten ist es nicht erlaubt, zur anderen Art überzutreten, und diese reinen Geister bewahren ihre Treue zu ihrer eigenen Evolution.

Der Mensch wird auch geführt und wiederholt ins Gleichgewicht gebracht, durch eine bestimmte Kraft, die ihn ständig zu seiner eigenen natürlichen Wellenlänge zurückbringt, obwohl es sein kann, dass er in einer Nation inkarniert wird, die dem Plan des Innersten fremd ist. Die Hebräer sind so ein Beispiel, sie können nicht von ihrer eigenen Hauptströmung von Energie umgeleitet werden.

Heutzutage denken viele, dass es möglich ist, aus ihrem Zuständigkeitsbereich zu entkommen, aber der Geist der Rasse wird mit der Zeit bewirken, dass das Individuum zu seiner ursprünglichen Quelle zurückkehrt. Er kann eine andere Religion annehmen und für viele Leben in ihrer Atmosphäre leben, aber mit der Zeit wird er wieder zu seinem eigenen ursprünglichen Stamm zurückkehren.

Andere Rassen besitzen diese Rassenindividualität ständig, und obwohl Amerika und die westlichen Gebiete ein Schmelztiegel aller Rassen zu sein scheinen, wird mit der Zeit jede Rasse ihre eigenen Kinder sammeln und sie mit ihrer eigenen Wellenlänge vereinen.

Diese Mischung von verschiedenen Rassen und Religionen und die sexuelle Neigung, sich mit anderen Rassen zu vermischen, haben mit der Sehnsucht zu tun, zu ihren eigenen wahren Rassen zurückzukehren. Wenn jemand der Feind einer Rasse war, wird er in ihr inkarniert werden, um Toleranz und Gerechtigkeit zu lernen.

Jemand kann ein Angehöriger mehrere Völkerstämme sein, aber das ist nur für eine Zeit. Später wird er zu seinem wahren Ursprung zurückkehren und eine größere Kraft der Unabhängigkeit und Autorität fühlen. Es kommt auch eine Zeit, in der der Mensch ein abgerundetes Bewusstsein erreicht, das über den Rassen steht und er wird zum individuellen Ausdruck seines Innersten.

In unserem sekundären System beginnen wir zu erkennen, dass wir uns oft in einer Rasse inkarniert haben, gegen die wir Krieg geführt haben. Wenn wir solche Erfahrungen untersuchen, lernen wir, dass so wie wir einst eine bestimmte Gruppe zerstört haben, sie mit der Zeit uns zerstören wird. Auf diese Weise lernen wir die Notwendigkeit, bestimmte Gruppen und Rassen nicht zu beleidigen, obwohl sie manchmal störend sind. Viele Rassen sind uns unangenehm, weil wir sie in anderen Leben verfolgt haben.

Es ist wichtig, dass wir das Beste über diese Rasse lernen, jedoch sollten wir uns nicht in ihr verlieren. Länder, die Güte gegenüber verfolgten Elementen gezeigt haben, werden oft erobert und man nimmt ihnen das Beste weg. Güte kann einen Menschen oder ein Land manchmal mehr kosten als sie denken. Yogis nehmen keine Geschenke der Güte an, ohne es zu bedenken, denn sie wissen, dass diese Geschenke manchmal auf Kosten des Verstandes und Körpers vieler müder Menschen gekauft wurden. Es mag uns wenig kosten, freundlich zu einer Person zu sein, aber es kann Andere ein großes Opfer und endlose Mühe gekostet haben.

•••••

Es gibt einen weisen Ausspruch eines Meisters: „Wir sollten nur mit denen Kontakt pflegen, die erfolgreich sind und die einen höheren Intelligenzgrad haben als wir, denn die Kräfte, die sie schützen, werden auch uns schützen, wenn wir uns mit ihnen verbinden."

Das ist der Ursprung des Kastensystems, das ursprünglich den Zweck hatte, die Rassen zu verbessern. Aber heutzutage wurde das Kastensystem übernommen, ohne zu verstehen, dass dieses Gesetz erschaffen wurde, damit der Mensch sich letztendlich mit seinem Innersten vereinen konnte.

Die Chinesen verstehen das und wissen, was mit der mentalen Atmosphäre einer Person geschieht, die sich mit niederen Intelligenzen als ihre eigenen verbindet. Der Mensch wählt sein eigenes Umfeld, wenn er frei ist von materiellen Sorgen. Gleiches zieht Gleiches an und das hängt davon ab, was seine Aura enthält.

Es ist besser für den Schüler am Anfang seiner Entwicklung allein zu leben, als sich mit denen zu mischen, die einer niederen Natur angehören. Suche immer die Intelligenz derjenigen, die über dir sind auf dem Pfad, denn sie werden dir helfen dein verlorenes Erbe zurück zu gewinnen.

Es spielt keine Rolle, wer die Person ist, wie sie gekleidet ist oder welcher Nation sie angehört, wenn sie eine Erleuchtung besitzt, die höher ist als deine eigene. Die Bräuche variieren in jedem Land und wir sollten niemanden aufgrund unserer eigenen Bräuche richten. In unseren höheren Schulen werden wir nicht mit unseren christlichen Namen gerufen, sondern man kennt uns durch unsere Symbole, die uns von unserem Meisteratom in einer anderen Inkarnation gegeben wurden.

Das Zeichen, das wir mit uns tragen, symbolisiert die Art der Kreuzigung, die wir in der Vergangenheit erlitten haben und bedeutet, dass wir uns selbst geopfert haben für diejenigen, die uns auf verschiedene Weise folgten. Wir erkennen auch, dass der Glaube eines Menschen sowohl eine Illusion als auch Unannehmlichkeit für seine Anhänger hätte sein können. Das ist die Erklärung des Satzes: „Wenn wir jemanden außerhalb des

Körpers treffen, können wir seine Errungenschaften durch sein Kastenzeichen erkennen.

•••••

Unsere hyperboreischen Vorfahren hinterließen uns ein öffentliches Buch, das alle lesen können, aber wenigen wurde die Bedeutung erklärt. Es enthält alles, was wir über die Lehre in dieser Zeit erhalten können und alles, was wir für unsere Entwicklung benötigen. Es enthält eine verborgene Wissenschaft, die uns nur in unseren inneren Ebenen gelehrt werden kann. Obwohl es üblicherweise Zodiak genannt wird, ist es nur ein Teil eines Buches, dessen Spur sich in den Jahrhunderten verliert und dessen fehlende Teile in unserem inneren Bewusstsein gefunden werden müssen. Man sagt uns, dass nur ein Zwölftel seiner Struktur und Weisheit sich objektiv mit uns verbindet und in unserem sekundären und zentralen System findet man die restlichen Teile.

Die Tierkreiszeichen repräsentieren die Zustände, die wir durchlaufen haben und zu denen wir zurückkehren werden, wenn wir uns in unserem zentralen Universum entwickelt haben. Obwohl die Astrologie sich nicht viel entwickelt hat in der heutigen Zeit, wird sie im neuen Zeitalter respektiert werden und die Wissenschaftler werden sie ernst nehmen.

•••••

Die Jahreszeiten verändern uns ohne Rücksicht auf unseren eigenen Willen. Die Wirklichkeit tut das, damit wir lernen, diesem Aspekt des Gesetzes der Natur zu folgen, aber wir sind uns diesem Wechsel der Jahreszeiten, die in unseren inneren Ebenen stattfinden, nicht bewusst.

Vier Mal im Jahr an den Äquinoktien steigt eine hierarchische Strömung herab in unseren Körper und bei diesem Wechsel der Jahreszeichen ist unser Körper unter dem Einfluss dieser Strömung. Im Herbst und im Winter werden die Atome des Samensystems erzeugt und genährt. Mit anderen Worten, sie werden gestärkt, damit sie bei der Tagundnachtgleiche im Frühling fähig sind, die Gehirnzellen mit ihrer Energie zu befruchten. Ähnlich wie alles Leben antworten wir auf den Ruf der Natur. Während dieser Zeit hat die Energie der Sonne unsere Energie bewahrt, zurückgehalten, damit wir Kraftreserven haben, nachdem die Frühlings- und Sommermonate vergangen sind.

Wenn wir in allem, was wir tun, in Harmonie mit der Natur gearbeitet haben und gelernt haben, wann die Jahreszeiten wechseln, bitten wir die aufstrebenden Atome unsere Mängel zu beheben. Wie die alten Alchemisten sagten: „Es gibt einen Ort und eine Zeit, um all diese wirksamen Werke zu beginnen."

Diese Menschen wandelten ihre eigenen niederen Materialien in feinere Substanzen um, gemäß dem planetarischen Einfluss. In uns gibt es auch ein planetarisches System, das dem äußeren System entspricht. Die Astrologie lehrt uns über die Auswirkungen der Planeten auf unseren physischen Körper, aber wenige kennen unser inneres planetarisches System und seine Einflüsse auf unsere feineren Körper. Der Mond ist höchst wichtig für unser inneres System, da seine Strahlen den Mentalkörper der Hauptatome durchdringen, sodass sie auf seine führenden Einflüsse reagieren. Denn der Mond schickt die Erinnerungen seiner Zeit der Weisheit zu uns und von diesen weisen Atomen bekommen wir Informationen über die verschiedenen Zyklen der Erleuchtung des Mondes.

Die Sonne und andere Planeten tun dasselbe und dadurch können wir alles, was wir von diesen Quellen gelernt haben, wieder erleben, denn in uns befinden sich die Atome des Firmaments der Wirklichkeit in latentem Zustand. Wenn ein Planet direkt in die Reichweite unsere Bewusstsein kommt, was man in den tieferen Zuständen des Yoga leicht beobachten kann, vernehmen wir eine hörbare Note aus dem Planeten. Das ist der Ursprung des Ausdrucks: „Die Musik der Sphären".

Die Wirkung der Natur durch unser Streben in uns zu verkörpern, ist von der Sonne, dem Mond und den Planeten, die uns am nächsten sind, zu lernen. Mit anderen Worten, wir bringen uns ins Gleichgewicht mit der Natur, um zu ihrem Werkzeug zu werden.

•••••

So wie unser physischer Organismus die Kräfte von Tag und Nacht wahrnimmt und sie ausgleicht, so gibt jede Kraft diesem Organismus eine bestimmte Nahrung. Wenn die Frauen ihre Erinnerungen des Bewusstseins der Natur wiedererlangen, werden sie ihre Kinder gemäß der Führung der Natur säugen und dem Kind die Brust geben, durch die die Strömung des Tages oder der Nacht fließt.

Wir finden in der Natur eine Eigenschaft dieser mütterlichen Liebe, die uns mit all denen verbindet, die während unzähliger Inkarnationen unsere Mütter waren und indem wir diese Attribute der Mutterschaft überprüfen, fühlen wir in uns eine Kraft, die all unsere Ehrfurcht und Reinheit erweckt.

•••••

Alle sprechen über Kunst und Religion als wären sie Experten. Das ist, als ob man die Natur der Elektrizität diskutieren würde, obwohl selbst Wissenschaftler sie nicht analysieren können. Die Yogaübung ist anders, man sollte jeden Schritt erfahren, bevor man davon spricht und auf diese Weise erklimmen wir langsam den hohen Gipfel, wo wir in eine Atmosphäre der halbgöttlichen Natur eintauchen. Bevor wir das tun, können wir keine wahre Information über die Religion erhalten. In dem Maße, indem wir von Bewusstsein zu Bewusstsein aufsteigen, entdecken wir, dass die Religion wie eine Essenz ist, die aus einer großen Quelle entspringt, obwohl ihr Ausdruck sich unterscheidet, gemäß der Art des Gefäßes, welches sie empfängt. Der Schüler spricht nicht von ihr als alleinigem Besitz irgendeiner Kaste oder Person, sondern als Essenz, die alle Dinge durchdringt.

Der Yogi wird nicht mit Leuten über Kunst oder Religion diskutieren, die nur Bruchstücke davon kennen. Diese Themen können nicht auf der menschlichen Ebene des Bewusstseins analysiert werden, aber dem ernsthaften Suchenden wird bei solchen Problemen durch den Yogi geholfen, der den Verstand des Suchenden nach innen zu seinen eigenen Gedanken richten wird.

Zusammenfassung des Silberschildes

Dem Mentalkörper gibt man nicht die Kraft, Widerstände zu überwinden, bis wir unsere Gedanken nach innen richten können. Wenn wir nach Höherem streben, bedecken wir unsere Atmosphäre langsam mit einer seidigen Hülle, die sehr verschieden ist von der mentalen Hülle, die wir besessen haben, bevor wir mit dieser Übung begonnen haben. Diese neue Hülle schützt uns vor unserer objektiven mentalen Welt. Wir erneuern die Hülle mithilfe der Atome der Umwandlung, und wenn der Silberschild aufgebaut ist, haben wir einen Tempel für das Meisteratom errichtet. Dieses dringt in diese Hülle ein, die aus einer Epoche stammt, die unserer Zeit voraus ist. Die Ankunft dieses Meisteratoms gibt uns zum ersten Mal eine führende Intelligenz, die uns befähigt, unser eigenes Wissen und unsere eigene Weisheit aus unserem Ich zu nehmen.

Die erste Anweisung, die wir von dieser Empfangsstation erhalten, hat mit der Perfektion des Körpers zu tun, denn er muss vorbereitet werden, damit die solare Kraft in uns befreit werden kann. Das ist ein Prozess der Anpassung des Körpers an seine Ströme. So wird der Innerste aus dem Gefängnis des Körpers befreit.

Als der Innerste in die Materie eingedrungen ist, begannen wir uns mit der objektiven Atmosphäre dieser Welt zu kleiden, das hat uns schließlich von unserem göttlichen Erbe getrennt, d. h. der Kraft und der Weisheit des Innersten.

Nach der Befreiung des Innersten kreist die solare Strömung um unseren Körper und manchmal kann man ihren pfeifenden Ton hören. Wir haben dann den Eindruck einer kreisenden Strömung, die so stark ist, dass wir den Wunsch haben uns mit ihr zu drehen.

Obwohl wir uns in diesem Buch nicht mit der Befreiung des Innersten beschäftigen, haben wir versucht, dem Schüler zu zeigen, wie man sich mit dieser inneren Intelligenz, dem Meisteratom, verbindet, und durch seine Vermittlung mit dem Innersten. Wenn der Schüler seine innere Anweisung erhalten kann, wird er in Verbindung gebracht mit denjenigen, die ihm persönliche Aufmerksamkeit geben werden.

Im Yoga sollte der Schüler daran denken, dass es immer gut ist, zu schweigen, nachdem er die Vereinigung mit seinem sekundären System erreicht hat. Sonst wird er zum Spottobjekt derjenigen, die die Wichtigkeit und das Ziel dieser tiefen Wissenschaft ignorieren, denn das was Nahrung für den Yogi ist, ernährt die viele Blinden dieser Welt der Illusion nicht.

•••••

Man sollte bedenken, dass der Mensch nur einen kleinen Teil seines physischen Gehirns benutzt und dass der Eingeweihte jemand ist, der diese Gebiete entwickelt hat, die die Empfangsstationen für das gesamte Universum des Menschen sind.

Diese großen Bereiche werden nicht aktiviert, bevor wir unseren Silberschild entwickelt haben. Wenn dieser aufgebaut ist, beginnen seine Zentren die latenten Zellen innerhalb dieser ungenutzten Bereiche anzuregen, und das verbindet das innere Bewusstsein des Menschen mit seinem objektiven Verstand. Er wird dann beginnen, die Dinge aus einem anderen Blickwinkel zu sehen.

Wenn wir diesen Silberschild aufgebaut haben und einen Tempel für das Meisteratom errichtet haben, müssen wir auf der Suche nach Anweisungen nicht zu den Zentren des physischen Körpers gehen, die uns befähigt haben, unsere vergangenen Leben wieder zu erleben, sondern wir werden nun in die Mentalwelt gebracht, um Intelligenzen zu treffen, die gelehrte Atome genannt werden, und deren Arbeit es ist, uns anzuleiten, unsere objektive Natur zu regenerieren und uns zu helfen nach unserer zentralen universalen Strömung zu streben, die in unser Silberschild fließt.

Die polaren Zentren, die wir errichtet haben, werden das Wissen dieser gelehrten Atome übermitteln und der Schüler muss berücksichtigen, dass das alles sich innerhalb seines eigenen selbsterschaffenen Universums befindet. Diese zentrale Strömung, die durch den Silberschild in unser Bewusstsein fließt, bringt uns die höheren Elemente des Mondes, symbolisiert durch den Planeten Neptun.

Die bestimmende Energie

Die Morgenröte der Jugend hat viele Zweige, die zu uns kommen, wie ein Strom der in den Ozean fließt und jeder Zweig ist die Manifestation einer Eigenschaft des Innersten. Obwohl wir diese ständig wachsenden Wellen von Energie am Anfang nicht wahrnehmen können, können wir unsere eigene Wellenlänge durch unser Streben nach Höherem angleichen. Dann leiten wir diese Wellen in unser sekundäres System, indem wir ihre Atome zu uns ziehen und ihre Intelligenz übernehmen.

Jedes neue Zeitalter bringt eine andere Art der Erleuchtung und Lehre für die Menschen.

Wenn wir uns entscheiden, etwas zu tun, wurde es in unserem sekundären System schon ausgeführt und das bringt uns die Entscheidung, um zu arbeiten und es auf dieser objektiven Ebene auszuführen. Aber normalerweise scheitern wir, wenn wir bewusst oder unbewusst die bestimmende Energie der Natur nicht in Anspruch nehmen. Wenn wir dieses Prinzip anwenden, werden wir die Arbeit, die wir tun wollen, in diesem Leben oder in unserer nächsten Inkarnation vollenden. Denn wir alle inkarnieren, um bestimmte Erfahrungen zu machen und wir können nicht glücklich sein, wenn wir darin scheitern.

Die Dichte der Atmosphäre der Welt lehnt sich gegen uns auf, wenn wir etwas beenden wollen. Wir werden sofort angegriffen vom geheimen Feind und den Atomen des Widerstandes der Atmosphäre, die unser Werk behindern, sodass wir unfähig sind, es zu vollenden. Wir bemerken auch, dass in dem Moment, in dem wir etwas beginnen, eine gegensätzliche Energie unser Interesse schwächt (außer wenn sie von der gleichen Natur ist wie unser Plan) und uns in unserer Arbeit entmutigt. Schriftsteller und Künstler erkennen das besser als Wissenschaftler. Im Vergleich mit Energien, die mit objektiven Dingen zu tun haben, wie Metall oder Holz sind diese wie Wirbel aus atomarer Energie.

So wie es bestimmte Zentren für Anweisungen in unserem sekundären System gibt, so haben wir auch Zentren, die die Bewegungen der Natur wahrnehmen. Wenn wir lernen, uns mit ihnen in Gleichklang zu bringen, können wir Informationen erhalten. Auf diese Weise beginnen wir, die Schleier der Natur zu heben und über ihre Kräfte in uns zu lernen. Das gibt uns die Kraft, um zu ihren Sphären aufzusteigen und mit ihrer Intelligenz zu kommunizieren und innerlich das Wirken ihres Willens zu fühlen.

Wir haben über den Willen der Natur gesprochen. Er ist es, der dem Gedanken unserer universalen Zentren des Bewusstseins vorausgeht. Bevor der Gedanke sich in Klang und Farbe manifestiert, gibt es etwas, was ihm vorausgeht, denn das Bewusstsein, das in unserem Inneren lebt, bestimmt unsere Gedanken.

Wenn wir uns nach innen wenden, finden wir dieses bestimmende Prinzip, das in unseren verschiedenen Systemen arbeitet und immer vorausgeht. Somit gibt es zwei Dinge, die den Gedanken sowohl erzeugen als auch zerstören, nämlich: das innerliche Bewusstsein (der Genius der Perfektion, dessen Energie allen Gedanken vorausgeht) und die objektive und zerstörerische Energie des Widerstandes in der Atmosphäre dieser Welt.

In der Tiefe unseres Bewusstseins gibt es Ströme von Energie, die aus unserem Innersten hervorgehen. Das sind atomare Wellen von Klang und Farbe und das Licht, das sie erschaffen, wenn man sie von der objektiven Ebene aus betrachtet, ist wie Sonnenlicht, das eine dunkle Straße, die wir entlang gehen, beleuchtet.

Diese Strömungen, die den Gedanken vorausgehen, energetisieren den Silberschild, der dann versucht, unsere Gedanken von der objektiven Welt auf sich zu richten. Der Silberschild zieht Atome und Formen an, die unsere Gedanken in ihm sammeln. Das bedeutet, dass der Innerste seine Energie in den Silberschild leitet und ihn energetisiert. Der Schild leitet diese Energie zum Meisteratom und dieses versucht, uns mit seiner Intelligenz zu vereinen, indem er vor unseren Gedanken eine Welle aussendet, die uns mit ihm verbindet.

Ohne dass unsere Persönlichkeit es merkt, versucht der Innerste unsere Gedanken zu seiner Quelle zurückzuschicken.

Die Bestimmung ist eine positive Kraft, die in unseren Gedanken wirkt. Der Okkultist wird lernen, eine Sache zu bestimmen und sie zu vollenden. Das ist ein Prozess, bei dem man innerlich eine Sache abschließt und sie später materialisiert.

Wir alle besitzen unentwickelte verborgene Kräfte und diese Fähigkeit der Bestimmung ist eine davon. Im sekundären System gibt es Atome, die die latenten Kräfte in unserem Zentralsystem erwecken und diese sammeln sich um einen Plan, dem man die Kraft gibt, alle Hindernisse zu überwinden. Der Plan, der ausgeführt werden soll, soll vor den objektiven Plänen zurückgehalten werden, bis die Atome, die diese bestimmende Energie hervorrufen, uns informieren, dass die Zeit der Geburt gekommen ist.

Manchmal haben wir den Eindruck, etwas zu tun, ohne Rücksicht auf alles Andere, was uns zurzeit beschäftigt. Wir nehmen nicht immer die Quelle wahr, von der dieser Eindruck kommt, aber wenn wir unser sekundäres System betreten, können wir von den Atomen, die gemäß dem Plan der Natur arbeiten, belehrt werden.

Von diesen Atomen leiten wir die bestimmende Energie des Planes der Natur ab, die vor dieser Welt zurückgehalten wird. Hier nutzen wir das, was Wissenschaftler Willen nennen. Dieser Wille wird auf der Erde benutzt, um persönliche Ziele zu erreichen, ohne Rücksicht auf die Wünsche des Innersten.

Die Selbstbestimmung befähigt den Schüler, seine Kräfte voll auszuschöpfen. Auf diese Weise wird er wachsen und gedeihen, wie ein Baum im Frühling, wenn er diese Energie benutzt. Das ist sowohl eine kraftvolle als auch feine Macht, die alle besitzen, obwohl wenige sie in Anspruch nehmen. Sie stammt aus der elementalen Natur und hat nichts mit individuellem Willen zu tun. Übrigens benutzen Eingeweihte selten den Ausdruck „Willen“ in ihren Lehren. Sie sagen: „Möge es die Natur tun.“

Wenn wir nach Höherem Streben, bilden wir Verbindungen, die dieses bestimmende Prinzip zu uns bringt, jedoch bemerken wir es erst, nachdem wir Yoga praktizieren. Diese Kraft bewirkt, dass die Natur an ihrem Plan festhält. Wenn wir uns inspiriert fühlen und wir eine zusätzliche Kraft erhalten, ist es die Kraft, die wir Überseele der Natur nennen.

Der weisse Magier, der Schüler der Natur ist, nutzt sie, wenn er die verschiedenen Zustände der Dichte in der Atmosphäre der Mentalwelt wahrnimmt. Der Mensch nimmt wahr, was er durch die Sinnesorgane aufnimmt, und wenn die Atmosphäre sich ändert und die materielle Welt verschwindet, öffnet sich eine andere Art von Kontakt für unsere Sinne. Die feine Kraft der Natur kann den Verstand einer Person, auf die sie gerichtet ist, ändern.

Diese Kraft wird von bestimmten großen Yogis benutzt, wenn sie objektive Phänomene erzeugen wollen. Das ist keine Illusion, sondern die Arbeitsweise des Verstandes innerhalb einer bestimmten Wellenlänge. Wenn wir diese feinere Energie in unsere Atmosphäre bringen können, wird sie uns Führungskraft geben, d. h. die Kraft, etwas zu Ende zu bringen.

So erreicht der Schüler, dass die Kraft des Willens der Natur parallel mit seinem persönlichen Willen arbeitet und er besitzt das Bewusstsein einer abgeschlossenen Sache, bevor sie sich auf der objektiven Ebene manifestiert. Dieses Prinzip wird eine der neuen Kräfte sein, die man in der kommenden Generation benutzt.

So wie wir im Körper latente Organe haben, die gesund, aber ungenutzt sind, so gibt es viele ungenutzte Bereiche in unserer mentalen Sphäre. Wenn wir diese feine Kraft nutzen, die vor einem Gedanken stattfindet, beginnen wir, unsere Ideen zu bekleiden und ein Werkzeug zu schaffen, durch das die Natur uns ihre sieben mentalen Eigenschaften übermitteln kann. Wenn diese Eigenschaften in unserer mentalen Atmosphäre aktiv werden, besitzen wir ein Werkzeug, das unsere Gedanken in Klang, Farbe und Energie kleidet und das uns unsere Besitztümer, die im Verstand der Natur verloren sind, zurückbringt.

Mit diesen Eigenschaften braucht ein positiver Verstand nicht länger Gedanken in die Atmosphäre zu schicken, die wie abgeknicktes Schilfrohr im Wind schwanken in dieser Welt der Illusion, sondern er schickt Gedanken von einer uns bisher unbekannten Art, Gedanken, die seine verlorenen Energien sammeln können.

Davor leiteten wir unsere Gedanken durch unseren persönlichen Willen, ein Werkzeug, das zuvor benutzt wurde, um unsere Gedanken in diese objektive Welt zu projizieren. Wir benutzen den persönlichen Willen, ohne ihn zu verstehen. Er ist eine Kraft, um uns selbst und die Dinge zu beherrschen. Dieser Wille besitzt Intelligenz und ist eine treibende Kraft der objektiven Welt, ähnlich wie Dampf, der eine Maschine antreibt. Aber wir sind uns dessen nicht bewusst, wenn wir in unsere sekundären Reiche eintreten.

Wenn wir die Vereinigung mit unserem Innersten suchen, kehren wir zur Natur zurück. Aber bestimmte elementale, physische und niedere astrale Wesenheiten (die Welt unseres geheimen Feindes), können nicht zu den inneren Sphären des Seins aufsteigen, denn man gibt ihnen nicht diese Kraft der Natur, bis sie ihren persönlichen Willen aufgeben. Darum bleiben viele Personen, nachdem sie gestorben sind, an die Erde gebunden.

Kurz gesagt, das bedeutet, so wie wir unseren physischen Körper durch Yoga vorbereitet haben, um die feineren Schwingungen der Natur zu empfangen, so müssen wir unsere mentale Sphäre, d. h. den Resonanzkörper der Natur in uns entwickeln, um ihre feineren Bewegungen in den Gedanken wahrzunehmen und unsere Ideen mit ihrer Essenz zu bekleiden. Das ist einer der Gründe für den Aufbau des Silberschildes.

Unser Meisteratom repräsentiert nicht nur die weise Intelligenz unserer unzähligen Leben, sondern auch diese Leben, in denen wir uns mit den Fasern der Natur umhüllt haben und dadurch besitzen unsere Gedanken eine doppelte Beschaffenheit. Auf diese Weise verstärkt die Natur unsere Gedanken, sodass sie jedes Hindernis durchdringen können. Das ist eine der Kräfte, die der Yogi bisher geheim gehalten hat.

Die Leute wundern sich oft, warum Okkultisten in jedem Zeitalter aufgefordert wurden, auf alles zu verzichten. Das wurde falsch verstanden. Worauf sie verzichten, ist ihr persönlicher Wille. Vielen Okkultisten wird empfohlen, ihre schöpferische Energie zu bewahren, ihre niedere sexuelle Natur zu beherrschen. Die Atome finden immer ihr eigenes Niveau.

Der Dampf, der sich von der Oberfläche unserer Samenflüssigkeit erhebt, gibt uns diese bestimmende Energie in der Natur. Der Anspruch auf persönliche Macht wird diese höheren Kräfte nicht aktivieren. Aber wir können eine Kraft erwecken, die uns an unsere niedere tierische Natur bindet und das gibt dem schwarzen Magier seine Macht.

Wenn die Manifestation der Morgenröte der Jugend deutlicher wird, sollten wir versuchen, zu ihrem Werkzeug zu werden und die Natur wird ihre Ideale und Anweisungen in uns einpflanzen und dann werden wir die persönliche Meinung der Welt nicht länger beachten. Das alte Erbe der Illusion muss dieser Kraft der kosmischen hierarchischen Energie Platz machen und die Menschheit wird vom Vorgänger unserer Schöpfung regiert und nicht von der Erfahrung oder Intelligenz dieser Welt. Da der Mensch nur ein Teil der Wirklichkeit ist, muss er versuchen, sein eigenes verlorenes Erbe wiederzuerlangen, indem er danach strebt, dieses Bewusstsein wiederzugewinnen, das er hatte, als er auf diese bestimmende Energie der Wirklichkeit, oder Gott, antwortete.

Je mehr der Yogi sein Werkzeug entwickelt, desto mehr kann er die atomaren Kräfte der Natur wahrnehmen. Aber bevor er das tun kann, muss er nach Höherem Streben und die Lehrzeiten seines sekundären Systems suchen und sein Gehirn mit den aufstrebenden und intelligenten Atomen der Natur befruchten.

Dieses „Erkenne dich Selbst“, das am Eingang des Tempels von Delphi geschrieben steht, bedeutet den Innersten kennenzulernen. Da er alle gesammelte Weisheit aller Erfahrungen der Menschen seit ihrem Eintritt in der Materie besitzt.

Das ist das einzige für die westlichen Körper geeignete Yogasystem, das uns mit unserer eigenen höchsten Macht und der Morgenröte der Jugend vereint.

Unter dem schützenden Mantel des Innersten zu arbeiten, uns selbst von den Kräften dieser anormalen Welt zu befreien, gemäß unseren eigenen Erfahrungen zu arbeiten, die Verbindung mit dem Innersten zu erreichen und Anderen das zu geben, was wir besitzen und sie zu erlösen, ist die tiefere Bedeutung der Befreiung.

Wenn wir zu den feineren Zuständen der Materie aufsteigen, sind wir wieder in die bestimmenden Energien der Natur eingegliedert. Da wir Gefangene in einer Welt der Illusion und Leibeigene der Atome des geheimen Feindes sind, müssen wir zum Bewusstsein der Natur zurückgerufen werden und man muss uns das wahre Erbe, dem unser persönlicher Wille unterstehen muss, geben. Diese Befreiung von der physischen Welt wird dauerhaft sein.

Der Schüler darf nicht vergessen, dass diese Energie auch für das Wohlergehen seines physischen Systems arbeitet und ihm instinktiv mitteilt, was er essen und wie er sich ausdrücken sollte. Er wird nun entdecken, dass die Wünsche seines Körpers mit den Werten der elementalen Nahrung zu tun haben und nicht mit den Werten der physischen Nahrung, die er normalerweise isst.

Die Werte der elementalen Nahrung sind das, was unseren Darmtrakt ernährt und ihn mit den gewünschten atomaren Strukturen versorgt, die diesem Teil des Körpers plötzlich Energie gibt. Viele Arten von Nahrung belasten nur unseren Darm mit einer Vielzahl von Atomen, die seine Arbeit stören und deshalb sollten wir nur Nahrung zu uns nehmen, die sich auf diesen Trakt auswirkt, denn der Magen ist nur ein einfacher Behälter, der unsere Nahrung aufbewahrt, vorbereitet und bearbeitet, um ihr die verschiedenen Dichten zu geben.

Da der Darm uns mit unserer angeborenen Energie versorgt, sollten wir dieses System beachten und ihm die notwendige, den Darm betreffende Stärke, geben, die wir ihm verweigert haben, bevor wir Yoga studiert haben. Wenn das System durch Abfälle verstopft ist, ist es schwierig, das zu behandeln, denn die Verstopfung bewirkt, dass die Atome dieser Abfälle (denn sie sind von tödlicher Natur) versuchen, zum Samenkanal zurückzukehren und ihre Atmosphäre in einer Wolke der Depression freizusetzen. Der Verstand, der durch solche Stimmungen und Ängste beeinflusst ist, ist niemand, der von einem Yogi als Schüler ausgewählt werden wird.

Sowohl die rothäutigen Indianer als auch der östliche Yogi wissen, was diese Depression verursacht und haben ein einfaches Heilmittel. Aber diese Methode ist bei der sogenannten westlichen Zivilisation fast unbekannt. Es ist ein unveränderliches Gesetz, dass Verstopfung Depression verursacht.

Der untere Teil des Rumpfes des Schülers sollte dehnbar sein, denn wenn er einen Lehrer findet, muss er seine solare Energie (die schlafende Schlange) durch physische Übungen und Yoga aufwecken. Er sollte seine Hände gegen die unteren Rippen drücken und seinen Körper von rechts nach links drehen.

Das hält auch den Magen und den Darm in gutem Zustand. Wir sollten uns daran erinnern, wie wir schon zuvor erwähnt haben, dass wir in unserer Anstrengung den Körper gesund zu halten, soviel Wasser, wie möglich trinken sollten. Der Körper fühlt oft Durst, denn er kann nicht immer alle seine Unreinheiten ausstoßen. Wir sollten zwischen den Mahlzeiten frisches Wasser trinken und einen Krug bereithalten, wo wir ihn sehen können.

Immer wenn man Übungen praktiziert, sollte man bedenken, dass die Kraft aus dem Bauch kommt. Neben der Notwendigkeit für den normalen Menschen ist es viel mehr für den Schüler, denn er muss aufmerksam und empfindsam sein, um auf jede Strömung, die die Natur plötzlich befreit, zu reagieren.

Überwinde das Übel der Verstopfung und du wirst fähig sein, deine niedere sexuelle Natur zu beherrschen und zu bezwingen. Im Samenleiter befindet sich ein Zentrum der atomaren Intelligenz, von derselben Natur wie der Silberschild. Seine Atome sammeln sich um ihren eigenen individuellen Sitz des Bewusstseins.

Diese Zentren bewirken, dass wir alle schöpferischen Anstrengungen verehren. Das bedeutet, dass wenn wir so moralisch sind wie sie, werden wir Anweisungen bezüglich unseres moralischen Wohlergehens erhalten. Die Juden haben das sehr stark ausgeprägt in ihrer Rasse, denn sie verehren den Wert von moralischen Dingen, wie heiligen Büchern, Traditionen, usw. So wie ein chinesischer Poet sich mit Ehrfurcht vor einem großen Buch verneigt, bevor er es liest.

Diese Art der Verehrung, die diese Atome besitzen, werden, wenn wir sie reichlich besitzen, bewirken, dass wir heilige Dinge verehren; wenn eine Person diese Atome nicht besitzt, verehren wir sie nicht. So wird der heilige Mann im Osten erkannt, wenn er diese Eigenschaft besitzt, denn er ruft in Anderen ihren Geist der Verehrung hervor. Wenn unsere Eltern diese Atome nicht besitzen, verehren wir sie nicht, obwohl wir sie lieben. Es ist eine unbewusste Eigenschaft, die der Schüler fühlt, ohne sich ihrer Bedeutung bewusst zu sein. Später, dank seiner Verbindung mit diesen

Atomen in seinem Samenleiter, wird er erkennen, warum er heilige Dinge verehrt.

Menschen, die andere nicht verehren, besitzen keine Unterscheidungsfähigkeit oder irgendwelche bemerkenswerten Verhaltensweisen. Sie werden eilen, wo Engel zu gehen fürchten und es fehlt ihnen an Höflichkeit und Diskretion. Die Verehrung derjenigen, die diese Atome besitzen, ist in China sehr gebräuchlich. Diejenigen, die sie besitzen, hinterlassen eine Kette, die sie mit ihren Vorfahren verbindet und die nie getrennt wird. Das ist ein anderer Blickwinkel der Anbetung der Vorfahren, der im Westen unbekannt ist.

Solange der Schüler diese Eigenschaft nicht besitzt, kann er die Natur nicht verehren, ihre Schönheit bewundern und ihr Bewusstsein betreten, so wie man einen heiligen Ort betritt. Wenn dieser Geist der Verehrung in unserem Bewusstsein geboren wurde, werden wir natürlich und höflich mit allen umgehen, mit denen wir in Harmonie sind. Wenn wir mit der Atmosphäre einer Person nicht in Harmonie sind, ist es, weil wir unbewusst das Verständnis und die Wellenlänge dieser Person nicht verehren.

Manchmal, wenn wir eine Person einer anderen Rasse treffen, fühlen wir keine Verehrung für sie, denn wir harmonisieren nicht mit der Individualität ihrer Rasse und wir fühlen uns oft unbewusst belästigt, da unsere eigene Wellenlänge gestört wird und diese Schwingungen erschüttern uns, da sie uns fremd sind. Wenn wir beginnen, diese Disharmonie zu analysieren, werden wir oft Dinge entdecken, die wichtig für uns werden. Denn wir harmonisieren nicht mit diesen Rassen, in dessen Atmosphäre wir in der Vergangenheit verfolgt wurden, aber wir müssen auch erkennen, dass wir ihnen in einer noch ferneren Zeit Leid und Elend verursacht haben. Das ist die Methode des Ausgleichs der Natur.

Wenn wir dieses Mysterium ergründen, versuchen wir uns wieder zu harmonisieren und gerecht zu sein.

Wenn wir diese Feindschaft gegenüber einem Mitglied einer anderen Rasse fühlen, müssen wir seine Atmosphäre analysieren und wir werden entdecken, dass der Druck nicht vom persönlichen Aspekt herrührt, sondern von seiner mentalen Umgebung; elementale und erdgebundene Wesenheiten, die immer versuchen, mit einer empfindsamen Person zu kommunizieren.

Ein Kontakt mit Arkadien

Der Schüler ist mit den verschiedenen elementalen Bereichen durch seinen Lehrer in Kontakt, durch den richtigen Gebrauch eines Symbols, und wenn die Person eine starke schöpferische Natur hat, kann sie sich, nach ihren ersten Schritten im Yoga, zeitweise mit den Sphären der Inspiration der Natur verbinden.

Ein Schüler hat mir erlaubt, in diesem Buch einen Teil einer unveröffentlichten Arbeit einzufügen. Dieser Schüler hatte die notwendige Ausdauer und hat diese okkulten Lehren genau beobachtet. Er arbeitete hart an seinen Atemübungen und entwickelte seinen physischen Körper, und obwohl er für eine Zeit sich selbst überlassen wurde, war er fähig, seine latenten Kräfte zu entwickeln und leicht in seine inneren Ebenen zu gelangen. Danach lehrte man ihn den Gebrauch von Symbolen und er wurde fähig, zeitweise Inspiration von den elementalen Hierarchien zu empfangen, die die Quelle der Inspiration für diejenigen sind, die fähig sind, das Interesse dieser Sphären der Würde und Schönheit zu gewinnen. Nun folgt das Fragment, in dem die Göttin Minerva die traurige Geschichte von Arkadien berichtet.

Minerva sagt: „Als die Welt jung war, war dieses Land die Wiege des Frühlings. Als sie (die Verkörperung des Frühlings) wuchs, verbreitete sein Atem Duft und Frische in die Luft und diese verwandelten sich in Sylphen. Wo ihre Sandalen auftraten, sprossen Knospen und die Hügel und Täler strahlten. Wenn sie sang, wurden Vögel geboren und flatterten über das Land; und wenn sie sprach, teilte sich das Wasser in silberne Fäden und folgte ihr. Wenn sie sich setzte und dachte, wurden die kleinen Wesen geboren, und wenn sie betete, wurden die Götter erschaffen. Und die Blumen und Vögel, die Nereiden und Sylphen, die kleinen Götter und die großen Götter arbeiteten zusammen und entwarfen den Menschen. Und als der Mensch aufrecht stand und seine Augen durch die Gottheit erhellt wurden, betrachtete er die Schönheit dieses Landes und der Geist der Poesie inspiriert ihn zu dem Namen Arkadien.

Das war das Zeitalter, in dem der Mensch ernsthaft in den Gedanken, kindlich in den Wünschen und schön anzusehen war. Seine Augen leuchteten klar und beschatteten die Größe seiner Weisheit. Der Glanz dieses Zeitalters strahlt noch im leuchtenden Verstand der Dichter und in den feurigen Herzen der Propheten.

Das war das goldene Zeitalter, das Zeitalter, in dem Musik, Poesie und Liebe sprossen. Die Bedürfnisse des Menschen waren einfach, seine Wünsche wenige. Das Leben lief nicht auf stählernen Beinen und brüllte nicht aus Messingkehlen, die Welt bewegte sich nicht durch die Muskeln der Maschinen und füllte nicht jede Minute mit der Ermüdung monotoner Arbeit. Bei Anbruch des Morgens entfalteten sie Freude und keine Traurigkeit, wenn der Abend dämmerte und der Tau herabfiel, waren die Träume ruhig und tief. Das Glück durchflutete den Menschen wie ein Strom, der bergab fließt, springend, singend, funkelnd.

Die Liebe brannte wie sanftes Sonnenlicht und die Gedanken flogen so schnell, wie springende Hirsche. Denn der Mensch respektierte einen einfachen Glauben, nämlich dass das Leben ihm gegeben wurde, um glücklich zu sein, dass er in der Strahlung des heroischen Lichts der Götter lebte und dass deren schützende und starke Hände sein Schicksal und sein Verständnis regierten.

Oh, die Götter, die Götter! Die Erhabenen von Arkadien, deren Zimbel der Donner ist und deren glänzende Schwerter die Blitze sind; die einst den Mensch mit fröhlichem Zauber regierten. Oh mächtiger Jupiter, Richter alle Dinge! Wann wirst du zurückkehren, um dem Verstand der Menschen Gerechtigkeit einzuhauchen? Die Welt benötigt einen neuen Umhang und eine neue Würde, denn ihre Gewänder sind abgenutzt, ihr Königtum wurde entthront. Der Glaube, der die Note der Flöte des Fauns in sich hatte, und die Gelassenheit einer sommerlichen Dämmerung haben sich aufgelöst.

Wir schätzten die Musik der Winde, die durch die Schlösser der Welt bliesen; wir schätzten die Lyrik der Vögel und der Ströme. Wir glaubten, dass die Schönheit das Juwel war, das alle Dinge zusammenhielt und dass die Weisheit das Feuer war, das durch diesen wertvollen Edelstein floss. Wir hielten daran fest, dass das Blut der Götter durch die Venen der Menschen floss und ihn bereicherte. Er, der mit begabten Fingern auf der Lyra spielte, er, der Marmor meißelte und Schönheit aus ihm zutage förderte und er, der Flammen und Träume aus Worten entstehen ließ, waren die Prinzen von Arkadien. Das war ein großes Zeitalter, aber nun bleibt nur ein Flüstern davon, nur ein verblassender Akkord seufzt durch die Finsternis; Seufzer, die die Vögel und die Winde und manchmal die Träumer hören.

Der Winter verdorrt die Blätter; die Seele wird versilbert, so wie auch der Kopf. Der Mensch altert, aber ohne Hoffnung auf Frühling. Die Schönheit, die im Marmor verborgen ist, wird nicht mehr enthüllt; die

Musik, die in der zitternden Lyra schläft, wird nicht mehr erweckt und die Weisheit, die in der Lyrik gewiegt wird, spricht nicht mehr. Denn den Augen fehlt die klare Sicht, den Fingern fehlt die Zartheit und dem Verstand fehlt Tiefe. Dunkler und dunkler wurden die Jahre, die den Geist der Menschen überschatteten, bis sie grau dachten und fühlten. Bis ihre Rücken gekrümmt waren, ihre Gliedmaßen langsam wurden und ihre Stimmen dünn erzitterten wie die Stimmen der Alten. Ihre Erinnerungen wurden trübe und stockend, und als wir inmitten von ihnen umherwanderten, blickten sie uns ohne Verständnis an. Manchmal schlage ich mein Schild bei der Geburt eines Großen, aber sie hören nicht, und die Gaben des Großen sterben oft mit ihm. Manchmal setzt Merkur einem Auserwählten einen Kranz auf, aber sie schlagen und steinigen ihn, und wenn Jupiter ein Schwert in die Hände seines Dieners gibt, verspotten sie ihn und verleugnen seine gerechten Sätze.

Und Apollo klagte: Ich wanderte zwischen den Ruinen von Arkadien, dem Land, das die ersten Früchte der Welt gab und sah, dass der Frühling und die Rose verwelkt waren. Die Marmorstatuen waren gefallen, die Lyra des Orpheus lag zerbrochen auf dem Boden des Tempels. Ach! Die Schönheit des Menschen erstrahlt nicht mehr, er hat unsere Tempel verlassen, Staub liegt auf unseren Altären. Seine Anmut ist verflogen, zerfallen wie eine Blume. Schön wie der Morgen auf dem Wasser war er, aber nun ist Bitternis in ihm und sein Herz und sein Haar sind grau. Waren unsere Tempel nicht schön für ihn? Unsere Haine nicht fruchtbar? Unsere Welt nicht erhaben?“

Minerva endete plötzlich; Johannes wartete. Als sie fortfuhr, war es in einem anderen Ton: „Als du mit mir durch die Stadt gegangen bist, hast du die Degeneration ihrer Einwohner gesehen. Diejenigen, in denen die Schönheit leuchtete, waren Bettler und Verfolgte; unsensible Egoisten, die nicht die Erschütterung der Inspiration kannten, wurden bejubelt. Menschen, die einst menschlich waren, haben sich in Automaten verwandelt; und wir, die sie früher führten, wurden gezwungen, uns zu verstecken. Aber als wir verschwanden, verschwanden auch die Reiche der Verzauberung; wir webten einen Schleier über den Wegen zur Magie. Traurig schlossen wir die Türen zum Wunderbaren. Aber als wir uns versteckten, erschufen die Menschen andere Götter, denn der Mensch muss verehren, wenn nicht einen Gott, dann einen Traum, eine Maschine, einen Helden, eine Frau; denn alles, was er verehrt, ist ein Echo auf seinen verlorenen Glanz. Und das ist es, was er zurückgewinnen muss, bevor wir uns ihm wieder offenbaren können.“

Sie schwieg und hob den Zeigefinger als Warnung, als Johannes sprechen wollte: „Still, kannst du hören? Da ist ein Gesang, so flüchtig und wild, so durchdringend!“

Johannes atmete fast nicht, als er versuchte zu hören. Für einige Sekunden war Schweigen. Dann hörte er, aber es war so entfernt, dass er dachte, es wäre Einbildung. Dann kam sie plötzlich über ihn und wirbelte umher und hämmerte in seinen Ohren, eine Musik von solcher Einsamkeit, solch verzweifelter Süße, dass er fast weinte. Es erweckte in ihm Bilder von Berggipfeln, kühlen schnellen Winden und Strömen von schäumendem Wasser. Es war ein Gesang, der den Verstand säuberte und ihn ausdehnte; so als ob das Gehirn sich plötzlich in einer riesigen Halle mit schönen schwebenden Nymphen ausdehnte; damit kam das Gefühl der Schönheit von nackten Dingen. Er wurde in einem Strom von heidnischer Frische und Wildheit umhergewirbelt, bis sein Körper sich rein und strahlend anfühlte. Dann verschwanden die Stimmen so schnell, wie sie gekommen waren, und ließen nur ein Echo der Melodie und ein starkes Bedauern zurück, weil er sie nicht mehr hören konnte.

Nach einigen Momenten der Stille flüsterte er leise: „Oh!, wie schön haben sie gesungen. Es ist schmerzhaft. Sag mir bitte, wer sind sie?“

Die Göttin antwortete: „Es sind die Sylphen, die über den Kummer dieser Welt klagen.“

Eine melancholische Stille senkte sich über beide, während er den flüchtigen Akkorden lauschte, die ihn noch immer mit ihrer geisterhaften Traurigkeit verfolgten.

Wieder fuhr Minerva fort: „Sie weinen, weil wir uns verborgen haben und der Mensch seine Freiheit verloren hat. Aber wenn Arkadien befreit wird und der Geist der Menschen freigelassen wird wie Wasser, wird die Schönheit erneut offenbart und nicht verspottet und die Inspiration wird in ihm erwachen, wie ein Sonnenaufgang. Der Morgen wird Dinge enthüllen, die schöner sind als das Licht, und der Abend Dinge, die glücklicher sind als die Liebe.

Die vergessenen Königtümer, die in der Ruhe schlummern, werden erwachen und den Menschen einhüllen und einen erhabeneren Glanz in seine Augen bringen, denn er wird so stattlich sein, wie ein Wald im Frühling. Aber das wird nur geschehen, wenn er befreit wird von der stählernen Umklammerung der Maschine; von den Unterdrückern dieses Reiches, die seine Göttlichkeit gefesselt haben und wenn er zur Einfachheit der Natur zurückkehrt. Aber diese neue Weisheit wird edler sein als die vergangene; denn sie wird vorsichtiger sein, wie es die Weisheit ist, die hinter der Stirn der Götter wohnt.

Ihre Stimme erhob sich und sie wurde von Silber zu Gold: „Dann wird der Mensch sich in unsere Meditationen einhüllen, unsere Hallen aus Kristall betreten und in unseren Gärten aus Feuer spazieren. Dann werden die Stürme vor ihm knien und er wird den aufleuchtenden Blitzen befehlen, die Winde entfesseln und sie zu Teppichen für seine Füße machen. Der Puls des Universums wird in seinem Herzen schlagen und er wird die geheimen Träume des Sternes und der Blume kennen. Das ist das Versprechen, das ich ihm gebe, wenn er sich erhebt und den Rost der Jahre abwirft und wieder jung und rein wird.“

Mantrams

Was wissen wir über die Natur hinter ihrem Schleier? Alles in der Natur hat seine Schlüsselnote, und wenn wir die entsprechende Anrufung benutzen, erhalten wir sofort eine Antwort. Stellt zwei Klaviere in einen Raum schlagt die Note G auf einem an und das Andere wird in Harmonie mit ihm schwingen. Das ist eines der Geheimnisse der Magie der Natur; wenn man eine Antwort von einem Ding erhält, ist man mit seinem Bewusstsein syntonisiert. Auf diese Art arbeitet die Natur und wir verbinden unseren Verstand mit ihren Gedanken. Das Gemurmel des Baches, der Klang des Windes und der Äste werden als Klangwellen ähnlicher Noten klassifiziert, und bevor wir diesen Klang hören, hören wir die Schlüsselnote der Natur. Wenn wir ihre Magie benutzen, stimmen wir uns zuerst selbst auf diese Note ein und das wird uns mit dem bestimmten Strom oder Wasserfall vereinen, denn wir zu hören wünschen, obwohl er sehr weit weg ist. Das ist ein anderes Beispiel der bestimmenden Energie der Natur, die dem Klang vorangeht, so wie sie dem Gedanken vorangeht.

Einem Meister zu dienen, bedeutet sein Schüler zu sein, und sein Schüler zu sein, bedeutet ein Werkzeug seiner Energie zu werden. Das Gesetz des Magiers ist nicht leicht zu lernen, denn es ist sehr anspruchsvoll und niemand kann solch ein Wissen erlangen ohne sorgfältige und schwierige Ausbildung.

So wie wir anstreben, ein Werkzeug der Morgenröte der Jugend zu werden und ihre Intelligenz zu verkünden, so muss der Magier in seine eigene individuelle Morgenröte der Jugend eintauchen, bevor er etwas dazu bringen kann, seiner Führung zu folgen. Das bedeutet, er muss zwei Dinge tun: Er muss das Bewusstsein der Natur beherrschen und gleichzeitig ihr Schüler bleiben. Bei allem, was zu dieser Wissenschaft gehört, gibt es eine Brücke zu überqueren, bevor man die Zustimmung irgendeiner Macht bekommt.

Die Meister der Meister der Magie entsagen allem und ziehen sich von der Menschheit zurück. Dann fasten sie und zügeln ihre Begierden, bis sie besiegt sind. Sie übertragen ihre Begierden nicht länger auf das Nabelzentrum, denn in ihm befindet sich das Instrument der Magie und aus ihm zieht man die Kraft für das gesamte System. Es gibt auch ein Element, das man sowohl für das größte Übel, als auch für das größte Wohl benutzen kann und der Magier muss zwischen diesen beiden Prinzipien wählen. Das

Gute beschleunigt unsere Fortschritte auf dem Weg unserer göttlichen Bestimmung; das Böse bringt uns schneller in die Tiefen unseres geheimen Feindes, wo wir zu seinem Werkzeug werden. Wenn wir unsere magischen Kräfte entwickeln wollen, begeben wir uns in diese Energie und benutzen ihre herrschenden Kräfte, wie wir sie lenken, zum Guten oder zum Bösen. Das Ziel der Magie ist es, jede Kraft, die sich uns entgegenstellt, zu bezwingen. Personen, die anstreben, sich mit ihrem Innersten zu vereinen, sind nicht sehr interessiert an Phänomenen dieser Art, denn sie erkennen, dass diese Manifestationen ihren Fortschritt auf dem Weg zum Innersten nicht beschleunigen.

In unserem Zentralsystem beobachten wir eine dünne Membran, die die Organe bedeckt, welche zeitweise die feineren Ströme der Natur aufnehmen, die sie während des Tages und der Nacht durchfließen. Diese Organe sind Resonanzkörper, die durch ihre atomaren Strukturen zusammengehalten werden.

Jedes von ihnen nimmt eine andere Wellenlänge auf und ihre Schwingungen senden einen hörbaren Klang aus. Unsere verschiedenen physischen Nervenzellen sind diesen Organen ähnlich und sie sind syntonisiert, um bestimmte Schwingungen zu empfangen. Um die Aktivität unserer latenten atomaren Zentren zu erwecken, benutzen wir die sieben Vokale der Natur, genannt Mantrams. In der Zukunft werden die Ärzte diese Mantrams benutzen, anstatt der gewohnten Medizin. Wir beginnen damit, unsere Note in der Natur erklingen zu lassen und lernen, jedes Zentrum in uns vibrieren zu lassen.

Zum Beispiel, wenn unsere Atmosphäre untätig und faul ist, erwecken wir das Zentrum, das sich in der Basis der Kehle befindet und fühlen einen großen Fluss von Atomen, die die Atmosphäre reinigen und uns in Kontakt bringen mit den elementalen Herren des Verstandes. Das ist eine Art der Körperkultur für die mentale Atmosphäre und die unsensibelste Person sollte diese Reinigung ihrer Atmosphäre fühlen.

Manchmal erreicht es ein Schauspieler, der unbewusst diese Kraft befreit, das Publikum mit seinem Verstand in Gleichklang zu bringen. Das ist es, was man „im Rampenlicht stehen“ nennt. Diese Mantrams sind geheim und werden nur den ernsthaft Suchenden gelehrt. Nachdem wir durch Klang ein Zentrum erweckt haben, hören wir aufmerksam zu, und wenn unser Streben rein ist, verbindet uns unser Wächter oder Vermittler mit dem Zentrum, mit dem wir in Kontakt treten wollen. Durch diese Methode erweckt man all die verschiedenen Sphären der elementalen Natur.

Wir können auch irgendeinen Zustand der niederen Natur erwecken, das ist leichter als einen Höheren; denn für uns ist es einfacher, nach außen zu denken als nach innen. Wir können unsere mentale Atmosphäre durch Mantrams reinigen. Auch wenn wir unseren Körper bei einer mentalen Reise verlassen, baden wir unsere Atmosphäre in einem feineren Element der Natur und das reinigt uns, wie das Wasser unseren physischen Körper reinigt. Egal, wie groß die Unruhe sein mag, die einen Yogi umgibt, er kann leicht alle Verbindungen mit dem Äußeren abschalten, indem er seine Aufmerksamkeit nach innen richtet. Der Urmensch verstand diese Mantrams und einige Indianerstämme in Amerika singen dieselben Mantrams, die wir im Osten hören. Die Zuni-Indianer benutzen die gleichen östlichen mantrischen Gesänge an die Sonne.

An einem bestimmten Punkt in der Entwicklung des Schülers wird ihm ein heiliges Wort gegeben, um darüber zu meditieren und seine Anrufung zu singen. Es wäre wirkungslos, wenn man es aufschreiben würde. Es kommt der Moment, in dem man dem Schüler seinen wahren Namen gibt. Das ist sein Schlüssel, um in die erreichten Bewusstseinszustände einzutreten und um ihm den Zugang zu seinen verlorenen Besitztümern der Natur zu öffnen, die er durch Magie verschlossen hat, bevor er inkarnierte und die er bei seiner Rückkehr zu seinem Bewusstsein in seinem sekundären System öffnen muss.

Wenn der ernsthafte Sucher nach Wahrheit den Schleier durchschreitet, wird er zu seinem höheren Niveau hingezogen und seine große Erholung ist es, seine verlorenen Besitztümer in der Natur wieder zu öffnen. Er sammelt dieses Material und verschließt es durch Magie, sodass niemand außer ihm diesen Schatz berühren kann.

Da er den großen Wert dieses Schatzes für die Menschheit kennt, versucht er während seiner nächsten Inkarnation mit seinen inneren Sphären in Kontakt zu treten und diese Schätze der Welt zu enthüllen. Diese öffnet er durch die Benutzung dieses Schlüssels, seinem wahren Namen. Wenn der Schüler sein physisches, sekundäres und zentrales System in Schwingung versetzen will, ruft er die höchste solare Kraft (das bestimmende Prinzip der Natur), unsere physische Sonne und Merkur (die Herren des Verstandes) an, indem er ihre Noten erklingen lässt.

Das harmonisiert seine Körper, um deren Strömungen der atomaren Energie und die Schwingungen seines Innersten zu empfangen. Die ursprüngliche Messe der romanischen Kirche stützt sich darauf, aber wenn man die Verantwortlichen der Kirche fragen würde, würden sie antworten, dass diese Zeremonie, soweit sie wissen, in Erinnerung an Geschehnisse der Vergangenheit abgehalten wird. Die Gesänge in den Kirchen sind nichts anderes als ein Spiegel einer antiken Zeremonie mit mantrischen Anrufungen.

Wenn der Yogi ein Dorf betritt, erzeugt er normalerweise ein Phänomen, um die Massen anzuziehen. Er singt ein Mantram, um die physischen, psychischen und mentalen Körper seiner Zuhörer in Schwingung zu versetzen und dann erklärt er einen einfachen Text aus seinen heiligen Büchern. Indem er seinen Körper in Schwingung versetzt, lässt er die Körper seiner Zuhörer schwingen und erlaubt, dass ihre höheren Ichs von seinen Erklärungen beeindruckt werden. Auf diese Weise werden die Zuhörer sich an das erinnern, was er sagte.

Wenn wir unser sekundäres System betreten, hören wir die Note der Natur, eine theurgische Welle von Klängen, die für die normalen Sinne unhörbar sind. Diese Note ruft man an, wenn der Adept Naturphänomene erzeugen will, denn wenn wir eine Energie nehmen und sie mit unserer eigenen Wellenlänge verflechten, bekommen wir eine Schlüsselnote, die man nur benutzen kann, wie die Natur es will. Die Noten der Natur vergrößern und verkleinern sich während des Tages und unsere Zentren reagieren darauf und verändern sich in Harmonie mit diesen Noten. Wenn der Mensch die Welt von einer inneren Ebene betrachtet, sieht er sie als eine Illusion, die er selbst erschaffen hat. Wenn man den Verstand in eine Schwingung der Natur verwandelt, wird man die Erde als Dampf sehen.

Die Hügel, die Berge und die Oberfläche der Erde verschwinden, und durch diese mentale Änderung enthüllt die Natur ihre Geheimnisse, und wir versuchen, ihre Gesetze zu befolgen. Der Leser wird sagen: „Aber wie sehr würde ich es bedauern, die Schönheit dieser Welt zu verlieren."

Die Belohnung der Natur ist dreifach, sie gibt uns drei Eigenschaften, die so wunderbar sind, dass wir erbeben, wenn wir zu ihrem äußeren Schleier zurückkehren. Diese drei Eigenschaften sind: Weisheit, Tugend und Verständnis. Nicht die Weisheit, die Tugend oder das Verständnis dieser Welt, sondern ihr höheres Gegenstück.

Wenn wir unser sekundäres System betreten, rät man uns zu fühlen, was wir von unserer objektiven Erziehung bekommen haben. Indem wir von Leben zu Leben wechseln und sie in dieser Ebene wieder erleben, entdecken wir, dass nur das, was wir in uns selbst erfahren und zu beherrschen gelernt haben, unsere wahre Erziehung ist. Später, wenn wir in unsere Zeit der Umwandlung eintreten, erinnern wir uns an die Weisheit, die wir in jedem individuellen Leben erlangt haben und wir sehen, wie oft wir die wahre Erfahrung, für die wir inkarniert wurden, versäumt haben.

Wir bestätigen unsere Misserfolge und sehen, wie schwierig es war, die Erfahrung wiederzuerlangen, die wir erreichen wollten, als wir inkarnierten. Bestimmte bekannte Persönlichkeiten der Geschichte erinnerten sich an ihre vergangenen Leben und die Orte, an denen sie gelebt haben. Pythagoras ist ein gutes Beispiel.

Da ich einige Inkarnationen eines Freundes kannte, einer sehr angesehenen Person, brachte ich ihn zu einem abgelegenen Platz in Paris und führte ihn in einen Kerker, wo er in einem früheren Leben gefangen war und gestorben ist. Dann fragte ich ihn, ob er irgendeine Empfindung wahrnahm; plötzlich brach er in Tränen aus, denn die Erinnerung an dieses vergangene Leben kehrte zurück und er erlebte diese Qual wieder.

Es ist nicht angenehm, solche Erfahrungen wieder zu erleben, wie die Erinnerung, auf einem Scheiterhaufen verbrannt zu sein. Man sieht die aufgeregte Menge und der Verstand reist über den Fluss zum Palast, in dem der Despot lebte, der den Befehl für diese Exekution gab und der, wie man wusste, von seiner Terrasse aus alles beobachtete; und die Gebäude tauchen wieder auf wie in der Vergangenheit.

Manchmal zeigt man einem Schüler den Prozess einer Feuerprobe, sodass er sie später nicht mehr fürchtet. Das wird bei den Zenpriestern in Japan benutzt, um Krankheiten zu heilen. Die Kriegerkaste in Japan wird auch geschult, Schmerz zu ertragen und darum wundert man sich im Westen über ihre kämpferischen Qualitäten.

•••••

Wir glauben, dass das wahre Wissen über Reinkarnation erst nach einer gewissen Zeit gegeben wird; obwohl es zu einem alltäglichen Thema bei den Okkultisten und Schülern der buddhistischen Philosophie geworden ist. Die Sufis und andere Mystiker haben das verstanden, aber sie haben sich nicht ausführlich mit diesem Thema befasst. Wir hoffen, später eine Broschüre über den esoterischen Aspekt dieses Themas zu veröffentlichen. Es gibt Fragen, die der Mensch sich nie selbst gestellt hat; geheime Fragen, die der Innerste lösen könnte.

Wie Kinder in einer dunklen Nacht, wandern wir umher, und versuchen, für uns selbst einen Weg aus dieser Finsternis heraus zu finden. Jedoch stellen wir uns selbst nie diese Fragen, die unser Innerster beantworten könnte. Es ist normalerweise am Ende des Lebens, wann man bestimmte Fragen stellt, die, wenn wir sie in unserer Jugend gestellt hätten, der Grund gewesen wären, unser gesamtes Leben zu ändern und man erkennt, wie viele Jahre fruchtloser Anstrengung man gespart hätte, wenn man diese Fragen gestellt hätte.

Wie viele Menschen haben sich in ihrer Meditation jemals Fragen gestellt, als ob sie mit ihrem Innersten sprechen würden? Sie bitten die Wirklichkeit, Gott, um Dinge und sprechen zu ihm; aber erhalten sie jemals eine direkte Antwort? Der Weg zur Wirklichkeit ist der Innerste, der Teil der Wirklichkeit in uns. Wenn wir nach Höherem streben und eine bestimmte Frage stellen und wenn unser Innerster antwortet, wird ein ernsthaft Suchender die Lösung des Problems erhalten, um die er bittet. Das wird in Wagners Parsifal dargestellt.

Atmung der Umwandlung

Nachdem der Schüler die aufstrebenden Atome in sein System eingeatmet hat, beginnt er mit einer anderen Art der Atmung, um Atome von höherer Spannung anzuziehen, bekannt als Atome der Umwandlung.

Diese werden den Silberschild, den alle als Keim besitzen, vervollständigen; obwohl es wenige sind, die ihn entwickeln und bewusst manifestieren.

Die erste Übung besteht darin, nach dem Innersten zu streben (denn die Atome der Umwandlung sind von seiner Natur und die atomaren Baumeister gehören dem Mentalkörper an, so wie die aufstrebenden Atome zum physischen Körper gehören), indem man durch das rechte Nasenloch einatmet und durch das linke ausatmet, dann atmet man durch das linke Nasenloch ein und durch das rechte aus.

Diese abwechselnde Atmung bringen die solaren und lunaren Ströme in eine gegensätzliche Polarität, und der Gegensatz, der das verborgene Gesetz der Anziehung ist, bewirkt, dass diese zwei Ströme die umwandelnden Atome des Schutzes und der Sicherheit in das magnetische Feld der Nase bringen.

Mit der Zeit bildet diese Art der Atmung ein Netz oder eine Abschirmung am Eingang der Nasenlöcher, eine wirbelnde Menge von Atomen, die abwechselnd von rechts nach links schwingen und die unreinen Atome und den Schmutz, die wir normalerweise einatmen, abwehren. Sie lassen nur diejenigen Atome ein, die die Eigenschaften des Innersten und der höheren Ebenen der atomaren Energie besitzen.

Dieser Filter der Nase ist leicht wahrzunehmen und zu fühlen, wenn er gebildet ist, denn er hat die Tendenz, uns die Nase heben zu lassen, wenn er arbeitet.

Mit der Zeit entwickeln wir auch die Macht, die die einfachen Wilden besitzen, Dinge durch ein schnelles Einatmen wahrzunehmen, wenn man die Atmosphäre irgendeiner Person betritt und „riecht".

So erkennen wir ihre Eigenschaften durch die Dichte der Materie, die sie umgibt. Der Schüler kann auch den Geruch, der vom astralen Fluidum desinkarnierter Personen ausgeht, riechen, und er kann Wesenheiten fühlen und ihren Zustand einschätzen, ohne Hellsichtigkeit einzusetzen.

Übung

Setze dich aufrecht hin mit dem Kinn und der Brust nach vorne. Die Hände ruhen auf den Oberschenkeln, mit den Handflächen nach oben und Daumen und Zeigefinger formen einen Kreis. Am Anfang wird es notwendig sein, den Mittelfinger an das entsprechende Nasenloch zu pressen, wenn man die Einatmung wechselt. Später müssen Daumen und Zeigefinger während der gesamten Übung geschlossen bleiben. Nach dem sechsten Einatmen halte den Atem ohne Anstrengung an und suche die Zustimmung des Innersten für diese neue Aktivität.

Versuche zu hören, eine atomare Atmosphäre innerlich zu fühlen und nimm die Eindrücke wahr, die sie im Verstand reflektiert. Nachdem die Abschirmung gebildet ist, was leicht sein sollte, sollte der Schüler dieser Übung am Anfang nicht mehr als fünf Minuten widmen, dann sollte er die Zeit der Übung verlängern. Sei natürlich und aufmerksam, sei auf keine Weise angespannt oder aufgeregt, während du das tust. Nachdem du deine Übung abgeschlossen hast, schreibe die Eindrücke, die du empfangen hast, auf.

Mit der Zeit solltest du einen kurzen Satz erhalten, den du dir merken solltest und den du immer vor der Übung wiederholen solltest; denn das ist ein geheimes Mantram, das der Innerste dem ernsthaften Schüler offenbart und das an niemanden weitergegeben werden darf. Es ist ein wertvoller Besitz, der dem Suchenden nicht offenbart wird, bevor er die Abschirmung der Nase entwickelt hat. Nach jeder Übung sollte der Schüler sein Gehirn reinigen.

Das tut man, indem man sich niederkniet und die Handflächen auf den Boden legt, die Daumen berühren sich, dann legt man die Stirn auf die Handrücken. Das reinigt die Gehirnzellen von ihren Unreinheiten. Der jüngere Schüler sollte lernen, auf den Schulterblättern zu ruhen und den Körper in einer aufrechten Position zu halten. Das entfernt Unreinheiten des Darmes und säubert die Drüsen.

Kosmische Strahlen

Es gibt Atome, die das zur Erde bringen, was man Sonnenlicht nennt; wenn wir diesen atomaren Regen nicht bekommen würden, würden wir im Halbdunkel leben. Das, was wir für Sonnenlicht halten, ist die Energie der Sonne, die diese Atome verbrennt und Tageslicht erzeugt. Wären da nicht diese Atome, würden wir von einer Art vulkanischer Asche bedeckt sein und das Leben könnte nicht existieren.

Wenn man die Dinge von den inneren Sphären aus betrachtet, sieht man ein Licht um uns herum, das keinen Schatten erzeugt. Wenn ein Yogi sein inneres Licht in einen Raum bringt, erzeugt das einen ähnlichen Effekt, d. h. eine gleichmäßige Verteilung von Licht, ohne jeden Schatten. Es ist diese innere atomare Substanz, die der Lehrer in die Atmosphäre des Schülers bringt.

Es gibt auch eine andere Art von atomarem Regen, der ausgesandt ist von Planeten, die entwickelter sind als unserer und der die Sonnenenergie nicht aushält. Diese Ausstrahlungen durchdringen die Zwischenräume zwischen den Atomen der Hülle der Welt und erleuchten den Verstand derjenigen, die fähig sind, sie aufzunehmen. Die Morgenröte der Jugend ist von dieser Art; aber sie stammt von der Sonne hinter der Sonne. Das wird in den Kommentaren des Grafen von Gabalis erwähnt und die Wissenschaftler beginnen, etwas über diese Kraft zu lernen.

Aus der Washington Evening Post vom 15. Oktober 1931: „Rom: Unzählige kosmische Strahlen treffen auf die Erde aus Entfernungen von Hunderten Millionen Meilen jenseits der Sonne. Jeder Strahl transportiert eine Energie von 786.000.000 Volt, so berichteten heute vier angesehene Wissenschaftler.

Robert A. Millikan und Arthur Compton, amerikanische Wissenschaftler und Professor Bruno Rossi von der Universität von Florenz berichteten auf dem Kongress der Physiker, der hier stattfindet, über die Strahlen. Madame Curie, Mitentdeckerin des Radiums, bestätigte ihre Ausführungen. „Die beiden Amerikaner erklärten im Kongress, dass Experimente, die in diesem Sommer stattgefunden haben, die Theorien widerlegen, dass diese Strahlen von der Erdatmosphäre oder von der Sonne oder von sichtbaren Sternen stammen. Ihr Ursprungsort, sagten sie, sind interstellare Gebiete, die sogar den Astronomen unbekannt sind. Bis jetzt, sagten die Wissenschaftler, haben die Experimente auf dem Gebiet der reinen Wissenschaft stattgefunden. Sie behaupteten, wenn angewandte Wissenschaften an diesen Forschungen teilnehmen, wird diese gewaltige Energie, die in den kosmischen Strahlen enthalten ist, für den Menschen umgewandelt und nutzbar gemacht.

Professor Millikan vom California Institute of Technologie berichtete, dass er die kosmischen Strahlen in vier Substanzen geteilt hat: Helium, Sauerstoff, Silizium und Eisen, die 27.000.000 Volt, 1000.000.000 Volt, 260.000.000 Volt und 443.000.000 Volt enthalten. Professor Compton von der Universität von Chicago führte die Experimente in den Rocky Mountains, in einer Höhe von 13.000 Fuß fort. Die zwei Amerikaner erklärten, wie sie zu der Schlussfolgerung gekommen sind, dass die Strahlen nichts mit der Sonne zu tun haben. Sie beobachteten deren Stärke Tag und Nacht, wenn die Sonnenstrahlen verschieden stark waren und entdeckten, dass ihre Intensität unverändert blieb. Die gleichen Beobachtungen, sagten sie, bewiesen, dass die Strahlen nicht von Sternen, die für die Astronomen sichtbar sind, gekommen sind. Die Strahlen schwanken in ihrer Intensität, entsprechend der Höhe, sagten sie. Die Strahlen auf dem Pike's Peak waren vier Mal stärker als diejenigen auf Meereshöhe.

Auf einer Höhe von 46.000 Fuß, die mit einem Fesselballon erreicht wurde, welcher mit Aufnahmegeräten ausgestattet war, waren die Strahlen zehnmal stärker, während die Strahlen 245 Meter unter Wasser fast ganz absorbiert wurden. Madame Curie beschrieb Experimente, die in Paris gemacht wurden, in denen man die Strahlen durch Eisen und durch ein magnetisches Feld schickte, um ihre Energie zu messen.“

Manchmal, wenn wir liegen, massieren wir sanft die Augen; das erregt die Nerven der Augen für einen Moment und die Zirbeldrüse reagiert, wird energetisiert und man nimmt eine Strahlung, ähnlich wie diffuses Sonnenlicht, war. Das ist das Licht, das der Yogi ausstrahlt. Der Yogi sagt, dass wenn ein Atom erleuchtet werden kann, wird es andere erleuchten. Indem er sich auf eine brennbare Substanz konzentriert, kann der Yogi bewirken, dass sie brennt. Wenn die Erde durch den Weltraum reist, sammelt sie ständig atomare Anhäufungen. Viele davon wurden zur Zeit der Zerstörung Atlantis in der Atmosphäre verteilt, und einige dieser Anhäufungen statteten die atlantischen Roboter mit intellektueller Kraft aus.

In den tieferen Ebenen unseres sekundären Systems gibt es ein intellektuelles Prinzip. Das ist nicht Intelligenz, sondern materielle mentale Substanz, die das Gehirn in Besitz nimmt und es versklavt. Vom Intellekt bekommen wir nichts, das uns unserer Quelle näher kommen lässt. Weil wir die wahre Bedeutung dieses Begriffes ignorieren, sprechen wir von großen Seelen als große Intellektuelle, während sie große Intelligenzen sind.

Wir können lernen wie ein Papagei, und uns in der Illusion des Intellekts baden, indem wir auswendig lernen, was andere große Denker erfahren haben, aber welche intellektuelle Diskussion hat den Menschen jemals Gott näher gebracht? In einem antiken chinesischen Gemälde zeigt ein Bereich einen Schüler, der seine Seele auf einem Lotusblatt zu einer Gruppe gelehrter Menschen bringt, wo er ihrer Diskussion lauscht. Nachdem er diese Gruppe verlassen hat, sieht man ihn allein in der Natur, wo er die niederen Aktivitäten studiert, in denen er seinen ersten Kontakt mit dem Bewusstsein der Natur empfängt. Später sehen wir, wie er sich mit dem Bewusstsein der kosmischen Strahlung vereint.

Diese hierarchischen Kräfte besitzen drei verschiedene Eigenschaften: erschaffend, zerstörend und beschützend. Die Mantrams besitzen auch ähnliche Eigenschaften.

Natürliche Magie

Das Wissen über die natürliche Magie kam in den frühen Tagen von Lemurien zu uns. Es wurde dann weitergereicht nach Atlantis und von dort zu den eingeweihten Priestern von Ägypten. Durch diese Macht reagierten belebte Dinge auf ihre Anrufungen und auf diese Weise konnten diejenigen, die sie besaßen, interessante Unterhaltungen mit ihren heiligen Tieren führen. Sie konnten auch Substanzen mit Atomen durchdringen und in ihnen Aufzeichnungen hinterlassen, sodass Adepten später mit diesen atomaren Substanzen Kontakt aufnehmen und die Botschaften, die sie enthielten, lesen konnten.

Das Meisteratom im Silberschild kann uns Anweisungen bezüglich dieser alten Wissenschaft geben.

Die ägyptischen Statuen, die mit solchen Aufzeichnungen getränkt wurden, wurden für mehrere Wochen in eine Substanz eingetaucht, die diese Atome enthielt, denn die Adepten glaubten, dass sie in einem zukünftigen Leben zurückkehren könnten und das, was sie verborgen hatten, enthüllen könnten. Es könnte den Schüler interessieren, zu wissen, dass er selbst vielleicht durch die Benutzung von elementaler Magie seine eigenen Aufzeichnungen versiegelt hat, um sie in der Zukunft zu benutzen. Das ist, wie wir zuvor geschrieben haben, sein eigenes Geburtsrecht.

Viele atlantische Aufzeichnungen, die auf diese Weise bewahrt wurden, waren im Besitz der Ägypter und man hat uns erzählt, dass die zukünftigen Wissenschaftler Instrumente erfinden werden, mit denen man die hierarchische Weisheit von Ägypten enthüllen wird.

In den alten atlantischen Tagen war das Wohlbefinden der Gemeinschaft unter Aufsicht einer kleinen Gruppe von Eingeweihten. Sie waren vereint mit ihren Innersten und eine Zeit lang wurden ihre Feinde durch das Schwert der Gerechtigkeit getötet. Ihre Atmosphäre war völlig verschieden von derjenigen unserer Zeit. Sie bildeten ein heiliges Kollegium, in dem sie ihre Weisheit an ihre Schüler weitergaben. So bewirkten sie ein goldenes Zeitalter der Intelligenz für diejenigen, die unter ihrem Shekinah waren, bevor große zerstörerische Kriege ihre Zivilisation beendete.

Ihre Lehrmethode war es, dem Schüler seine eigenen Kenntnisse der Naturgesetze zurückzugeben. Sie lehrten auch über die Zukunft, und da sie wussten, welche Art von Atmosphäre diesen Globus in Zukunft umhüllen würde, erschufen sie das, was man „Teraphim“ oder sprechende Statuen nennt, die sich an zukünftige Zeiten anpassen konnten.

Ein Schüler wurde in Flüssigkeiten alkoholischer Natur eingetaucht; die Atmosphäre, die gewünscht war; dann wurde ein Bildnis in das Bad gelegt und ein Element des Atom Nous des Schülers wurde in dieses Bildnis übertragen. Wenn das geschah, folgte die Atmosphäre des Atom Nous und bildete in den Teraphim eine Atmosphäre, die der des Atom Nous ähnlich war.

Dieser Vorgang dauerte normalerweise mehrere Wochen und man benutzte ein Instrument, um dieses atomare Element zu übertragen. Dieses Bildnis konnte seine mentale Aktivität dann in den Verstand desjenigen, der sich mit ihm in Kontakt setzte, übertragen. Auf diese Weise blieb in diesem Bildnis eine mächtige Intelligenz eingeschlossen.

Jahrhunderte später wurde eines dieser Bildnisse in die Bundeslade gelegt und dieses übermittelte dann die Orakelsprüche.

Eine bestimmte Bruderschaft besitzt die Mittel, um Informationen von ihren Teraphim zu erhalten, wenn es erlaubt ist, sie zu befragen.

Um das Bewusstsein der Natur zu betreten und ihre bestimmende Energie zu erhalten, wird man von ihren Lehren über diese elementale oder natürliche Magie belehrt. Wir besitzen alle diese Substanzen, die zusammengesetzt sind aus den Elementen des Äthers, der uns umgibt und wir können auf das zurückgreifen, was unser physischer Körper gespeichert hat.

Wenn wir gesund sind, haben wir immer eine Reserve dieser elementalen Atome und der Yogi versucht einen großen Vorrat dieser Kraft zu schaffen, die dem Willen der Natur entspricht. Diese Reserven ähneln einem Heer, das um unsere Nervenzentren kreist und das man in Momenten großer Belastung und Angst benutzen kann. Das, was wir an jedem Nervenzentrum angesammelt haben, bestimmt unsere Kraft und Macht, um den Atomen des Widerstandes dieser Welt standzuhalten. Wenn unsere Reserven erschöpft sind, unterliegen wir leicht dem Bösen und der Krankheit; wenn nicht, können wir ein hohes Alter erreichen, mit guter Gesundheit aller Organe.

Im goldenen Zeitalter von Ägypten erreichte ein religiöser Mensch im Durchschnitt das Alter von 120 Jahren, denn seine religiösen Gewohnheiten bezogen sich auch auf eine gute Hygiene der Umgebung und der Reinheit sowohl ihrer äußeren als auch inneren Körper.

In Zukunft werden die Wissenschaftler entdecken, dass unser Vorrat an Energie in der Obhut der elementalen Natur liegt; und wenn wir ihre Funktionen innerhalb unseres Systems stören, wird sie uns nicht helfen, außer wir wissen nicht, dass wir ihre Gebote übertreten haben, denn die Natur, die große Mutter, mildert ihre Gerechtigkeit durch Gnade ab.

Wenn wir darauf bestehen, Dinge zu tun, die unserer Gesundheit schaden, wird die Natur sich weigern, uns ihren Vorrat an Energie, der für kritische Zeiten aufbewahrt ist, zu geben.

Das Meisteratom im Silberschild bestimmt, wie wir uns selbst im Fall von Unfällen oder Infektionskrankheiten schützen sollten, denn es kontrolliert diese Energiereserve, und wenn wir den bestimmenden Willen der Natur anrufen, werden wir über einen großen Vorrat dieser elementalen Vitalität verfügen.

Wenn wir uns unter die leitende Intelligenz des Meisteratoms stellen, verlangt es oft von uns, diese Kraft auf kranke Körper auszudehnen und das hilft ihnen, zu einem normalen Zustand zurückzukehren.

Es ist interessant zu bemerken, dass das Meisteratom die anormalen Zustände der Leute, die uns umgeben, fühlen kann und um sein eigenes Werkzeug zu schützen, wird es versuchen, den Arbeiteratomen in den Körpern der Anderen, die sich in seiner Nähe befinden, zu helfen. Wenn ein Schüler die Atmosphäre einer Person mit dieser heilenden Kraft berührt, wird die Person, wenn sie sich entfernt, manchmal bemerken, dass sie sich stärker und vitaler fühlt.

Deshalb wärmen sich kranke Personen gerne in der Atmosphäre gesunder Körper. Aber egoistische Personen können niemals diese Energie des Meisteratoms beanspruchen, obwohl sie oft versuchen, sie von Anderen zu absorbieren. Der Mensch erkennt nicht, wie groß diese latente Energiereserve ist und wie selten er sie benutzt. Wenn wir der Natur dienen, wird sie uns viermal mehr dienen.

In den inneren Sphären existiert eine Ebene, die „die Welt der Geheimnisse“ genannt wird. Es ist seltsam das zu sagen, aber die mohammedanischen Eingeweihten sind diejenigen, die mehr darüber wissen. Aber es gibt Regeln, die ihnen verbieten, dieses Wissen zu enthüllen. In dieser Ebene kann der Schüler die Erfindungen sehen, die in Zukunft von den Menschen benutzt werden und manchmal, wenn er würdig ist und die Zeit reif ist, wird er eine Erfindung studieren und man erlaubt ihm, sie in die Welt zu bringen.

Die frühen Rosenkreuzer in Europa lehrten ihre Schüler, ihren Körper zu verlassen und diese geheime Ebene zu betreten und sie hielten viele Erfindungen verborgen, bis die Welt dafür bereit war. Die Macht, niedere Metalle in Gold zu verwandeln, war ein bekanntes Wissen für die Eingeweihten, aber es wurde nur benutzt, um bestimmte Dinge zu fördern, wie die Stiftung von Krankenhäusern, Heimen für Arme und Alte und Schulen für die Jugend.

Wissenschaftlern erlaubt man nicht, einen gewissen Punkt zu überschreiten, denn die Natur greift ein und schließt die Aktivitäten in bestimmten Gebieten der Wissenschaft für eine Zeit. Wenn jemand versucht, etwas zu enthüllen, wofür die Welt nicht bereit ist, wird er drei Mal gewarnt, und wenn er darauf beharrt, wird er eliminiert.

Das geschah mit einer großen Seele, die ich die Ehre hatte zu kennen, obwohl ich bis zu ihrem Tod weder ihren Namen noch das große Werk, das sie für ihr Land leistete, kannte. Wir trafen uns anscheinend zufällig in einem fremden Land. Erst später erkannte ich, dass er von weit herkam, um mich zu treffen und mich zu begrüßen. Eines Abends, als ich in mein Zimmer zurückkehrte, fand ich ihn in einem Sessel sitzend.

Das erschien mir seltsam, denn ich hatte ihm weder meinen Namen noch meine Adresse genannt, als ich ihn traf, aber bevor ich ausging, hatte ich angeordnet, dass ein Feuer im Kamin angezündet werden sollte. Warum ich das tat, wusste ich nicht, denn ich war sehr arm und lebte wie ein Student. Jedoch jedes Mal, wenn ich angeordnet hatte, Feuer zu machen in diesem Winter, fand ich ihn bei meiner Rückkehr von der Abendschule in meinem Zimmer.

Bevor er starb, sprach er vor einem Publikum von Wissenschaftlern und versprach ihnen, dass er in seiner nächsten Vorlesung eine große Entdeckung enthüllen würde, die er gemacht hatte, nachdem er achtzehn Jahre lang geforscht hatte, um ein altes arabisches alchemistisches Schriftstück zu entziffern, das der Chemie eine neue Grundlage geben würde.

Aber diese Enthüllung sollte nicht geschehen und er starb, denn die Welt war noch nicht bereit, um dieses Wissen zu empfangen. In dieser Ebene der Geheimnisse kann man Modelle von Flugzeugen und Lokomotiven sehen, die vollkommen verschieden sind von denen, die man heute kennt; und Maschinen der Zerstörung, die sorgfältig bewacht werden vor denen, die sie gegen die menschliche Rasse benutzen würden.

Es gibt auch Methoden, mit denen man in kurzer Zeit die Hungersnot auslöschen könnte und die Verbreitung von Krankheiten und abscheulichen

Keimen über große Gebiete beenden könnte. Ich habe feste Flüssigkeiten gesehen, die ihre Gestalt ohne jede Form behalten können und ohne ihre Eigenschaften zu verlieren, und keimende Flüssigkeiten, um eine Lebensdauer von mehreren Hundert Jahren zu erreichen. Ebenso Bücher, die den Verstand von zukünftigen Generationen erleuchten werden.

Ägypten

Die großen Lehrer übermittelten ihre Botschaften oft, um die Bedürfnisse der Menschen ihrer Zeit zu befriedigen und nicht diejenigen der zukünftigen Generationen. Wenn wir unser sekundäres System betreten, lernen wir, dass die Propheten sich an verschiedene Klassen von Menschen richteten, die oft bestimmte Organisationen vertraten.

Wenn wir unsere Geschichte sorgfältig lesen, sehen wir, dass diejenigen, die Licht in ihre Welt gebracht haben, unter den schützenden Flügeln des elementalen Ägypten erzogen worden sind. Solon, der Griechenland seine großen Gesetze gab, Moses, der Gesetzgeber, Apolinios von Tyana, der große Magier, und Jesus, der versuchte, die solonischen Gesetze zu erfüllen und die unterdrückten Kasten zu organisieren; alle erhielten ihre Anweisungen aus Ägypten, dem Hüter der Naturgesetze.

Das Fundament der großen Zeit von Ägypten gründet sich auf elementale Gesetze, die aus einer fernen neptunianischen Aktivität stammen, die die Ägypter Amenti nannten. Aus diesem Bewusstsein erschuf der ägyptische Innerste seine niederen Hüllen, so wie wir heutzutage unter der Manifestation der Sonne unsere niederen Hüllen erschaffen.

In der Vergangenheit erreichte Ägypten einen Grad an Entwicklung, den wir in einigen Jahrhunderten erreichen werden. Der Yogi verehrt dieses Goldzeitalter und strebt danach, er tritt oft in Kontakt mit seinen atomaren Zentren, die ihn mit dieser großen Zivilisation und der alten Weisheit vereinen.

Da Ägypten unter der Schirmherrschaft des höheren Gegenstückes des Mondes (das die Astrologen als Neptun kennen) arbeitete und deshalb äußerst elemental war, bemühte sich der Pharao Echnaton, der den Mangel an positiver solarer Natur bei seinem Volk bemerkte, die Verehrung der Sonne in ihrer Reinheit wieder einzuführen. Aber darin scheiterte er, denn die elementale Wellenlänge des ägyptischen Bewusstseins war viel stärker.

Wenn der Schüler in den inneren Sphären reist und Ägypten besucht, betritt er ein elementales Gebiet. In der Einweihung wird er oft mit diesen elementalen Göttern, die Ägypten zu ihren höheren Errungenschaften geführt haben, in Berührung gebracht. Diese Götter sind fürchterlich anzusehen, vor allem Horus, der an seinem Oberarm schwere Ringe aus Gold trägt. Wenn er einem Eingeweihten einen dieser Ringe gibt, wie er es bei Moses tat, wird dieser zum Anführer des Volkes.

Die Eigenschaften dieses neptunianisch-amentinischen Bewusstseins verleiht die Macht, sich tief in jedes Problem zu versenken, es zu lösen und es dann aus dem Bewusstsein zu entfernen. Das ist eine Macht, die viele Geschäftsleute besitzen.

Die Tiefen des neptunianischen Bewusstseins sind viel größer, als wir wissen. Wenn wir in die Tätigkeit dieses Bewusstsein eindringen, gibt uns das eine starke Strömung, die uns hilft, etwas schnell zu erledigen ohne offensichtliche Anstrengung.

Es erzeugt einen heilenden Effekt in jenen, die mental leiden, wenn sie in Kontakt mit diesem Bewusstsein treten können; es versucht auch, die Seelen zu heilen, die den Kontakt mit der Richtung ihrer Bestimmung verloren haben. Ein Arbeitgeber, der dieses Bewusstsein besitzt, würde die Möglichkeiten seiner Arbeiter kennen und würde niemals versuchen, viereckige Klötze in runde Löcher zu stecken.

In der ägyptischen Seele und Atmosphäre gab es Atome des Widerstandes des geheimen Feindes, die den ägyptischen Verstand eingesperrt hätten, so wie sie den heutigen Verstand in dieser Welt der Illusion einsperren. Um aus dieser dunklen Zeit zu entkommen, die kommen würde, wie die ägyptischen Eingeweihten wussten, balsamierten sie die Körper ihrer Toten ein und das beschützte deren Atome vor der zerstörerischen Kraft der menschlichen Gedanken. Das schützte sie, bis die neue Strömung der hierarchischen kosmischen Energie (die Morgenröte der Jugend, die sie bei Tagesanbruch anriefen) sie befreite.

Das bedeutete nicht, dass ihre Mentalkörper in einem Komazustand blieben, denn sie entwickelten sich mit Hilfe von Amenti und tauchten aus der Tiefe ihres neptunianischen Bewusstseins auf und wurden erleuchtet und gereinigt, weit jenseits aller menschlichen Vorstellungen. In unseren innerlichen Reisen haben wir kleine aber unzählige dieser ägyptischen Seelen gesehen. Denn außerhalb des Körpers ist die Seele eine strahlende atomare Substanz, ungefähr so groß wie ein Daumen.

Diese Seelen strahlen eine mächtige mentale Atmosphäre aus und fragen uns ständig, wann wir ihnen das Signal geben, um ihr Ka aus ihren Gräbern zu befreien; das würde ihnen vollkommene Bewegungsfreiheit geben. Man sagte uns, wenn ein großer Eingeweihter nach Ägypten zurückkehrt, wird der mentale Druck dieser Millionen Seelen heraufbeschworen und sie werden sich um sein Banner scharen und ihn mit ihrer Atmosphäre vor den zerstörerischen Kräften schützen, die bald bei einer großen Weltkrise erscheinen werden.

Viele Schüler haben ihr altes amentinisches Bewusstsein in sich und das Meisteratom in ihrem Silberschild verbindet sie manchmal mit ihm. Sie werden dann Kenntnisse erwerben, sowohl über zerstörerische als auch über konstruktive Phänomene, durch den Gebrauch von Klängen und Farben und sie lernen auch, Sätze zu bilden die die elementale Natur, die sie umgibt, aktiviert. Auf der Erde existieren bestimmte Schulen, die die dunkle Seite der amentinischen Magie nutzen. Die Einzige, die nahe an Europa ist, befindet sich in der Region des Balkans und sie ist ein Störfaktor in der Atmosphäre der Welt.

Es gibt eine andere Schule, die konstruktiv ist, sehr weit im Norden der mongolischen Wüste. Ich spreche nur über die großen Schulen dieser Kräfte, denn die Welt ist voller Menschen, die versuchen, die Naturgesetze zu stören. Diese kleineren Schulen sind nicht so wichtig, denn sie arbeiten mit zeremonieller Magie und wissen wenig über die tiefere Seite dieser guten und schlechten Kräfte.

Es gibt eine amentinische Schule der weißen Magie, die die bestimmende Energie der Natur benutzt. Sie ist in Asien, wo ein großes Wesen wohnt, genannt „König des Nordens", obwohl der wahre Titel „König der nördlichen Breitengrade" sein sollte. Ossendowski, der Reisende, hat in seinem Werk „Tiere, Menschen und Götter" über dieses Wesen geschrieben, das er „König der Welt" nannte.

Der Eingang zu diesem geheimen Ort wird von einem großen Elementarwesen bewacht, dessen mentaler Druck und Blick genügt, um den ungeschulten Verstand einzuschüchtern, aber der Yogi kann diesen unterirdischen Ort betreten, wenn sein Pass in Ordnung ist.

Amenti war die unterirdische neptunianische Sphäre, wo die Ägypter und Griechen ihre Heldentaten vollbringen mussten, um ihr Erbe, bekannt als die „Morgenröte der Jugend", zurückzugewinnen. Die Griechen nannten diese Sphäre Hades. Sie war nicht, wie manche Leute glauben, eine mythologische Hölle, sondern eine Region, in der sie bestimmte Arten von Erfahrungen erworben haben.

Dieser Abstieg zu Amenti-Hades wird in der Geschichte von Proserpina, der Tochter von Ceres – Natur dargestellt, die diese Welt betritt. Dass Hermes-Merkur ausgesandt wurde, um sie zurückzugeleiten bedeutet, dass die Herren des Verstandes Proserpina, der Tochter der Natur halfen, zum Frühling zurückzukehren, der Morgenröte der Jugend. Obwohl man uns gelehrt hat, dass dieser Mythos die Rückkehr des Frühlings auf der Erde darstellt, symbolisiert er in den tieferen okkulten Schulen die Rückkehr von einer weiten Reise von Erfahrungen dieser Seelen von Amenti-Hades in dieses neue Zeitalter.

Die Morgenröte der Jugend symbolisiert bei den Ägyptern auch die Zeit der Befreiung dieser Atome, die in den mumifizierten Körpern in Ägypten für diese Zeit aufbewahrt wurden.

Das bedeutet, dass das Ka oder Astralwesen dieser Körper aus ihrer Zeit der Zurückgezogenheit befreit wird, um der Menschheit zu helfen, ihre Trennung von der niederen tierischen Natur in sich zu erreichen.

Diese Atome werden daran gehindert, zu ihrem natürlichen Element zurückzukehren und werden gefangen gehalten, bis diese neue hierarchische Energie sie befreit. Man sagte uns, dass diese Atome, die nicht aus dieser Welt der Illusion befreit werden können, in fernen Zeiten auch ihre Befreiung erreichen werden.

Viele Menschen haben über das Mysterium der Sphinx meditiert. Das verunstaltete Bild, das wir sehen, ist das physische Symbol eines großen elementalen Wesens einer hierarchischen Ordnung. Es ist der einzige Wächter der antiken Zeiten der elementalen Weisheit der Natur.

In einer feineren Atmosphäre existiert ein geheimer Tempel, in dem diejenigen, die das Bewusstsein der Natur erreicht haben, Anweisungen bekommen; obwohl es für den Schüler nicht einfach ist, diese Schule zu betreten oder vor der Sphinx zu stehen. Um die Schwelle zu übertreten, muss er frei von Bösem sein und diese Wissenschaft respektieren.

Wenn der Schüler um Aufnahme bittet, wird er sorgfältig von einem Wächter geprüft. In der okkulten Sprache bedeutet das, dass seine Wirbelsäule gemessen wird und wenn der Wächter oder Prüfer es erlaubt, wird er eine neue Welt der Entwicklung betreten.

In dieser Schule der Sphinx sitzt der Prüfer auf einem würfelähnlichen Thron. Es war ein großer eingeweihter Pharao, der seinen ägyptischen Schülern elementale Magie lehrte. Dieser Eingeweihte bleibt zurück, bis der letzte Magier seiner Zeit sein Bewusstseinsniveau erreicht hat.

Dieser Prüfer hat die Arme überkreuz und hält sein Zepter und die Peitsche oder Geißel der Gerechtigkeit; er ist der wahre Verwalter dieser okkulten Wissenschaft der bestimmenden Energie der Natur.

Wenn er uns erlaubt, in diese Schule einzutreten, gibt er uns, wenn wir würdig sind, die Macht jeden Widerstand zu überwinden, den irgendein Wächter uns entgegenstellt, wenn wir höhere Ebenen erreichen wollen.

Die alten Freimaurer kannten diese Schule und waren ihrer Leitung unterstellt und ihre Namen waren in ihren Schriften verzeichnet. In dieser Schule wird der Schüler mit seiner eigenen Weisheit, der Erfahrung der elementalen Natur, vereint.

Der Tempel der Sphinx ist der Verwahrer der Freimaurerei in ihrer reinste Form und die chinesischen Freimaurer haben eine einzigartige Reinheit ihres Ausdrucks erreicht. Hier ist eine Anmerkung, die für die Freimaurer interessant sein könnte. In der alten ägyptischen Freimaurerei war es der elementale Prüfer, der den Anwärter bezüglich seiner elementalen Eignung prüfte, neben Anderen, die seine physische und moralische Eignung prüften. Es ist diese fehlende Unterstützung und Weisheit der Natur, die die moderne Freimaurerei sucht, denn heutzutage ist sich kein Freimaurer Bruder bewusst, dass er von einem elementalen Prüfer befragt wird. Jedoch am Eingang jeder wahren Loge steht einer; der Freimaurer, der im Schlaf eingeweiht wurde, als er außerhalb seines Körpers war, kennt den Ort der Natur in seinem Ritual.

Alle Geheimnisse der Freimaurerei befinden sich innerhalb des Menschen, nicht außerhalb. Als der Tempel von Salomon erbaut wurde, wurde er vom Bündnis der feineren Kräfte der Natur mit dem Menschen errichtet, was vom menschlichen Körper symbolisiert wird.

Die große elementale Sphinx ist der Vermittler der Natur und ihre Energie dringt nur zeitweise in die menschliche Atmosphäre ein; denn da wir unter den solaren Kräften gearbeitet haben, nimmt sie uns nicht unter ihre Führung, bis wir mit unserem elementalen Vermittler in Kontakt treten und die Morgenröte der Jugend uns ihr Bewusstsein schickt.

Wie oben, so unten. Wie wir schon zuvor erwähnt haben, können wir nicht mit unserem eigenen elementalen Vermittler in Kontakt treten, bis wir unser Meisteratom mit unserem Silberschild verbunden haben.

In unseren Übungen haben wir unser Silberschild aufgebaut und einen Tempel für das Meisteratom des Verstandes errichtet. Dieses Meisteratom ist wie ein Pendel, es schwingt abwechselnd von der solaren Atmosphäre zur lunaren, denn wir haben in uns eine wechselnde Strömung, die das Meisteratom vorwärts und rückwärts bewegt. Diese Strömung öffnet und schließt unsere verschiedenen Zentren und deshalb müssen wir oft geduldig auf die Öffnung eines bestimmten Zentrums warten, von dem wir Informationen erhalten möchten. Aber wenn es irgendwann notwendig ist, schnell eine Information von einem geschlossenen Zentrum zu erhalten, können wir uns an den Wächter wenden, denn jedes Zentrum hat zwei Wächter, einen für die Sonne und einen anderen für den Mond, und wenn wir als würdig erachtet werden, dürfen wir passieren.

In den ägyptischen Aufzeichnungen wird uns ständig von den Errungenschaften des großen Eingeweihten Jesus berichtet; denn als er nach seiner Rückkehr aus entfernten Ländern nach Ägypten kam, schrieb einer der Eingeweihten seine Worte nieder und von diesen okkulten Büchern erhalten wir viele Informationen. Obwohl das wahrscheinlich angezweifelt wird, sind diese Aufzeichnungen erhalten geblieben und eines Tages wird die Schaufel eines Archäologen sie entdecken.

Die Aufzeichnungen, die von den religiösen Sekten in Zusammenhang mit den Werken Jesu benutzt werden, sind nur Fragmente seiner Lehre. Die wahren Aufzeichnungen befinden sich in ägyptischem Boden. Wenn sie enthüllt werden, werden wir sehen, wie der Mensch durch eine Religion getäuscht werden kann, die nur das Fragment des großen Werkes eines Eingeweihten ist; und wie eine Religion zum Teil zerstörerisch sein kann, durch diejenigen, die sie als heilig betrachten, obwohl sie unvollständig ist. In uns befinden sich die Atome der Älteren, die die Lehre der großen Eingeweihten aufgezeichnet haben und die der Schüler verehrt; denn sie arbeiten unter dem Naturgesetz und offenbaren ihre Besitztümer allein denen, die ihre Autorität respektieren. So kann der Schüler sich mit den Lehren irgendeines Eingeweihten, dessen Mantel ihn in vergangenen Leben schützte, in Kontakt setzen. Aber nur, wenn er sein eigenes Zentralsystem erreicht hat, wird ihm die vollständige Lehre eines Eingeweihten enthüllt.

Es gibt in Ägypten verschiedene Orte, wo Aufzeichnungen bezüglich der Geschichte von Atlantis verborgen sind und auch diejenigen, die von Amerika, nach der Zeit von Atlantis handeln und von der Ankunft eines großen Eingeweihten bei den roten Indianern an der Ostküste. Dieser lehrte sie den Ackerbau und gab ihnen ein Alphabet, er hinterließ zwei Bücher, die noch immer im Besitz eines eingeweihten Indianers sind. Die Indianer dieser Zeit besaßen ein Kodex mit moralischen und sozialen Gesetzen, wie es sich diejenigen, die danach kamen, nicht träumen ließen. In Zukunft, wenn die roten Indianer sich in ihrem eigenen Gebiet eingerichtet haben, wird dieser Kodex ans Licht gebracht.

In jenen Tagen lebten die Indianer einfach, ohne tierisches Leben unnötig zu zerstören. Sie kultivierten die Erde und die Stämme lebten in Harmonie. Aber wenig später fiel ein fremdes Volk aus dem karibischen Meer in ihr Land ein und zwang sie die Waffen zu erheben und zerstörte letztendlich die Einheit, die bis dahin unter den Stämmen geherrscht hatte.

In Zukunft wird Amerika sein Karma bezüglich der Behandlung dieser Völker zu tragen haben; diese werden sich vermehren, bis sie mächtig genug sind, um ihre eigenen Provinzen zu fordern und zu halten. Dann werden die Vereinigten Staaten von Amerika den arktischen Ozean erreichen und diese Völker werden ihre Gebiete nach Norden ausweiten und in Frieden mit ihren Nachbarn leben. Denn der große Eingeweihte wird sie beschützen und sie zu ihrem Erbe zurückführen.

Die Yogis sind oft Werkzeuge, um eine Kraft unter Kontrolle zu halten, die zerstörerisch für andere ist und in der Schule der Sphinx werden sie sich erinnern, wie man das tut. Wenn der Schüler in der Atmosphäre dieser elementalen Sphinx badet, erinnert er sich an die Zeit, als er androgyn war und sich seiner elementalen und physischen Natur bewusst war. Auf diese Weise gewinnt er sein Wissen über das elementale Gesetz zurück.

In den frühen Tagen von Ägypten drang die hierarchische Energie der Natur in ihre Zivilisation ein und förderte ihre Entwicklung.

Später segnete eine kleine Gruppe von Schülern der Eingeweihten des Sonnengottes, den wir heute den großen Atlanten nennen, sie mit ihrem Schechina. Das ruht nun auf den Schultern einer kleinen Gruppe von Menschen, die die Anweisungen unversehrt bewahrt haben, die in der Morgenröte der Jugend benutzt werden. Das Wohlergehen von Ägypten liegt in den Händen einer Gruppe von unpersönlichen Männern und Frauen. Über dem Altar ihres verborgenen Tempels schwebt eine pulsierende monadische Substanz, die die erleuchtete Krone des Sieges symbolisiert.

Diese Monade hat ihren Altar oft verlassen und einst, während der Zeit der Sonnenanbetung, begab sie sich nach Glastonbury in England. Aber später wurde sie von gegnerischen Kräften zerstört und sie kehrte in ihre ursprüngliche Form und zu ihrem ursprünglichen Ort über dem Altar ihres alten Sanktuariums zurück.

In der fernen Vergangenheit kamen die ägyptischen Priester während der Tagundnachtgleiche des Frühlings nach Glastonbury; so wie auch viele Eingeweihte aus Griechenland, Rom und den angrenzenden Ländern. In der Zeit der Sonnenwende, wenn die irdischen hierarchischen Strömungen in die Erde eindrangen, gab der Hohepriester seines Kultes das Orakel für das kommende Jahr und die Eingeweihten kehrten mit ihren Botschaften in ihre Länder zurück. Während der Tagundnachtgleiche im Herbst durchquert diese Strömung Tibet.

Heutzutage pulsiert diese monadische Substanz im großen theurgischen Rhythmus des universalen Bewusstseins. Wir glauben, dass eine

Zeit kommen wird, in der diese Monade nach Glastonbury zurückkehren und dort in einem Tempel, der der Sonne gewidmet ist, verehrt werden wird. Denn es wurde vorhergesagt, dass sie sich nach Westen begeben würde, dem Lauf der Sonne folgend. An einem fernen Ort in Amerika existiert ein Teraphim, in dem eine atomare Atmosphäre eingesperrt ist, die den zukünftigen Wohlstand der großen Vereinigten Staaten von Amerika voraussagt.

Diese zukünftigen Staaten, die sich nach Norden, bis zum arktischen Ozean ausbreiten werden, befinden sich unter der Fürsorge und Beobachtung des großen atlantischen Eingeweihten. Es wird eine Aufteilung der Gebiete geben, die besser angepasst ist, damit die vielen Rassen ihr fruchtbares Erbe antreten können und sie werden in Harmonie und Einigkeit für die Verbesserung der Lage ihrer ärmsten Individuen arbeiten.

Der zukünftige Wohlstand von Amerika wird von seiner Reaktion auf diese neue kosmische Energie abhängen, die nun über verschiedene Gebiete strömt. Wenn wir die Intelligenz anstreben, die in ihren verschiedenen Strahlen enthalten ist, werden wir ein Teil ihrer Manifestation werden.

So wird jeder in einem bestimmten Grad fähig sein, einen direkten Impuls zu empfangen. Denn der atlantische Eingeweihte hat eine Zeit lang im Untergrund dieser Gemeinschaft jene Atome eingepflanzt, die der jüngeren Generation einen neuen Impuls geben werden, d. h. das Bewusstsein, das sie mit dem Naturgesetz vereinen wird, sodass sie instinktiv gehorchen werden, ungeachtet der äußeren Umstände.

Wir sehen, dass der wissenschaftliche Verstand ebenfalls unter dieser neuen Energie arbeiten wird.

Jede Person hat eine individuelle Atmosphäre und in jeder okkulten Arbeit müssen wir von unserer eigenen Intelligenz geführt werden, denn wenn wir in dieser Energie der Morgenröte der Jugend erwachen, werden wir als Personen individualisiert und wir werden keine große Übereinstimmung mit einem anderen Verstand haben. Das wird der Schüler bei seinen Beziehungen zu anderen beobachten.

Wir empfangen die Ideen der Anderen und übermitteln unsere, aber weder besitzen wir deren Intelligenz, noch besitzen sie unsere wie früher; wir werden ihrer Atmosphäre fremd werden. Diese Trennung wird vielen Schülern am Anfang Schwierigkeiten bereiten, andere Leute leicht zu verstehen, denn die Welt der Vergangenheit mit ihren dekadenten Einflüssen regt sie nicht mehr an. Alle alten Gedanken, Konzepte und Ideale sind verschwunden, der Verstand ernährt sich von der Nahrung des neuen Zeitalters. Der Schüler wird zu einem Kind, das eine neue Welt betritt und er wird beschützt von diesen Kräften, die er selbst erweckt hat.

•••••

Moralische Regeln variieren in jedem Land, und wir können sie nicht verurteilen, bis wir nicht wissen, welche Regeln wir in unserem Inneren erreicht haben.

Der große Eingeweihte, unter dessen Fürsorge das westliche Gebiet sich entwickelt, sagt uns nicht, was wir tun sollen, aber er pflanzt in unsere mentale Atmosphäre jene Atome, die uns Anweisungen bezüglich unseres zukünftigen Wohlergehens geben. In unserer Anstrengung, unsere hohen Normen des Lebens wieder zu erlangen, entdecken wir in dieser Substanz Liebe und Anerkennung für unsere unzulänglichen Anstrengungen. So weit wir wissen, wird uns nie befohlen, dies oder jenes zu tun, außer wenn es darum geht, das Leben zu retten.

Das chinesische Bewusstsein

Wenn wir mit unserem sekundären System vereint sind, gelangen wir in eine Zeit der fortgeschrittenen Erfahrungen und nach und nach erlangen wir ein erweitertes intelligentes Bewusstsein. Wie die chinesischen Adepten sagen: „Wenn mehrere dieser Zustände oder Atome, die uns vorangegangen sind, sich in einer zentralen Einheit verbinden, hat der Adept sein erweitertes Bewusstsein wieder erreicht.“ Die Geheimnisse dieser chinesischen Adepten wurden nie enthüllt und heutzutage arbeiten mehrere Schulen unter der Führung dieses Bewusstseins.

Die Geschichte des chinesischen Verstandes muss noch geschrieben werden. Diejenigen, denen dieses Bewusstsein fremd ist, versuchen, es zu durchdringen und zu verstehen; aber es sind wenige, die das erreicht haben. Nur einer, sagte man uns, hat es im Westen erreicht.

Mehrere westliche Menschen haben das Wissen einiger der Geheimnisse ihres künstlerischen Ausdrucks erlangt; aber wenn wir die Integrität dieser Rasse erforschen wollen, müssen wir unsere eigene Integrität anwenden, um sie zu verstehen. Ein Chinese sagte einst: „Wenn unsere eigenen Ideale ausgeschöpft sind, werden wir die aus dem Westen übernehmen.“

Ein großer tibetischer Magier sagte mir, dass die chinesische Sprache mehr bedeutet, als öffentlich bekannt ist. Dass in ihr Schlüssel enthalten sind, die verborgene Bedeutungen enthüllen und dass die Gesamtheit ihrer Sprache der Welt in einer zukünftigen Zeit erklärt wird. Ihr Erziehungssystem, das sich in den Jahrhunderten verliert, war das Mittel, um Aufzeichnungen von Ereignissen zu bewahren, die jetzt nur denen bekannt sind, die in ihre Geheimnisse eingeweiht sind.

Die Klänge der englischen Vokale haben keine Verbindung mit unserer inneren Energie und die Geheimnisse der Klänge der chinesischen Vokale liegen darin, dass sie mit den verlorenen Akkorden der Natur schwingen. Darum wird die beste chinesische und indische Musik, von denen, die diese Dinge verstehen, höher angesehen als unsere; denn sie verbindet uns mit diesen verlorenen Akkorden. Eines Tages werden wir lernen, wie man diese Klänge ausspricht und diese verborgene Energie anzieht, die auf die magnetischen Felder in unserer Nase wirkt und die verschiedenen atomaren Energien, die in unserer Atmosphäre verteilt sind, anzieht.

Der Schüler des Okkultismus, der Geschäftsmann ist, kann die Lehren, die er von seinem sekundären System erhält, in die Praxis umsetzen, wenn es ihm bewusst wird. Etwas zu verschieben, was wir sofort tun sollten und nicht tun, straft den Verstand und beunruhigt uns. Erfolgreiche Geschäftsmänner, die Philosophen in ihrem eigenen eingeschränkten Bereich sind, erledigen die Dinge sofort. Was der Schüler lernen sollte, ist: vor nichts Angst zu haben. Die Chinesen verstehen das und besprechen eine Sache sofort, bevor ein Missverständnis entstehen kann. Der Grund dafür ist, dass der geheime Feind dann kein Schlupfloch hat, um eine größere Störung zu verursachen. Mit dieser Methode lernt der Schüler, selbst die Angst abzuschaffen.

Die größten Tyrannen im Geschäftsleben haben ihre gute Seite und der Schüler kann diese durch die richtige Anwendung der Vorstellung erwecken, indem er seine besten Eigenschaften in die Atmosphäre des Mannes sendet. Wie ein Lehrer einst sagte, indem er sich auf einen Mann bezog, der versuchte, ihn zu ruinieren: „Ich habe seine Atmosphäre mit meinen besten Atomen eingesprüht."

So seltsam es erscheint, sechs Monate später kehrte dieser Mann zurück und bat um Rat. Ein Gedankenkeim, der in die Atmosphäre einer Person eingepflanzt wird, braucht sechs Monate, um zu keimen. Das ist der Grund, warum Schüler, die um Hilfe bitten, anscheinend vernachlässigt werden, denn ihre Lehrer sagen: „Wir warten auf den Moment ihrer Heilung." In diesen Fällen beziehen wir uns auf normale Menschen, aber es gibt Menschen, bei denen es viel länger dauert, bis die Dinge reifen.

Der egoistische Schüler, der sich gerne in den Mittelpunkt stellt, wenig erreicht hat und beginnt, eine Schule um seine Persönlichkeit herum aufzubauen, braucht eine lange Zeit um sich spirituell entwickeln. Die Keime werden nicht in den Verstand ungerechter Menschen verteilt, gleichgültig welchen Rang oder welche Position in der Welt sie haben; denn das ist nichts, was man für Gold oder Titel kaufen kann, sondern durch treuen Dienst an den Nächsten.

Der moralische Wert wird nicht durch die Tradition weitergegeben. Er betritt die Welt aus seinem eigenen abgeschlossenen System der Intelligenz und oft hat ein Mensch, der das Unglück oder auch das Glück hat, in niedrigen Bedingungen geboren zu sein, eine Intelligenz, die ihn führt und einen hohen moralischen Wert hat; so ein Mensch wird diese Atmosphäre unbewusst für alle, die sich in seiner Gegenwart befinden, ausstrahlen und sie reinigen.

Ich habe einen weltlichen Mann gekannt, der plötzlich einen Raum verließ, in dem eine große Seele sich aufgehalten hatte und als er in die Halle kam, hörte ich ihn zu sich selbst sagen: „Schmutzig, schmutzig, so schmutzig." Später, als er gebeten wurde, sein unhöfliches Verhalten zu erklären, antwortete er: „Ich konnte die Atmosphäre dieses Mannes nicht ertragen. Ich fühlte, dass sowohl mein Verstand als auch mein Körper schmutzig waren und dass ich ein Bad brauchte; so ging ich und nahm eines." Der Schmutz, den ein Verstand enthalten kann, kann niemals zu sehr übertrieben werden. Der sinnliche Typ ist voll von solchen Atomen und diese ziehen Andere von derselben Art an.

In einem chinesischen Werk, das von der solaren Kraft handelt, lesen wir das Folgende: „In unserer solaren Kraft gibt es viele Schüleratome, die die größte Intelligenz besitzen."

Aber wenn wir nur weltliche Dinge verfolgen, werden sie ihr Wissen nicht in unserem Silberschild aufzeichnen. Nur wenn wir uns über unsere weltlichen Begierden und Wünsche erheben, werden sie uns vertrauen und uns ihre Weisheit lehren, indem sie uns anleiten, die Gesetze des Innersten zu erfüllen. Wenn wir in unserer Entwicklung zurückgeblieben sind, werden diese atomaren Intelligenzen unsere Ignoranz sowohl in diesem als auch in anderen Leben auslöschen. Sie werden in den seidigen Membranen der Hülle des solaren Körpers ihre eigenen Atome platzieren, um unsere Fehler zu beheben und unsere Intelligenz mit ihrer Erleuchtung zu durchtränken.

Das Element Feuer

Das Element Feuer beginnt nun sich im Schüler zu manifestieren und er wird eine lange Zeit damit arbeiten. Dieses langsame verzehrende Feuer wird nun zu der Atmosphäre seines Mentalkörpers hingezogen und dieser muss es willkommen heißen, denn es wird Schmutz und Krankheit zerstören. Der Schüler wird nun ständig Wasser trinken, da das Nervensystem es benötigt, um die gröberen Elemente des Feuers zu löschen und Platz für sein höheres Gegenstück zu machen. Diese höhere Schwingung sollte ihn widerstandslos durchdringen. Es ist die Dichte der Materie, die sich dagegen auflehnt.

Der Schüler wird nun die Atome der solaren Kraft einatmen und das bedeutet spirituelle Wiedergeburt. Er muss das Erbe seiner Ahnen und die religiösen Lehren hinter sich lassen und die Religion suchen, die er in seinem eigenen zentralen Universum erschaffen hat, wo Fragmente von jeder Dynastie, die er durchlaufen hat, aufbewahrt sind. Hier wird er entdecken, was er von der Wirklichkeit erfahren hat und was er über Wahrheit und Gerechtigkeit, sowohl in ihren höheren als auch in ihren niederen Aspekten weiß.

Diese Flamme zu erwecken und in ihren atomaren Strukturen wiedergeboren zu werden, ist der große Schritt, den er nun gehen muss. Er muss in ihre Natur eindringen und ihren Wünschen erliegen.

Die Sonne hat die Kraft, uns in eine Substanz zu versetzen, die ihren Elementen ähnlich ist, und das bringt uns tiefere Erkenntnisse davon, was unsere Körper, physisch und mental je werden können. Im Osten wird dieses Element der Sonne Gesetzgeber genannt und wir wiederholen von Neuem unsere vorigen Übungen, um diese solaren Atome in unsere Körper zu bringen.

Am Anfang haben wir innerlich nach Höheren gestrebt und Atome eingeatmet, die unsere physischen Strukturen repariert haben und uns unsere unentdeckten Gebiete und vergangenen Erfahrungen enthüllt haben. Wir treten nun in die Aktivität seines höheren Gegenstückes ein.

Diese aufstrebenden Atome erbauten neue Elemente in unseren Organen und heilten sie, soweit es möglich war. Das reinigte uns in begrenztem Ausmaß von den zerstörerischen Atomen. Wir beginnen dann, unsere solare Energie zu vergrößern und versuchen, durch ihre Kräfte erhoben zu werden.

Diese neuen Atome (Atome im Überfluss) sind aus einer fernen Vergangenheit zu uns gekommen und sie repräsentieren eine Art von fremder Aktivität für unseren Körper; denn sie repräsentieren Zeiten, in denen wir den Elementen der Sonne ähnlich waren. Aber am Anfang können wir nicht erkennen, was sie symbolisieren. In unseren Übungen atmen wir sie wieder ein, wie wir es in unseren früheren Tagen getan haben, als wir zeitweise in ihrem Bewusstsein eingetaucht waren. Das bringt auch die Energie der Morgenröte der Jugend.

Wir versuchen nun, uns mit dieser neuen Energie zu vereinen, mit dem Ziel, ihr Werkzeug zu werden. Sie enthält die Botschaft und die Macht, die Menschheit zu befreien und wir müssen unsere Körper entwickeln, damit diese sich in ihren Resonanzkörper verwandeln, sodass ihre Oberfläche sich auf jedes Bewusstsein einstellen kann, das die Erdströmungen auf sie treffen lassen. Die Erdströmungen sind nicht die hierarchischen Strömungen, sondern Gruppen von Atomen, die zu uns fließen und unsere Atome anregen, ihre Strukturen zu erbauen, ohne Rücksicht auf unsere persönlichen Gefühle in dieser Angelegenheit.

Die Erdströme sind wie Ebbe und Flut des Meeres und in ihnen gibt es Atome von belehrendem Charakter, die unsere niederen Hüllen anregen. Die hierarchischen Strömungen sind ähnlich wie die positive Natur der Sonne. Wir befinden uns nun unter ihrer Zuständigkeit, d. h. unter dem väterlichen Bewusstsein, anstatt von unserem mütterlichen Atom genährt zu werden, unter dem wir bis jetzt gearbeitet haben.

Hier werden wir über unser wahres Schicksal und unseren wahren Plan belehrt und über die Art von Körper, den wir erschaffen müssen. Wir schulden unserer Mutter Natur Dank, denn sie hat unsere Systeme der natürlichen Gesetze und unsere moralischen und wissenschaftlichen Eigenschaften auf die Welt gebracht. Wir treten nun in die positive Seite der Dinge ein, so wie wir vorher die negative oder feminine Seite betreten haben, in der unsere Emotionen und Sympathien für die Menschheit erwachten. Dank dieser inneren Beobachtungen entdecken wir ein wunderbares Gesetz der Ordnung und der Planung und das beeindruckt uns stets, denn wir erkennen, dass die Gedanken des Schöpfers alle Dinge leiten und führen und die Kleinheit unseres eigenen solaren Systems wird offensichtlich.

Das Element des Feuers hat nichts Gefährliches in sich und wird uns auch nicht schaden, wenn wir seine Energie richtig anwenden, indem wir auf die Anweisungen unseres Vermittlers hören. Die Gefahr entsteht, wenn wir es für unsere persönliche Macht benutzen. Diese Energie zu entwickeln, hängt von unserer Kraft ab, Atome einer ähnlichen Natur einzuatmen.

Diese befinden sich sowohl in unserer inneren als auch in unserer äußeren Atmosphäre und sie werden uns Lehren bezüglich der solaren Kraft bringen. Danach müssen wir streben, denn das Element des Feuers besitzt die Schlüsselnote dieser universalen Substanz und aller unserer vergangenen Leben, vereinigt in einer einzigen zusammengesetzten Note. Die Atome, die nicht auf seine Note reagieren können, sind ungeordnet; daher der Widerstand des physischen Körpers auf diese Schwingung, und der Schüler bemerkt deutlich diese Kraft in sich. Langsam beginnt diese Kraft aufzusteigen und ihre aufgerollte Substanz aufzurichten, die erwacht, wenn sie ihre Schlüsselnote hört.

Diese Energie, die an der Basis der Wirbelsäule beginnt, verteilt sich durch unser zentrales Nervensystem und versucht den Körper durch die Schädeldecke zu verlassen. Wir sollten keine Angst haben ihre Kräfte in uns zu verankern und ihre lebendige Flamme zu erzeugen, mit dem, was wir selbst in unserem physischen Körper gespeichert haben.

Diese Energie ist in einer beutelartigen Hülle eingeschlossen, und wenn wir sie erwecken, dringt sie in unsere Fortpflanzungsorgane ein und bleibt dort, wenn wir es erlauben, aber wenn wir das tun, wird sie uns in Bestien verwandeln und wird vom geheimen Feind benutzt. Aber wenn wir danach streben, sie zu erwecken, damit sie unsere Nervenzentren und das solare Zentrum in uns kontrolliert, wird sie ihre Kraft für unsere Entwicklung nutzen und uns befähigen, zeitweise Lehren von einer großen und weisen Intelligenz zu erhalten, d. h. von einem Atom Nous, das der Energie des solaren Systems angehört.

Wir müssen stark und mutig sein, wenn wir sie kontrollieren wollen, denn ihre Natur ist uns fremd. Wenn wir unsere solaren und lunaren Ströme an der Spitze der Wirbelsäule vereinen, erhält die schlafende Schlange nicht länger ihre gewöhnliche Nahrung, und da sie hungrig ist, bewegt sie sich in ihrem Beutel.

Der Wächter schüttet dann die Samenenergie aus; das erweckt sie und sie beginnt sich aufzurichten und Nahrung zu suchen, indem sie versucht, durch das Tor zu treten, das in den Samentrakt führt. Hier verändert sich die Spannung und das gibt ihr die Kraft, die Öffnung zur Wirbelsäule zu durchdringen; sie ernährt sich nun von einer Art statischer Elektrizität, der höheren Energie des Samensystems. Diese Kraft wird aktiviert und versucht, durch die Wirbelsäule aufzusteigen. Hier sollten wir die größte

Vorsicht walten lassen, denn es hängt von uns ab, welche Art von Energie sie erhält, ob sie von unserer höheren oder niederen Natur stammt.

Diese Energie hat verschiedene Zweige, ähnlich den positiven und negativen Polen der Elektrizität und diese müssen von der Basis der Wirbelsäule getrennt werden und mit ihrer Achse verbunden werden; das wird dann die eingerollte Schlange durch einen dritten Zweig aufsteigen lassen, der die Organe der Nase für ihren Energiestrom öffnet.

Aus diesem dritten Zweig wird der große Befreier geboren, denn der dritte Zweig ist einem Blitzableiter ähnlich und um ihn kreist das verborgene Feuer unseres Nabeltraktes.

Diese Energie wird dann unsere Hauptzentren öffnen, so wie wir sie leiten und die Fortpflanzungsorgane werden sie nicht eingeschlossen halten können. Diese Kraft wird dem Schüler die größte Intelligenz geben, die er besitzen kann, eine verlorene Kraft, die ihm für lange Zeit verweigert wurde.

Das ist ein Geschenk des Innersten an die Menschheit. In dem Maße, indem wir es entwickeln, erheben wir uns über die Kraft des geheimen Feindes und besitzen eine Substanz der höchsten Eingeweihten, die der Natur des Innersten angehört.

Das Sonnenatom ist dem ägyptischen Skarabäus ähnlich, nur ist es runder und besteht aus zwei gegensätzlichen Kräften, positiv und negativ, mit einer Abtrennung, die sie trennt. Es streckt zwei Tentakel aus, wie gekreuzte Schwerter und hält ein winziges Atom, dessen Vater es ist, und aus diesen Tentakeln strömen zwei Kräfte. Das nennt man den geflügelten Merkurstab.

Das winzige Atom enthält all die Elemente des Feuers und zieht die Natur des Feuers von den verschiedenen Planeten an. Es besitzt eine Intelligenz, die jenseits von Gut und Böse ist, die weder zerstörend noch erschaffend ist und der Schüler darf keine Angst haben, in solch ein Bewusstsein einzutreten. Das ist der normale Zustand des Innersten.

Hier, jenseits von Gut und Böse, erreichen wir einen Zustand von ständiger Glückseligkeit und wir nehmen die Last unseres menschlichen Körpers nicht wahr. Dieser Zustand ist das Ziel des Schülers.

Das solare Element wird uns keine Anweisungen geben, bis wir nicht in der Nähe unseres Innersten sind; nur dann wird es unsere Entwicklung beschleunigen.

Die Doktrin des Innersten muss zu uns zurückkehren, denn wir müssen unser eigenes Ritual und unseren Dienst am höchsten Regenten dieses Sonnensystems und seiner verschiedenen Dichten der Materie durchführen.

•••••

In der menschlichen Atmosphäre gibt es solare Elementale, die die Weisheit des Mondes bewahrt haben. Sie sind unserer Zeit weit voraus und jenseits von Gut und Böse. Wir benutzen sie für das, was wir höhere Hellsichtigkeit nennen. Wir können diese Atome in unsere Gedankenzentren ziehen und bewirken, dass sie mit uns kommunizieren. Das ist ein Werkzeug, das unsere Botschaften sammeln und verteilen wird und sie sowohl innerlich zu jeder Sphäre als auch zu jedem Ort auf der Erde senden wird. Die Methode besteht darin, eine Gedankenwelle in unseren Silberschild zu übertragen.

Diese Atome haben ihre Schlüsselnote und der Schüler muss danach streben sie zu hören, denn durch ihre Anwendung erweckt sie die schlafende Schlange. Diese Methode, Klangwellen zu benutzen, um die fünf Systeme der atomaren Substanzen in uns zu erwecken, wurde im Westen nicht gegeben. Obwohl der Osten dieses Wissen besitzt, kann der Westen nicht dieselben Klanganrufungen benutzen, denn wir leben in einer anderen Zeit als der Osten.

Ein Amerikaner, der in ein anderes Land reist, kann nicht verstehen, warum alles so langsam erscheint. Er repräsentiert eine schnellere Schwingung und erkennt nicht, dass er seine eigene Wellenlänge an das Land, das er besucht anpassen sollte. Der Schüler sollte immer versuchen, sich anzupassen, um nicht unnötige Störungen zu verursachen, denn seine Atmosphäre kann oft anstößig wirken.

Es dauert viele Jahre, bis das Mitglied einer Rasse sich mit einer anderen in Einklang bringen kann. Es gibt viele Außenseiter in der Menschheit und solche Personen fühlen sich weder wohl, noch in Harmonie mit ihrer Umgebung, obwohl sie in ihrer Erscheinung ähnlich sind. Jede Rasse hat ihre Stammeszeichen auf den Fußsohlen und in Tibet wird ein Gelehrter seinen Schüler bitten, ihm seine Füße zu zeigen und so wird er wissen, zu welchem väterlichen Stamm er gehört. Manchmal kommt ein östlicher Lehrer in den Westen, um Anspruch auf eine Person zu erheben, die anscheinend in der falschen Rasse geboren wurde. Das bewirkt manchmal, dass die Leute im Westen zu den östlichen Lehren zurückkehren. Wenn man die Fußsohlen dieser Leute untersucht, wird man entdecken, dass diese Personen einer anderen Rasse angehören. Als die siebzig Schüler von Jesus in verschiedene Länder geschickt wurden, wurden sie durch die Zeichen auf ihren Fußsohlen geleitet.

Die Strömung des Mondes hält den Körper feucht, die der Sonne trocknet ihn, und wenn diese Strömungen kontrolliert werden, verweigert man der schlafenden Schlange, die davon abhängt, ihre Nahrung; das bewirkt, dass sie sich bewegt und das Zentrum öffnet, um das sie gewickelt ist und versucht dort einzutreten. Da dieses Zentrum durch eine Membran verschlossen ist, versucht die Schlange sie zu zerstören und den Sakralplexus oder das unterste Zentrum zu durchdringen.

Wenn diese Schlange beginnt, sich zu bewegen, wird das oft starke Schmerzen verursachen, denn es fühlt sich an, wie eine Kugel aus Quecksilber, die sich bewegt und sich ihren Weg bahnt, indem sie das Gewebe zerreißt.

Wenn das geschieht, muss man geduldig sein und nach Höheren streben, denn der Schmerz ist sehr heftig und kann mehrere Monate andauern; auch sollte man sich nicht aufregen oder nervös sein.

Ein ständiger Strom von winzigen Partikeln wird nun energetisiert; dieser wird vorangetrieben von dem solaren Strom, sodass er das Zentrum, zu dem er geleitet wird, öffnet und sich um seine Achse dreht. Diese Atome sind eine Verbindung von solaren und lunaren Atomen, die sich in einer Masse vereinen. Die solare Flamme ist mit der Flamme des Innersten vereint, und indem wir diese Flamme befreien, werden wir aus unserer eigenen Sphäre herausgeholt und in die atomare Substanz einer anderen weltlichen Zeit umgewandelt, die sehr verschieden von dieser Gegenwärtigen ist.

In dieser neuen Welt existieren keine Zustände wie Traurigkeit oder Elend, denn es ist eine Zwischenstation. Wir würden umkommen, wenn wir plötzlich in die Energie der Sonne eintreten würden. In dieser Welt müssen wir als Boten der Gerechtigkeit dienen und in unserer objektiven Welt arbeiten, wie sie uns befiehlt, außerdem sind wir den strengen Anweisungen der älteren Atome unterstellt.

Wir lernen, dass wir diese Lehre in anderen Leben bekommen haben und wir werden daran erinnert, dass wir unsere Quelle nicht erreichen, bis wir nicht bereit sind, allen Dingen, die der Natur des geheimen Feindes angehören, zu entsagen. Wir werden nun ständig an unsere vergangenen Verfehlungen erinnert und langsam bauen wir eine Mauer zwischen dieser Vergangenheit und dem Innersten auf.

In der Schule der älteren Atome müssen wir sowohl etwas über die Dreieinigkeit in der Natur als auch über die Dreieinigkeit im Menschen lernen. Diese Atome besitzen das Bewusstsein, das von unserem Vermittler war (diejenigen, die nun zu ihren eigenen Elementen zurückgekehrt sind) und ermuntern uns, in Richtung unseres Innersten zu gehen.

In diesem Zwischenstadium, das jenseits von Gut und Böse ist, erhalten wir die Erleuchtung, die uns harmlos für unsere Nachbarn machen wird, harmlos in dem Sinne, dass wir uns ihnen weder durch Kraft noch durch Argumente entgegenstellen werden. Das ist die Weisheit, die einige der großen Meister nutzen, wenn sie mit der Menschheit zu tun haben. Dieses Bewusstsein macht uns gleichgültig gegenüber Personen und Dingen. Das ist kein gefühlloser Zustand, denn wir sind sensibler gegenüber ihrem Schmerz und Leid denn je, aber wir können tiefer sehen und mit größerem Verständnis helfen; denn wenn wir für diese Welt nützlich sein wollen, kommt der Moment, indem wir uns von ihr lösen müssen.

Dieser Zwischenzustand zeigt uns, wie man mit Massen arbeitet, anstatt mit Individuen. Wenn wir in diesem Bewusstsein arbeiten, fühlen wir uns, als ob wir zehn Meter über den Mengen stehen würden. Viele Schüler des Okkultismus haben unbewusst diesen Zustand in sich erfahren.

In dieser Zeit bemerkt der Schüler, dass viele Augen ihn beobachten und dass ihm unsichtbar Hilfe geschickt wird, um ihn zu ermutigen und zu unterstützen. Er fühlt auch, dass diese Personen, die ihm helfen, ihre solare Kraft erweckt haben.

Diese Kraft wird plötzlich geboren; denn wir waren dabei, diese Kraft des Feuers zu entwickelt. Wenn wir im vorherigen Leben in dieser Wissenschaft gearbeitet haben, wird die Kraft schneller und leichter erwachen.

Es ist gut innerlich ein stilles Gebet zu machen, bevor wir mit unserer Übung beginnen, das wird uns mit unserem Innersten harmonisieren. Ein Gebet wird manchmal etwas in uns erwecken, das ein Zentrum zum Arbeiten bringt, welches beginnt, uns zu belehren. Wenn der Schüler alleine ist und niemanden stört, sollte er laut beten, mit Kraft und Energie; das versetzt seinen Mentalkörper in Schwingung; das Gebet wird so leichter und klarer die drei niederen Sphären der Illusion durchdringen und in Kontakt treten mit wertvollen Sphären.

Der Lichtstrahl, den wir im Gebet aussenden, dringt sowohl in höhere als auch in niedere Ebenen ein. Deshalb sollte der Verstand Reinheit suchen und nicht die tierischen Wesenheiten des geheimen Feindes anrufen, die versuchen unsere Gedanken zu kontrollieren und uns in schädliche Zustände verwickeln.

Wir werden für unsere Gebete verantwortlich gemacht und da wir nicht gelernt haben zu beten, erlegen wir denen oft unsere Bedingungen auf, zu denen wir beten. Eine Gruppe von Personen, die um das Bett eines Kranken versammelt ist, um zu beten, kann manchmal bewirken, dass die wahre Persönlichkeit den Körper verlässt und erlaubt, dass ein fremdes besitzergreifendes Wesen eindringt.

Wenn wir beten, stellen wir uns oft die Person vor, zu der wir beten, aber wir machen uns nicht klar, dass wir auch unsere eigene Atmosphäre zu ihr schicken. Das kann oft noch größere Unordnung verursachen.

Es gibt viele religiöse Organisationen, die in ihren Versammlungen für Individuen beten, damit diese ihren Glauben annehmen. Sie glauben, dass sie ihnen helfen, aber im Gegenteil handeln sie wie Räuber in der mentalen Ebene, denn sie versuchen diese Individuen zu beherrschen, ohne Rücksicht auf deren Freiheit, eigene Erfahrungen zu machen. Das kann oft das wahre Licht derer auslöschen, die es ernsthaft suchen.

Wenn der Yogi einer Person helfen möchte, sucht er zuerst die Vereinigung mit seinem eigenen Innersten und bittet ihn um Führung; dann tritt er in Kontakt mit dem Innersten der anderen Person und erhält die Information, die er benötigt, um dem Individuum zu helfen.

In einem Buch, das wir schon zuvor erwähnt haben, Der Graf von Gabalis, haben wir das Folgende über das Gebet geschrieben: „Wenn ihr betet, denkt. Lasst alle niederen Gedanken beiseite. Nähert euch Gott, als ob ihr einen heiligen Ort betreten würdet. Fragt, ob es angebracht ist, darum zu bitten, dass man uns Weisheit in Einklang mit dem Gesetz gibt. Seid stark bezüglich des Ziels und standhaft in der Forderung; denn wenn ihr spirituelle Kraft sucht, werdet ihr die Macht des Ichs in den niederen Ebenen ins Gleichgewicht bringen.“

Um jenseits dieser niederen Ebenen oder Sphären der Illusion zu gelangen, sagte Jesus: „Wenn ihr betet, sagt diese Dinge.“ Ihr müsst die höheren Sphären des Bewusstseins durch direkte und positive Anstrengung erreichen; deshalb müssen euren Gedanken klar und genau sein, denn ein ernsthaftes, positives und wohldefiniertes Gebet bringt den Menschen in Harmonie mit Gott. Auf der anderen Seite wird ein passives, unbedachtes Gebet ohne definierten Ausdruck zu einem Zwang für den Verstand und zerstört die Aufnahmefähigkeit für das Licht. Ein inbrünstiges Gebet an die Gottheit kristallisiert den Verstand, sodass andere Formen von Gedanken nicht eindringen können, und bereitet ihn vor, eine Antwort des inneren Gottes zu erhalten.

Das Gebet, das auf die höchste Quelle konzentriert ist, die der Mensch sich vorstellen kann, ist ein Pfad, der zur Weisheit führt. Das sind spirituelle, mentale und physische Übungen, die danach streben, eine Verbindung mit dem Innersten zu erreichen. Die Yogis teilen die Menschen in drei Typen, drei allgemeine Krankheiten und drei Heilungen.

Die solare Flamme

Wenn wir die solare Kraft erwecken und sie in das zentrale System schicken, überflutet sie jedes Zentrum, wenn sie es mit ihrer Kraft durchdringt. Sie befinden sich dann unter unserer Kontrolle und diese errichtet in unserer eigenen Verwaltung eine Art Universität, die eine festgelegte Zeit in unserer Entwicklung repräsentiert. Jedes Zentrum enthält die Erfahrung, die für unsere Nutzung gespeichert wurde und uns zu ihrer Zeit bringt, sei es in die Zukunft oder in die Vergangenheit, denn die Geschichte der Welt repräsentiert, wenn man sie innerlich betrachtet, nur einen Augenblick. Jedes Zentrum symbolisiert eine Zeit der Erfahrung, das bedeutet eine Reihe von Inkarnationen für einen bestimmten Zweck.

Jedes Zentrum hat sieben Türen und jede Türe verbindet uns mit einer der sieben Eigenschaften des Innersten.

Mit der Zeit wird der Mensch die verborgene Bedeutung unserer großen Religionen, in Bezug auf unsere inneren Sphären des Seins, vollkommen begreifen.

Man kann den äußerlichen Menschen am besten mit einem Ingenieur vergleichen, der arbeitet, um ein mächtiges Atom herzustellen, das die Weisheit seiner eigenen Schöpfung entwickeln wird.

Ein Merkmal dieses neuen Zeitalters wird es sein, dem Menschen die andere Seite seines Charakters zu zeigen, die seiner sekundären Natur.

Wenn unsere solare Kraft erwacht ist, durchdringt sie jedes Atom und jede Zelle unseres Körpers, wenn sie aufsteigt. Das bringt neues Leben und Vitalität zu allem. Im christlichen Mystizismus ist das die Bedeutung des Abstiegs des christischen Bewusstseins zum Menschen. Die Yogis kehren diesen Begriff um und sagen, dass wir zu ihm aufsteigen müssen.

Die frühen Mystiker sprechen ständig davon, dass sie große Erleuchtungen hatten; sie gaben zu verstehen, dass sie Momente hatten, in denen alles um sie herum Licht und Liebe ausstrahlte. Man kann den Mystikern viele Fragen stellen, aber man erhält selten viele Informationen. Sie können kurzzeitige Zustände der Glückseligkeit erreichen, in denen ein Yogi für Stunden bleiben kann, und das spornt sie an, für diesen visionären Zustand zu beten. Der heilige Augustin bestätigt, dass er ihn drei Mal erreicht hat.

So wie man den Schüler lehrt, was ihn erwartet, wenn er das Bewusstsein seines sekundären Systems betritt, so muss ihm gelehrt werden, was ihn erwartet, wenn er sein Zentralsystem betritt. Denn die solare Energie hat ihre eigene Hülle, die genau so ist, wie die von verschiedenen anderen solaren und lunaren Systemen und es ist notwendig, mit ihren Intelligenzen in Kontakt zu treten; denn der Schüler sollte lernen, die Feinheiten ihrer Schwingungen zu analysieren und in ihre Atmosphäre einzutauchen.

Wir erreichen es nicht, eine Substanz zu perfektionieren, die fähig ist, in Harmonie mit dem Bewusstsein des Innersten zu schwingen, bis wir nicht ein Werkzeug entwickelt haben, das sie wahrnehmen kann und ihr Bewusstsein mit unserer objektiven Ebene verbinden kann.

Denn wenn wir unser Zentralsystem betreten, können wir nur mit seinen unteren Abteilungen in Kontakt treten und unsere unteren Zentren erwecken, nicht das Höchste, das von den östlichen Yogis „der tausendblättrige Lotus“ genannt wird. Wenn wir die Atome des Innersten anrufen, indem wir die solare Kraft nutzen, können wir sein Bewusstsein erreichen.

Durch den falschen Gebrauch von Klanganrufungen und während emotionaler religiöser Erweckungen haben Menschen unbewusst die Reaktion auf verschiedene Typen atomarer Energien im Samensystem hervorgerufen; vor allem bei Voodoo Ritualen wissen wir von Leuten, die in vielen Sprachen sprechen.

Sogar bei den anspruchsvolleren Gemeinden der Shaker in New England gibt es Mitglieder, die in religiöser Ekstase die rothäutigen Indianer nachahmen und ihre Sprache sprechen. Das ist manchmal eine Art von Besessenheit, jedoch nicht immer, und wir haben ähnliche Dinge mit Medien in Trance beobachtet, aber es gibt einen Unterschied zwischen der Äußerung in verschiedenen Sprachen und der Besessenheit.

Bei den Okkultisten entwickelt sich oft die Macht, genannt „in Zungen sprechen“, obwohl sie am Anfang unbewusst zu sein scheint. Ein großer Eingeweihter kann diese Macht bei seinen Schülern erwecken. Sie ist latent im Samensystem und wirkt über die Organe der Sprache. Die herausragenden Mitglieder der großen atlantischen Kette mit erleuchtetem Verstand besitzen diese Gabe und sprechen mit jedem, ohne zu zögern.

Aber wir haben nicht das Bewusstsein, uns an unsere vergangenen Tage und Sprachen zu erinnern, obwohl man uns sagt, dass wenn wir uns entwickelt haben, diese Gabe uns zurückgegeben wird. Deshalb sollte der Schüler sich mit diesen atomaren Strukturen befassen, die die Gabe besitzen, verborgene Besitztümer zurückzubringen; die Gabe der Sprache wird für den Schüler wichtig werden, wenn er die verschiedenen Abschnitte seiner Entwicklung durchläuft.

Die Natur besitzt eine allgemeine Sprache, die von den Eingeweihten gesprochen wird und mit der Zeit wird die gesamte Menschheit zu ihr zurückkehren. Wenn wir nicht länger unsere Türme von Babel errichten, sondern versuchen, die Antwort der Natur zurückzugewinnen, werden wir ihre Sprache sprechen und uns wie Apollonius mit den Tieren unterhalten. Der Magier der feineren Ebenen benutzt eine Note, die wie ein furchterregendes Gebrüll klingt, als ob das gesamte Universum vibrieren würde. Der Lärm hört dann auf und er spielt auf dieser Note, indem er bestimmte Vokale betont und in der Stille ertönt ein metallischer Klang. Das zeigt uns, dass die Natur dem Magier auf hörbare Weise antwortet, aber wenn man diese Note nicht korrekt erklingen lässt, wird die Natur nicht antworten.

Diese Magier lehren uns, wie man mit Kraft betet und wir können sehen, wie ein Gedanke oder ein Wort sich in einem zusammengesetzten Körper bildet und wie es seinen Klang, seine Farbe und seine Schwingung aussendet. Auf diese Weise lernen wir, dass ein ausgesandter Gedanke wie ein Samen ist, der sprießt und andere Gedanken seiner Art um sich sammelt.

Wenn wir verhindern können, dass dieses Bild sich auflöst, wird es die Substanz der Intelligenz, die unseren Gedanken ausgedrückt hat, zu uns zurückbringen. Auf diese Weise erhalten große Denker, wie Professor Einstein und andere, eine Antwort auf ihre Fragen. Kein Mensch ohne ein höheres spirituelles Ideal kann eine Information erhalten, die für die Menschheit von Wert ist und Andere anregt.

Je mehr man sich seinem Innersten annähert, desto größer ist der Ausdruck seiner Lehre für den Menschen. Emerson und Carlyle, die wir von Neuem erwähnen, gehörten den Wenigen an, die von den inneren Ebenen aus arbeiteten und oft das Licht der Göttlichkeit zum Verstand anderer Menschen brachten. Aber heutzutage sind die Atome des geheimen Feindes so mächtig, dass Wenige stark genug sind, um zu denken; denn ihre Gedanken werden sofort durch diese äußere Atmosphäre aufgelöst. Derjenige, der die Tugend eines Gedanken erlangen kann, bringt ihn in sein sekundäres System; so entflieht er der Illusion dieser Welt.

Dort, wo die Menschen hinblicken, dort befindet sich ihr Verstand; da ihre Augen normalerweise bei dieser objektiven Welt sind, werden ihre Gedanken leicht gestört. In unseren inneren Schulen erkennen wir, warum Justitia mit einer Binde über den Augen dargestellt wird. Man sagte uns, dass unsere Richter in einer fernen Zukunft Männer sein werden, die blind geboren wurden. Aus dem atlantischen Testament des Wissens lernen wir: „Wenn du pflügst, wird es deine Pflicht sein, für diejenigen zu säen, die weder arbeiten noch ackern können."

Die Atome in der Samenflüssigkeit sind von verschiedener Art und das repräsentiert verschiedene Evolutionen und Entwicklungen dieser Welt. In vergangenen Epochen haben wir uns durch andere solare Zeiten entwickelt und diese anderen Energien werden zu den zusammengesetzten Energien des solaren Feuers hinzugefügt, das, wenn es erweckt und befreit ist, nun auch diese sehr verschiedenen solaren und lunaren Zeiten erweckt, die jenseits des Bereichs eines normalen Bewusstseins sind.

Wenn wir durch unsere Übung mit den Schwingungen dieser Zeiten verbunden sind, lenken wir ihre Kraft in den Samentrakt und von da in unser zentrales Rückenmarkssystem, und wenn wir das tun, fühlen wir uns überwältigt vor Freude, denn wir haben die eingesperrten solaren Atome befreit, die nun zu ihrer eigenen Quelle zurückkehren können.

Wenn wir das Element des Feuers zu der Atmosphäre der Arbeiter des Atoms Nous bringen, die uns treu gedient haben, erheben wir ihr Bewusstsein.

Es gibt einen atomaren Wächter im Samensystem, der unsere Gedanken bezüglich unseres Innersten aufzeichnet. Wenn der geheime Feind versucht, durch seine Lücken ein kollektives silbernes Fluidum zu gießen, das bewirkt, das wir uns seiner bösartigen Aktivität bewusst werden, dann beschützt der Wächter uns gegen Verunreinigung durch die Diener dieser bösartigen Kraft. Er benutzt diese Energie auch, um das Tor zu öffnen, das zu unserem Zentralsystem führt.

Diese Energie ist das höhere Gegenstück oder Destillation unserer Samenkraft für die Erschaffung; sie ist auch die Energie, die mit ihrer Atmosphäre die schlafende Schlange schützt. Das verhindert, dass sie vom geheimen Feind gelenkt wird; obwohl dieser atomare Wächter dem Schüler gehorcht, kann dieser ihn zum Guten oder zum Bösen leiten.

Das alles sollte unter der Führung eines Lehrers stattfinden und nicht mit egoistischen Absichten. Obwohl der Schüler das Höchste anstrebt, macht diese Energie aus ihm eine Bestie anstatt eines göttlichen erleuchteten Menschen. Unser Samensystem besitzt sowohl unsere heiligsten Atome als auch die Atome der niedrigsten und zerstörerischen Natur. Daher der alte hermetische Spruch: „Wo das Licht am hellsten ist, wirst du die tiefste Tiefe des Schattens finden."

Die niedere Intelligenz innerhalb des Samensystems besitzt die unreinste Weisheit, die die menschliche Vorstellungskraft sich ausdenken kann. Wenn sie sich entwickelt, wird sie in uns Leidenschaften und Begierden hervorrufen; denn wir können die Unreinheiten unserer alten Tage erben, als wir unwissend und grob waren und niederer als das gegenwärtige tierische Reich. Man muss die höhere Seite dieser Energie erwecken. Wenn das geschehen ist, können wir die niedere Seite unserer Intelligenz und Weisheit beherrschen, ebenso eine Zeit des Bewusstseins, in der wir, Engel ohne jede Moral, im sideralen Universum existierten und nicht der Inkarnation unterworfen waren.

Das waren die Engel, die in der Bibel erwähnt werden, die auf diese Erde kamen und sich ihrer schönen Frauen bewusst wurden. Das bedeutet nicht, dass wir luziferische Wesen waren, die über die niederen Reiche regierten, sondern Engel, die geschickt wurden, um die Bedingungen auf der Erde zu beobachten und ihr zu helfen. Sie nahmen die Töchter der Menschen zur Frau und lehrten den Menschen die Künste, denn es existierten Riesen in jenen Tagen.

Bevor wir unsere solare Energie richtig benutzen können, müssen wir einen vorbereitenden Yogakurs durchlaufen, über den wir schon geschrieben haben. Wir müssen die Verdienste und Fehler unserer vergangenen Leben wiedererleben. In dem Masse, in dem wir nach Höherem streben, wird der Wächter uns helfen, Atome höchster Natur in seiner Atmosphäre zu sammeln; diese befreien in uns die Macht, in einen Zustand der Glückseligkeit einzutreten, in dem wir die heilige Vision erhalten.

Die Sternzeichen Krebs und Steinbock repräsentieren die erste Manifestation unseres materiellen Universums, bevor wir durch die Welt des Atems evolutionierten, dann durch die Welt der Form und danach durch die physische Welt. Mit dem Ziel, zur ersten Manifestation unseres Universums zurückzukehren, streben wir diese reinen Atome an, die uns letztendlich helfen werden, in die Welt unseres Innersten oder die Welt des Atems wieder einzutreten.

Durch die Yogaübungen können wir in uns diese atomaren Substanzen verwirklichen und erschaffen, die uns wegen des Misserfolgs genommen wurden, als wir unseren sexuellen Körper entwickelt haben. Dies wird durch das niederste Zeichen im Tierkreis dargestellt. Wenn wir in die Welt des Atems des Innersten eintreten, finden wir uns ohne Form wieder, jenseits des Lebens, so wie wir es verstehen, ohne einen sexuellen Körper, alleine und doch nicht alleine, inmitten von Dampf aus Feuer und Strahlung.

Dieser Zustand der Glückseligkeit ist jenseits jedes menschlichen Verständnisses. In diesem Zustand erreicht der Schüler das Verständnis seines Innersten. Das wird „der Flug des Einsamen zum Einsamen“ genannt.

In diesem Samensystem dringen die fortgeschrittenen Atome in die Blutbahn ein und werden in den Silberschild aufgenommen. Da diese Atome die Atmosphäre des Innersten besitzen, können sie als Antwort auf seine Intelligenz einen Kanal bilden, durch den unser Baumeisteratom uns seinen Plan offenbart. Wir können die Vereinigung mit unserem Innersten durch unsere solare Energie erreichen, aber wir müssen die Mittel dafür bereitstellen.

Das tut man, indem man unsere verborgene Energie auf ihre wahre Höhe anhebt und wenn man sie nach oben leitet, gibt man ihr zusätzliche Energie, da sie jedes Zentrum durchströmt und ihre latenten Eigenschaften befreit. Da ihre Spannung von Zentrum zu Zentrum wächst, erzeugt sie für uns eine verborgene feine Energie, die unvergleichlich mit allem ist, was die Wissenschaftler bis jetzt entdeckt haben.

Das ist die Energie des Innersten, die wir später mit dem kosmischen Bewusstsein der Wirklichkeit zu vereinen suchen. Diejenigen, die mit diesem höheren Bewusstsein eins geworden sind, dem christischen Bewusstsein der Natur, sind die großen Eingeweihten.

Wenn wir mit der bestimmenden Energie der Natur eins werden, können wir die Aktivität der Gedanken bestimmen. Gedanken sind Dinge, die wir benutzen können, um uns mit unserem Innersten zu verbinden. Die Natur hat ihre Herrscher, die uns gehorchen werden; wenn wir unsere eigenen Reiche in der Natur anstreben, entdecken wir, dass wir große Verwalter, deren Arbeit es ist, uns zu gehorchen, befehligen können.

Wenn wir sie einsetzen, wie das Gesetz es verlangt, können wir bestimmte Kräfte benutzen. Wenn die bestimmende Energie der Natur unseren Gedanken vorausgeht, werden sie zu kraftvollen und vitalen Wesenheiten; denn wir haben sie mit einem elementalen Schild beschützt und die Gegenseite wird unfähig sein, sie zu vernichten oder sie daran zu hindern, ihr Ziel zu erreichen. Das ist bekannt als bestimmende Gedanken.

Die kosmische Energie, die heutzutage die Welt erreicht, besitzt dieses bestimmende Element. Das versuchen wir zu erreichen, um zu ihrem Werkzeug zu werden, so wie die zukünftigen Generationen es sein werden. Die bestimmende Energie, die einem Gedanken vorausgeht, ist der Strom, der einem Gedanken seine objektive Erscheinung gibt, die ein entwickelter

Schüler sehen und analysieren kann. Dieser Gedanke kann nur gesehen werden, wenn diese Energie ihm vorausgeht.

Gedanken lösen sich schnell auf, wenn sie nicht durch die positive Kraft des Denkers zusammengehalten werden; viele Menschen kennen ihre Kräfte nicht, oder wissen nicht, dass sie diese bestimmende Kraft besitzen und dass ihre Gedanken unsere Welt der Illusion durchdringen können und ein Gedankenbild in unser Samensystem einsetzen können. Dieser Gedanke wird dann analysiert und zu unseren Gehirnzellen gesendet und wir können ihn dann sehen, so wie er uns gesendet wurde, denn in dieser Hülle der Atmosphäre bleibt sein elementaler Eindruck erhalten und die Atome des geheimen Feindes und die Gegenkraft der Atmosphäre der Welt können nicht verhindern, dass diese Gedankenwelle ihre Eigenschaften erklingen lässt und sich in einem Resonanzkörper, der ihrer Schwingung angepasst ist, ausdrückt.

So haben wir die Kraft, einen Gedanken mit einer Energie zu bekleiden, die von der Gegenkraft dieser Welt nicht zerstört werden kann. Bis wir nicht unser Silberschild errichtet haben, haben wir kein übertragendes Instrument, um die bestimmenden Gedanken der Natur mit dem Gehirn zu verbinden, deshalb erkennen die Atome der Umwandlung in unserem Samentrakt ihre Schwingung im Gehirn. Aber wenn der Silberschild erbaut ist, öffnen wir eine Empfangsstation, die die Intelligenz der Natur wahrnehmen kann.

Deshalb erkennen wir, dass wenn das Samensystem verstopft ist oder durch Atome tierischer Natur erkrankt ist, oder wir diesen Trakt mit Geschlechtskrankheiten infiziert haben, die Krankheit vom Samentrakt zu den Gehirnfasern übertragen wird. (Der japanische Wissenschaftler Noguchi, war der Entdecker dieser ungewöhnlichen Tatsache).

Diese Krankheiten erscheinen beinahe gleichzeitig im Gehirn und in den Sexualorganen. Deshalb besteht die Notwendigkeit, einen reinen Blutkreislauf zu erhalten, durch die Reinheit und indem man Atome höherer Schwingungen anzieht. Die Erweckung der solaren Energie des Menschen kann uns von all diesen Krankheiten befreien, denn ihr Feuer durchdringt jedes Element in unserem Körper und hält das Blut rein.

Es gibt Teile unseres inneren Körpers, die nicht inkarnieren müssen, um irdische Weisheit und Erfahrung zu erlangen; sie haben es schon erreicht und der Schüler muss in ihr Bewusstsein eindringen. Um dieses Wissen zu erlangen, sind wir der Flamme, die in unserem Inneren eingeschlossen ist, unterstellt und ihrem Vater, d. h. der Sonne hinter der Sonne. In unserem

Inneren gibt es mehrere Sonnen, die unserer eigenen Sonne ähnlich sind und wenn diese sich vereinen, erschaffen sie eine Meistersonne, der Gipfel unseres kosmischen Planes.

Bis jetzt haben wir uns unter zwei Kräften entwickelt: dem Atom Nous und dem Meisteratom des Verstandes. Sie haben uns zu unseren inneren Welten gebracht und mit ihrer Hilfe haben wir die Energie unserer eigenen solaren Kraft erweckt, die uns mit unserem Zentralsystem der Intelligenz vereint. Die Kräfte der Sonne und des Mondes fließen nun parallel, und wenn wir diese Energien ins Gleichgewicht gebracht haben, können wir in unsere innere Strömung eintreten, die erwacht, wenn diese beiden Energien sich vereinen.

Es existieren zwei Nerven, auf jeder Seite der Wirbelsäule eine, eine führt die solare Kraft, die andere die lunare Kraft. Beide sind physischer Natur. Diese Ströme sind elektrisch, und wenn sie vereint sind, erschaffen sie in unserem Bewusstsein eine dritte Energie, die uns mit unserem Zentralsystem verbindet.

Sie ist normalerweise in einem halb latenten Zustand in unserem physischen Körper, aber die positiven und negativen Kräfte erwecken sie. Diese Energien vereinen sich an der Spitze der Wirbelsäule und dort entsteht der dritte Strom. Diese drei Kräfte verleihen uns die Macht, die solare Flamme zu erwecken.

Diese Wissenschaft mag neu für die westliche Welt sein, aber es ist eine sehr alte Wissenschaft, die bei den Eingeweihten bekannt ist.

Wenn wir uns mit dieser solaren Energie syntonisieren, erheben wir uns weiter über das, was die Welt Gedanken nennt, denn dort wird der Silberschild durch diese Energie strahlen, und sein atomares Bewusstsein erhebt sich auf das Niveau des Meisteratoms in ihm. Wenn ein Eingeweihter erscheint, als ob er „mit der Sonne bekleidet wäre" bedeutet das, dass sein Silberschild dieses innere Licht ausstrahlt.

Der Schüler nähert sich nun dem Gipfel seiner inneren Welt, die die statische Energie der übersolaren Kraft besitzt, die er seinen Zeugungsorganen entnimmt. Denn in unserem Samentrakt befinden sich Samen der Kraft und des Edelmutes, die die Natur unseres Schöpfers besitzen. Diese Samen sind die gespeicherte Energie der Strahlung der Sonne und wurden in unserem physischen Körper platziert, wo sie erschaffen oder zerstören können. Indem er diese Kraft zügelt und als mächtige Energie speichert, wird sie den Schüler veredeln. Wenn man sie extrahiert, erweckt sie in seinem Körper die schlafende Schlange, über die wir geschrieben haben.

Wenn diese Kraft den Körper durch eine Öffnung am Scheitel verlässt, ist der Mensch nicht länger ein Gefangener in dieser Welt der Illusion, sondern er ist mit seinem eigenen zentralen Universum vereint und hier entdeckt er, dass er nur ein Fragment der Energie des Sonnensystems ist. Es ist schwierig, dieses Bewusstsein zu beschreiben. Hier verständigen wir uns nicht durch die Sprache, sondern man lehrt uns, durch Klänge, die Gedanken, Farben und Gefühle enthalten, zu kommunizieren.

Gib zum Beispiel einem blinden Mann eine Rose; er wird sie nur durch ihren Geruch erkennen und das wird die Farbe und das Bild der Rose in seinen Verstand bringen. In diesen Ebenen sieht man zuerst die Seele einer Sache, dann umhüllt man sie mit Form, Farbe und Intelligenz. Es gibt im Samen eine eindeutige Essenz, die, wenn sie ihre Hülle verlässt, wie dampfförmiges Sonnenlicht ist.

Das ist die Energie des Samentraktes, die befreit wird, wenn der Körper stirbt und ihre Atome der Umwandlung haben die Form eines Dreizacks, ähnlich wie das Zepter von Neptun. Wir haben das an anderer Stelle erwähnt. Dieses Zeichen ist das Symbol des Lebens, wie man es in anderen Sphären kennt, denn es symbolisiert die Zerstörung der Materie und die Auflösung der Illusion des Verstandes.

Es symbolisiert auch die solare Energie des Menschen, die er benutzt, um seine eigenen Kräfte der Erschaffung zu vitalisieren. Diese Atome können ihn von dieser Welt der Illusion befreien.

Dieser Dampf der Atome der Umwandlung zusammen mit Atomen der gleichen Art, die im magnetischen Feld der Nase gesammelt werden, erzeugen eine Kombination von physischen und mentalen Eigenschaften im Samen und versorgen uns mit anderer Nahrung, als der, die wir von den Speisen erhalten. Dank dieser Atome der Umwandlung und einer dritten Art, die wir in unser System ziehen, ist der Yogi fähig, zu fasten und mit sehr wenig Nahrung zu leben.

Dieses Produkt des Samensystems verleiht dem Verstand seine Kräfte der Erleuchtung, denn daraus ziehen wir die Unterstützung und mentale Anregung, neben unseren anderen Funktionen, die uns Energie und Versorgung geben. Die exzessive Erschöpfung des Samensystems schwächt den Verstand.

Das Leben wird sich sehr ändern, wenn wir lernen, von dieser starken Kraft zu leben. Die großen Eingeweihten haben erklärt, dass der Mensch mit der Zeit ohne Aufnahme tierischer Nahrung oder Getreide leben wird und dass er, wenn er Nahrung braucht, diese aus dem Silberschild entnehmen wird.

Der Westen ist dem Osten in Bezug auf die Konzepte des Lebens nie gefolgt. Wenn man diese Yogis außerhalb des Körpers besucht, fühlt man ihre kraftvolle Vitalität. Sie ernähren sich von dieser verborgenen Energie, die ihre Organe anregt, sie sind wach und aktiv und verbrauchen in einer Woche weniger, als eine normale Person bei einer Mahlzeit. Ich habe oft solche Asketen besucht und ihre Aura gesehen, die mit atomarer Vitalität aufgeladen war, die verhindern kann, dass man sich ihrer Gegenwart nähert, wenn man nicht eingeladen ist.

Es gibt viele Orte auf der Erde, die noch zu entdecken sind. Städte, die wenig Fremde betreten haben, oft unterirdisch und bedeckt von Wäldern und beschützt durch die Atmosphäre dieser Yogis. Man kann diese Orte nicht betreten, wenn man außerhalb des Körpers ist, außer man entdeckt die Methode.

Es gibt eine verborgene Stadt in Südamerika, die dem Beobachter nur enthüllt wird, durch die großen Adepten, die in Zentralasien leben und man muss ihre Erlaubnis erhalten, bevor man von den Wächtern in Südamerika durchgelassen wird. Diese Rückzugsgebiete sind in ständiger Kommunikation mit verschiedenen Zentren in Amerika, Yucatán und Südmexiko.

Wenn die Welt bereit dafür ist, dass man ihr über diese unterirdischen Orte erzählt, wird sie erstaunt sein, was man ihrer Kenntnis vorenthalten hat. Diejenigen, die von der Arbeit Anderer leben und diejenigen, die wirtschaftliche Interessen an diesen Ländern haben, würden wie Cortez und Pizzaro kämpfen, um diese Schätze zu erhalten, wenn sie enthüllt würden.

Dort sind die geheimen atlantischen Aufzeichnungen aufbewahrt. Es sind Aufzeichnungen von Menschen, die den amerikanischen Boden bereist haben und verschwunden sind, lange bevor die amerikanische Geschichte begonnen hat. Der große Atlanter sagte uns: „Während der Herrschaft der Gerechtigkeit werden die Aufzeichnungen enthüllt werden."

An diesen Orten gibt es eine sehr interessante Art der Kommunikation. In Südkalifornien haben sie eine Methode, um Botschaften durch die Erde zu senden. Wenn Wissenschaftler dieses Geheimnis entdecken, werden die Telegrafenmasten aus unseren Ländern verschwinden.

In unserer Übung machen wir ständig neue Entdeckungen. Wir erkennen selten, wie sehr wir von den sichtbaren und unsichtbaren Kräften in unserem Silberschild und unserem physischen Körper abhängen; Dinge, die unser Gehirn nicht berühren oder uns in das Gebiet dieser objektiven Welt bringen.

Am Anfang wissen wir wenig über unsere stillen Wächter, die für unsere Rückkehr in unser Zentralsystem arbeiten. Diese inneren Zustände haben Atome, die über uns wachen und versuchen, uns von unseren objektiven Illusionen zu befreien; diese großen Intelligenzen passen ihr Bewusstsein an unseres an, um uns in ihrer Welt wieder aufzubauen.

Diese Wächter sind durchtränkt mit dem Bewusstsein des Innersten, aber unser Bewusstsein ist so weit unter ihrem, dass wir nur selten Kontakt mit ihnen aufnehmen können. Aber wenn wir von solchen hohen Atomen akzeptiert werden, benötigen wir viel Energie und Geduld, um zu erreichen, dass sie uns respektieren. Obwohl wir durch Yoga lernen, uns mit ihnen zu harmonisieren, müssen wir lernen, ihre Gedanken in unser Samensystem zu übermitteln, die sich dann in unserem Gehirn widerspiegeln. Denn die höchsten Atome unseres Samensystems reagieren auf die Führung des Innersten, so wie die Wächteratome darauf reagieren. Auf diese Weise werden wir uns, später wenn wir in unserer Übung auf unsere atomaren Zentren hören, dem atomaren Bewusstsein unseres Zentralsystems bewusst, welches das höhere Gegenstück unseres sekundären Systems ist. Und hier werden wir über die noch feinere atomare Substanz sprechen, die wir alle besitzen, aber mit der wir selten Kontakt aufnehmen.

In unserem Samensystem befinden sich diese heiligen Atome, die uns mit unserem Zentralsystem verbinden können, indem sie den Schüler mit seinen Polen der Anweisungen in Kontakt bringen. Das sind große Zentren, um den Strom der Wirbelsäule herum angeordnet, die uns anleiten, indem sie die solaren Atome des Samensystems benutzen.

Die Anweisungen, die der Schüler von ihnen erhält, sind ähnlich wie die eines großen Eingeweihten, und wenn der Schüler das erste Zentrum kontaktiert, entdeckt er, dass er eine Einweihung durchläuft, ähnlich die der physischen Ebene. Eine Einweihung bedeutet, dass man Anerkennung einer solaren Intelligenz erhält. Das bedeutet auch das Erreichen eines anderen Bewusstseins, das bis dahin unbekannt war, mit dem der Schüler immer in Kontakt treten kann. Eine Einweihung durch eine Zeremonie bedeutet nicht immer das Erreichen oder die Wiedergeburt eines anderen Bewusstseins. Diese solaren Atome erheben uns allein durch ihren Kontakt.

Wir wurden akzeptiert und fühlen uns erhaben und stark, denn das bedeutet, dass wir von einem großen atomaren Bewusstsein in unserem zentralen Universum beobachtet wurden. Das ist der größte Lehrer, mit dem der Schüler bis dahin in Kontakt getreten ist und er fühlt, dass die Verehrung und der Respekt, die er zu diesem Lehrer gesandt hat, zurückgegeben werden. Das wird getan, um den Schüler zu unterweisen und um eine Brücke zwischen den beiden zu bauen, die immer stärker wird.

Diese solaren Atome bewahren die Aufzeichnungen unserer Weisheit bezüglich früherer Anweisungen, denn manche Schüler wurden in ihren vergangenen Leben in ihren inneren Universen akzeptiert und so finden sie die Weisheit, die sie gesammelt haben und die auf ihre feinste Essenz reduziert wurde.

Die Menschen, die diese Weisheit erworben haben, werden weise Menschen genannt und sie bewegen sich heutzutage auf der Erde, wie sie es gestern getan haben. Die Rückkehr des Schülers zu seiner Weisheit hängt von der Kraft seines Innersten ab, sich in dieser dichten Atmosphäre der Materie zu manifestieren.

Das bedeutet, dass es hoch entwickelte Schüler und weniger entwickelte Schüler gibt, gemäß der Reaktion ihres Innersten auf ihre Wirklichkeit. Die Ströme der Natur sind nicht beständig und unsere Zentren reagieren abwechselnd, so wie ihre Spannung steigt und fällt. So unterliegen wir verschiedenen Aktivitäten, deren wir uns nicht bewusst sind. Bestimmte Bereiche öffnen sich und arbeiten nur für wenige Sekunden. Das geschieht auch auf den anderen Ebenen.

In unserer Übung erhalten wir Informationen von diesen Strömen, so wie wir Anweisungen durch das Radio erhalten, wenn wir die verschiedenen Sender einstellen. Wir haben die Bereiche der Natur durchlaufen, was durch die niedere Hälfte des Tierkreises symbolisiert wird. Wenn wir zu ihren höheren Sphären aufsteigen, entdecken wir, dass wir geboren wurden, um die Natur zu befehligen und etwas über unsere vergangenen Entwicklungen in ihrem Bereich zu lernen. In bestimmten Bereichen unseres sekundären Systems entdecken wir Atome, die uns in unserer objektiven Entwicklung vorangegangen sind.

Diese erleuchten den Schüler bezüglich ihrer Zeiten und geben ihm Nahrung, um sie seinen Nachfolgern zu übermitteln. Sie entscheiden auch, welche Art von Anweisungen der Schüler erhalten möchte, um sie in seinem täglichen Leben zu nutzen. Um eine innere Empfänglichkeit zu erreichen, sollten wir den Körper an eine höhere Spannung gewöhnen. Wenn wir diesen Prozess der Verdichtung nicht nutzen, werden die höheren Spannungen uns zerstören. Die Ströme der Natur besitzen Spannungen, die die Wissenschaftler noch nicht feststellen können.

Wenn man uns sagt, dass es für einen Gedanken nur drei Sekunden dauert, um den Planeten Venus zu erreichen, erkennen wir, welch große Kräfte in unserem Inneren schlummern. Wir wissen nicht, wie der Körper sich an die schrecklichen Energieströme, die die Natur in uns fließen lässt, anpasst; so wie wir auch nicht über den Luftdruck nachdenken. Wenn wir diese Wellen von Energien blockieren wollten, würden sie uns sofort töten, aber da die Natur uns an unsere Umgebung anpasst, fließen solche Kräfte ohne Widerstand jenseits unseres Bereiches der normalen Aufnahmefähigkeit durch uns. Das Yoga lehrt uns, eine höhere Spannung zu erreichen und sie auszuhalten und unsere alte Wellenlänge hinter uns zu lassen, wenn wir uns an die Neue gewöhnen.

Das gibt uns mehr Kraft und erzeugt in uns den Schutz des Silberschilds; der Klangkörper, der die Intelligenz dieser neuen Energie, bekannt als Atom der Umwandlung, ausstrahlt. Das lässt eine Kraft in unser Nervensystem strömen, die wir bis jetzt noch nicht gekannt haben. Diese Prozesse, die notwendig sind, um diesen kraftvollen Strömen zu widerstehen, erwecken mit der Zeit die solare Kraft.

Unsere Reaktion auf eine wachsende höhere Schwingung passt den objektiven Körper an unser sekundäres und zentrales Nervensystem an. Das bedeutet, dass unsere inneren Welten sich nach und nach durch den physischen Körper manifestieren und je größer unser Widerstand auf diese Schwingung ist, desto größer wird die Reaktion unseres Innersten sein.

Die Wissenschaftler wissen sehr gut, dass eine große elektrische Spannung durch den Körper fließen kann, ohne ihm zu schaden; jedoch in dem Augenblick, in dem der Mensch etwas berührt, das ihn mit der Erde verbindet, wird er sofort vernichtet, denn er hat dann einen Widerstand aufgebaut.

Es gibt eine weise Intelligenz in uns, die nicht erlaubt, dass der Yogi sich einer Spannung, die über einen bestimmten Bereich hinausgeht, widersetzt und wenn er um Führung bittet, wird er beschützt. Wenn diese höhere Spannung alte Zustände ersetzt, verbinden die solaren und lunaren Ströme unseres sekundären Systems ihre Kräfte, um eine Dritte zu erzeugen; das ist eine Kombination der Eigenschaften von beiden; der Blitzableiter, der eine latente Energie empfängt, die wir erwecken müssen, nachdem wir unsere Körper an die höhere Spannung angepasst haben.

Wenn wir den Körper nicht an diese Ströme anpassen, wird das Unheil und Leid über uns bringen.

Schlussfolgerung

Wir alle versammeln uns um unsere zentrale Sonne der Erfahrung, und wenn wir das zentrale System in uns entwickeln, wird es beginnen, uns Kraft zu geben, um unsere verborgenen Besitztümer zu entwickeln. Wenn wir Fortschritte machen, erkennen wir die Wichtigkeit unseres Innersten und wir streben danach, seine beherrschende Intelligenz zu erreichen, denn wir müssen zu der wahren Intelligenz des Innersten werden, da sie der Beweis unserer inneren Welt ist und solange wir in der Substanz unserer physischen Welt verwurzelt sind, können wir die Handlungen des Innersten nicht übernehmen.

Wenn wir in unseren physischen Körper zurückkehren, nachdem wir ihn verlassen haben, sind wir beeindruckt von der fehlenden Verehrung für unseren Innersten; denn wir sind wieder von seinen Eigenschaften getrennt und lassen uns wieder durch die Gesetze, die wir in dieser objektiven Welt erstellt haben, leiten.

Deshalb muss die Morgenröte der Jugend uns die Kraft geben, unsere eigene Individualität anzunehmen und ein sekundäres Wesen unter dem vereinten Schutz unserer aufstrebenden und transformierenden Atome zu werden, die auf die Führung des Atom Nous und des Innersten reagieren.

Wenn wir sekundäre Personen sein wollen, d. h. Personen mit Atomen, die aus zwei Naturen zusammengesetzt sind, der Sekundären und der Physischen, müssen wir den Gesetzen und Verordnungen, die die hierarchische Energie erlässt, gehorchen.

Das wollen wir sagen, wenn wir von der Vereinigung mit der Intelligenz unseres sekundären Systems und der Energie der Morgenröte der Jugend, die ein Strom ist, der diese beiden Körper verbindet, sprechen. Das bewirkt, dass wir in zwei Welten zugleich leben und unsere sekundäre Natur langsam beginnt, in unserem mentalen und niederen Körper zu handeln.

Diese Vereinigung mit unserem sekundären Ich wird beginnen, die Erscheinung unseres physischen Körpers zu verändern; denn wenn wir anfangen unsere Unterweisung von der Natur zu erhalten und auf das Höchste in uns zu reagieren, beginnen wir, uns in das Bild, das vom Körper des Atom Nous geplant ist, umzuformen. Der Grund dafür ist, dass dort wo das Licht strahlender ist, die Schatten dunkler sind. Es wird an der Jugend der Zukunft liegen, ihre eigenen Ziele in ihrem sekundären System zu bestimmen und diese zwei neuen Arten von Kasten werden sich gegenseitig leicht erkennen.

Der fortgeschrittene Mensch wird sich darüber bewusst sein, zwei Persönlichkeiten zu besitzen, die sich gleichzeitig in zwei Ebenen manifestieren. Das wird für den aufstrebenden Schüler durch seine Zwillingsvermittler oder Castor und Pollux symbolisiert.

Der Schüler sollte ständig den Satz „wie oben so unten" in seinem Verstand behalten. Wenn wir in unsere Körper Atome von höherer Spannung einfügen, werden wir nach und nach in ihre Wellenlänge eintauchen. Auf diese Weise verbinden wir uns mit unserer eigenen ursächlichen Energie.

Obwohl der Innerste herabgestiegen ist und sich in Materie gekleidet hat, ist er noch immer mit seinem ursprünglichen Stamm verbunden, und soweit wir wissen, ist dieser Stamm der individuelle Ausdruck der Wirklichkeit, aus der der Innerste hervorging. Obwohl wir uns um ihn herum gebildet haben und die Natur seiner Substanz geändert haben, versuchen wir in unserer Übung seine eigene wahre Individualität auszudrücken und zurückzugewinnen; denn wir haben Elemente, die sehr verschieden von unserer ursprünglichen reinen Substanz sind, eingefügt und diese Ausbreitung der Materie hemmt den Innersten daran, seine Intelligenz mit unserem Verstand zu verbinden. Wenn wir die Bildung von Kristallen studieren, erklärt das, was wir meinen.

In den Forschungen von Mitscherlich, 1918-1921, sagt er: „Das Gesetz vom Austausch der Elemente durch andere derselben Gruppe erklärt die Unterschiede von chemischen Zusammensetzungen, die in Mineralien beobachtet wurden, welche in anderer Hinsicht von der gleichen Art zu sein scheinen. Oder man kann auch Substanzen eines Kristalls austauschen, aber so langsam, dass jedes Teilchen der neuen Materie exakt die Stelle eines der Originalteilchen einnimmt. Als Endergebnis übernimmt die neue Materie die charakteristische Form von dem, was sie ersetzt hat."

Im Körper gibt es einen Teil, der sich an seinen eigenen Sitz der Unterweisungen anhaftet. Diese Atome versammeln sich um diesen Keim, der eine ähnliche Form hat wie das Bild seines eigenen Atom Nous. In jedes Zentrum in uns wurde fremde Materie eingefügt, deshalb kann es nicht mit seinen wahren Elementen übereinstimmen. Die Atome der Gegenseite haben diese fremde Materie eingefügt und es ist diese Spaltung, die sich dem Plan des Atom Nous entgegenstellt. Hier wirkt eine andere atomare Energie, denn da wir in verschiedene Gruppen unterteilt sind, die um den

Innersten kreisen, können wir seine Intelligenz nicht in uns widerspiegeln, aufgrund der Infiltration von fremden Dichten und so sind wir unfähig, seine Ziele zu erfüllen.

Wir erkennen, dass unsere Atome um einen allgemeinen ursprünglichen Stamm versammelt sind, aber wir können sie nicht mit ihrem Urstamm verbinden, solange wir sie nicht durch Yogaübungen verbinden. Denn wenn wir unsere solare Energie erwecken, vereinen wir alle unsere Zentren mit ihren eigenen ursprünglichen Stämmen und so vereinen wir sie mit dem Zentralsystem des Innersten. Die ursprünglichen Nebenstämme sind diejenigen, die vom ursprünglichen Stamm des Innersten kommen; aber sie manifestieren ihren eigenen individuellen Ausdruck. Es ist interessant zu sehen, wie sich die Morgenröte der Jugend in der Aura unserer jüngeren Komponisten manifestiert, obwohl sie sich dessen nicht bewusst sind.

Die Nerven der Menschen werden alle auf eine höhere Note eingestimmt und ein kristallines Element bringt sie langsam zu ihren ursprünglichen Stämmen zurück und passt sie an das Bild ihres Atom Nous an. Die fortgeschrittene Jugend wird selbstständig denken und versuchen ihre eigene Individualität auszudrücken; die Vergangenheit, die die Jugend unserer Generation beeinflusst hat, wird sich nicht länger manifestieren. Diese Jugendlichen werden sich zusammentun und sich weigern, von vergangenen politischen oder sozialen Bedingungen beherrscht zu werden. Die Welt wird durch ihre vereinten Gedanken verändert werden, denn wie jemand denkt, so wird er, und die Atmosphäre dieser Welt sich verändern, wenn die Morgenröte der Jugend sich einen Weg in ihr Bewusstsein bahnt. Das wird in ihrer instinktiven Natur neue Gesetze entstehen lassen, die sie benutzen werden, um die Bedürfnisse ihrer Zeit zu befriedigen. Die alten Gesetze, die Eigentum und Einkommen betreffen, werden verworfen.

Diese neue Kraft wird den Verstand der Jugend analytisch machen und ihnen eine Tiefe des Ausdrucks verleihen, die ihnen helfen wird, ihren Innersten zu suchen und sich nicht auf äußerlichen Glauben und Normen zu stützen. Im Westen hat der große Eingeweihte Atome ausgesät, die eine Intensität an individuellen Erfahrungen in unser Leben bringen wird, mit Wohlstand für unsere große Gemeinschaft.

Jene Schüler, die auf den Weg der Arbeit gebracht werden und deren Symbol das Schwert der Gerechtigkeit ist, müssen arbeiten, wenn sie sich in einer fortgeschrittenen Zeit befinden; denn es bereitet sie auf kommende Ereignisse vor und ein Schüler wird oft in ein fremdes Land gehen, um an einem bestimmten Ort zu sein, wenn das Ereignis, das er vorhergesehen hat, eintrifft. Denn ein einfaches Ereignis kann Länder manchmal in einen chaotischen Zustand bringen. Das geschieht auch, wenn ein Schüler von seinem Lehrer ausgebildet wird; hier lernt er, sofort zu handeln, mit Hilfe ihres Kommunikationssystems. Manchmal bringt ein Schüler ein großes Opfer, um rechtzeitig eine Katastrophe zu verhindern. Dem Schüler wird nicht vermittelt, was geschehen wird, aber er fühlt einen starken Druck und er weiß, was er zu tun hat.

Es ist oft viel Geschick notwendig, denn die schwarzen Kräfte sind genauso aufmerksam wie die Weißen; die schwarzen Kräfte lesen leicht in der Atmosphäre eines Schülers, der solche Anweisungen in seinem Verstand trägt. In einem zweiten Grad besteht die Arbeit des Schülers darin, List mit List zu begegnen und nicht an die Gefahr zu denken, die ihm droht. Der Schüler, der unter Beobachtung ist, wird es wissen; denn er nimmt den mentalen Druck dieser Kräfte wahr und sieht sie auf hellsichtige Weise.

Der fortgeschrittene Schüler wird entdecken, dass es eine Methode gibt, diejenigen, die versuchen, ihn zu verfolgen, durch den Hinterkopf zu sehen und je bösartiger diese Leute sind, desto klarer wird er sie sehen.

Während dem grossen Krieg begingen viele Länder den Fehler, ihre Kuriere die Botschaften auswendig lernen zu lassen; aber als diese erwachten, entdeckten sie manchmal, dass die Botschaft von einem Magier, der für ein anderes Land arbeitete, verlangt wurde und sie sie ihm freiwillig überlassen hatten.

Für den Okkultisten ist die geheime Diplomatie eine Farce und wir sollten erkennen, dass kein Verstand seines Inhalts in seiner objektiven Atmosphäre sicher ist. Wenn ihr eure schöpferischen Gedanken davor bewahren wollt, gestohlen zu werden, solltet ihr sie nicht in eurer äußeren Atmosphäre verbreiten.

In Zukunft werden wir natürliche und nicht künstliche Kleidung tragen, in Form einer Atmosphäre, die wir erschaffen. Wenn wir das entwickeln können, werden wir nicht auf künstliche Bedürfnisse zurückgreifen müssen. Das wird eine Atmosphäre aus Strahlung sein, entnommen aus unserem eigenen inneren Universum; sie wird uns auch wärmen, wenn wir frieren, und uns immun gegen den Angriff von Bestien und Insekten machen.

Dieser natürliche Zustand wird Reinheit in Gedanken und Handlungen erzeugen und der Mensch wird sein System nicht länger durch Leidenschaften und Begierden eines dunklen Zeitalters verbrauchen. Diese

Methode wird von den Yogis benutzt, wenn sie durch den Dschungel wandern und das erklärt auch, warum sie auf schneebedeckten Bergen leben können, nur mit einem einfachen Gewand bekleidet.

Die jüngere Generation, die auf die Morgenröte der Jugend reagiert, beginnt schon unbewusst die langsame Entwicklung des Nudismus in verschiedenen Teilen Europas. Ein Schüler, der außerhalb seines Körpers nach Amerika gebracht wurde, rief plötzlich aus: „Er ist ein Adamit und trägt nichts als einen Lendenschurz." Das war sein erster Besuch bei einem großen Eingeweihten.

Während mehrerer Jahrhunderte haben die großen Eingeweihten aus aller Welt Körper, die eine bestimmte Art von Atomen besitzen, nach Westen, einschließlich Amerika, angezogen. Diese werden nun mit ihrem ursprünglichen Stamm, im Bewusstsein atlantisch, vereint; aber gleichzeitig haben sich im Land gegensätzliche Kräfte versammelt, Arten, die gegen Gesetz und Ordnung arbeiten. Denn der geheime Feind versucht immer, wenn er kann, die Ideale der Gerechtigkeit zu zerstören und heutzutage können wir sehen, wie die Gerechtigkeit verspottet wird und die Freiheit eines Individuums durch die Ingenieure der sozialen Unordnung geformt wird.

Die Kräfte von Gut und Böse haben ihren Vorrat in der Natur des Menschen und jeder wird seinen Reichtum dem Verstand geben, der auf die verschiedenen Zentren wirkt. Diejenigen, die Gott fürchten und versuchen, seine Gebote zu befolgen, werden in diesem kommenden neuen Zeitalter Erfolg haben; aber wenn ein Land nicht versucht, dass Gott sich in ihren Gerichten manifestiert, wird es die Geißel des Elends zu tragen haben. Wenn die wahren Mitglieder dieses atlantischen Stammes sich vereinen und die Kräfte des geheimen Feindes auslöschen und ihre Scheune für eine große Ernte vorbereiten, dann werden Amerika und Westeuropa ihr altes Erbe erlangen, d. h. die Erleuchtung der Morgenröte der Jugend.

Der Schüler sollte daran denken, dass der Untergrund dieser westlichen Gebiete mit den Atomen der atlantischen Zivilisation durchtränkt ist. Wir haben uns ständig mit der Kraft des Wortes „Aufstreben" beschäftigt und wir hoffen, dass es, so seltsam es klingen mag, einen Komplex im sekundären System des Lesers erschaffen hat, sodass er dieses Wort in seinem Inneren und nicht im Äußeren behält.

Einen mentalen Komplex zu haben ist nicht gut, aber eine innere Substanz einer atomaren Gruppe von aufstrebenden Atome zu bilden, wird dem Schüler eine neue Kraft geben, denn solche Atome fördern das

Wachstum des Aufstrebens und sie bewahren unsere Gedanken unter dem schützenden Silberschild. Kurz gesagt, wir müssen die Gewohnheit entwickeln, ständig nach Höherem zu streben.

•••••

Ich bin jemand, der das Vorrecht hat, diese Wissenschaft des Yoga zu studieren und offenzulegen, angepasst für die westlichen Körper und ich vertraue darauf, dass Andere auch von diesen Anleitungen profitieren.

Ich hoffe, dass man mir erlauben wird, ein Werk über die Entwicklung der amerikanischen Gemeinschaft in ihrem okkulten Aspekt zu schreiben.

Ich habe mich bemüht, dem Leser ein leichtes Verständnis einer unendlichen Wissenschaft zu geben, eine Erleuchtung, die den ernsthaften Schüler mit der freudigen Morgenröte der Jugend vereinen wird und ihm eine Intensität von Schönheit, jenseits der menschlichen Sprache geben wird, die ihn in der Erkenntnis seines eigenen Seins voranbringen wird.

Man kann ein gesamtes Leben mit Übungen verbringen und erkennen, dass man nur eine kurze Strecke auf dem Pfad zurückgelegt hat. Ich habe versucht, dieses Werk an die intensive Kultur dieser Zeit anzupassen, sodass weder der Körper noch der Verstand eingesperrt bleiben und dass jede Person sich entsprechend der Weisheit ihres Innersten manifestieren kann.